제3판

Sports Agent Manual

스포츠 에이전트 직무해설서

: 선수 대리인의 비즈니스 관점

문개성 지음

박영사

지난 2018년 3월 1일 초판, 2020년 3월 1일 개정판에 이어 2024년 봄에 개정3판을 발간하게 됐습니다. 예상 외로 많은 분들이 찾아 빠르게 변화하는 시대의 흐름에 맞춰 준비했습니다. 국내에서도 부쩍 관심이 높아지고 있는 직무라는 사실을 실감하게 됩니다.

스포츠 에이전트에 대해 선수를 대신해서 계약을 맺는 사람이라고 정의를 내리긴 쉬울 겁니다. 가장 중요한 분야로서 계약을 맺기 위한 과정은 무엇이며, 눈에 띄지 않는 에이전트의 역할에 대해선 쉽게 답을 내리지 못할 것입니다.

본서는 이미 스타가 돼 버린 유명선수가 아닌, 이제 막 사회에 진입하는 신인 선수 혹은 경력이 얼마 되지 않은 선수를 보호하기 위한 매뉴얼로서 어울릴 법합니다. 직무를 글로서 이해하기 위해 등장하는 스포츠 에이전트 M도 숱한 시행착오를 겪으면서 한창 성장하는 사회인의 모습입니다. 누구나 다 겪는 과정입니다.

이런 과정을 거치며 자신만의 노련미가 쌓일 것입니다. 스포츠 에이전트가 지녀야 할 덕목은 무엇일까요? 필자는 콜드에이시COLDAC라고 명명해서 설명하겠습니다. 미국 시장에서 다른 영역의 대리인이 의뢰인을 위해for Client 갖춰야 하는 역할에서 인용한 것입니다.

- C: Care 돌봄 - 스포츠 에이전트는 선수를 돌본다는 마음가짐이 있어야 합니다.
- O: Obedience 복종 - 우리말로는 어감이 다소 강하지만, 선수의 합법적인 요구에 스포츠 에이전트는 응해야 합니다.
- L: Loyalty 충성 - 이 역시 맹목적인 느낌이 강하지만, 스포츠 에이전트는 자신이 관리하는 선수에게 진정에서 우러나오는 정성을 지녀야 합니다.
- D: Disclosure 드러냄 - 스포츠 에이전트는 선수와 관련한 모든 사안을 숨기지 않고 선수에게 알려야 합니다.
- A: Accountant 회계 - 스포츠 에이전트는 선수로부터 발생한 모든 자금의 흐름을 투명하게 관리할 수 있도록 지원해야 합니다.
- C: Confidentiality 비밀 - 스포츠 에이전트는 선수 개인사에 대해 어떤 일이라도 외부에 겉으로 드러나지 않도록 해야 합니다.

스포츠 에이전트는 서비스 직종입니다. 단순하게 문의를 해 오는 고객을 상대로 하든with Customer, 계약을 통해 성사된 공식적인 의뢰인을 위해for Client 일을 하든, 가장 기본적인 덕목은 정직Honesty이라 할 수 있습니다.

본 개정판에는 국내 4대 프로 스포츠 리그인 야구, 축구, 농구, 배구의 관련 정관·규정·규약을 인용해 내용을 좀 더 보강했습니다. 또한 개정2판 때 추가했었던 전·현직 스포츠 에이전트가 인터뷰를 통해 밝힌 여러 관점을 추가했습니다. 각고의 노력 끝에 그들이 내놓는 말 한마디 한마디가 오늘날 스포츠 에이전트 시장을 발전시킨 토대가 됐다고 생각합니다. 이 자리를 빌려서 고마운 마음을 전합니다.

아무쪼록 본서를 통해 새로운 직무에 도전하고자 하는 많은 분들에게 조금이나마 도움이 되길 바랍니다. 감사합니다.

2024년 따사한 봄,

지덕겸수知德兼修와 도의실천道義實踐 연구실에서

문개성

최근 스포츠 에이전트란 직무가 떠오르고 있습니다. 지난 2018년 3월 1일 초판에 이어 2020년 봄에 개정판을 발간하게 됐습니다.

본 개정판에는 〈여기서 잠깐!〉 코너에 에이전트가 바라보는 관점을 비롯해 일반적인 내용도 추가했습니다. 특히 에이전트 혹은 제3자의 견해가 혼용되면서 소개한 내용은 여러 기사를 참고해 필자가 요약·편집하고 견해를 넣었습니다. 중복된 기사를 토대로 기술한 것이니 일일이 출처를 표기하지 않은 점에 대해 양해 부탁드립니다.

또한 스포츠 에이전트들이 현장에서 발로 뛰며 이야기를 풀어간 언론기사에 대해 존중하는 마음을 담아 설명했으나 혹여 의도치 않게 표기가 됐다면 이 역시 널리 이해해주시리라 믿습니다. 본서의 취지에 맞게 에이전트의 직무를 어떻게 해설하고 독자들과 공유·공감하는 방법을 찾다보니 에이전트, 선수의 실명과 사례를 덧붙이게 됐습니다.

"본격적으로 프로 스포츠 규모를 파악하기 전에 근대 스포츠의 출발지점을 살펴볼까요? 오늘날까지 이어져온 모든 인류의 심층적인 변형을 이룬 대표적 사건은 산업혁명에서 비롯됐습니다. 이 시기에 스포츠를 사회현상에 대입시키면 19세기 영국의 산업화와 스포츠화sportization는 분리할 수 없는 개념입니다. 즉, 기계화를 통한 체계적 노동행위는 시장에서 구체적인 산출물을 낳았고, 스포츠 경기를 지배하게 된 규칙과 규범은 공정한 경쟁의 결과물이란 인식을 창출했습니다. 현대 스포츠에서 상업 논리는 당연하게 받아들이지만, 19세기 영국에서 고매하게 바라본 아마추어리즘은 돈을 받고 이루어지는 스포츠 행위에 대해 경멸하는 시선도 포함됐습니다. 먹고살 만한 상류층에게 스포츠는 사교를 즐기기 위한 활동이었습니다. 오죽했으면 절제된 매너를 강조하고자 순수함으로 상징되는 하얀색 유니폼을 착용하게 했을까요? 하지만 노동자와 같은 대다수의 하류층은 성공의 지름길인 스포츠클럽 활동을 했습니다. 우리가 접하는 프로페셔널리즘의 시작입니다문개성, 서울스포츠, 2019. 5월, '양적으로 질적으로 성장하고 성숙해야 할 프로스포츠'."

오늘날 스포츠 스타라고 하는 거대한 상품이 우리 생활 깊숙이 자리 잡히게 됐습니다. 불과 100여 년 전만 해도 선수가 돈을 받고 운동하는 것에 대해 못마땅한 시선이 있었지만, 지금은 많은 사람들이 선망하는 직업이 됐습니다. 물론 보이지 않는 곳에서 조력하는 스포츠 에이전트가 있기 때문에 더욱 도드라졌을 겁니다.

국내에선 프로축구에서만 전면 허용한 제도였지만, 프로 스포츠의 가장 큰 시장인 프로야구도 2018년부터 선수대리인에이전트 제도를 전격 시행하기로 했습니다. 이는 한국프로야구선수협회의 요청에 따라 2001년 3월 9일 공정거래위원회에 의해 대리인을 허용하지 않는 KBO 규약이 불공정행위라고 확인하는 과정에서 본격화됐습니다. 당시 시정명령을 내렸으나 지지부진했던 사안을 선수협회의 요구에 따라 2017년 9월 26일 KBO 이사회를 통과하고, 오늘에 이르고 있습니다.

유럽에서 태동한 프로축구는 FIFA 규정에 따라 각국의 축구협회에서 에이전트 자격을 관리합니다. 스포츠 산업의 본산지인 미국은 선수협회가 에이전트의 자격을 인정하고, 검증하는 과정과 박탈의 권한까지 가장 큰 영향력을 지녔습니다. 선수 권익 보호의 가치를 매우 중시합니다. 예를 들어 전미식축구선수협회NFLPA에서는 자격시험의 난이도를 조정하고, 3년 간 최소 1건의 계약이 이루어지지 않을 경우 에이전트 자격을 취소할 수도 있습니다. 선수대리인의 자격취득, 대리인 계약, 행위규제, 분쟁해결 등 모든 선수대리인 운영에 관한 내용은 선수협회 혹은 연맹 홈페이지를 통해 꼼꼼하게 살펴봐야 합니다.

본서는 고용노동부한국산업인력공단, 2016의 'NCS국가직무능력표준/스포츠 마케팅/스포츠 에이전트' 내용에 기반하고 있습니다. NCS는 최근 블라인드 채용형식으로 취지와 의미를 이어가고 있습니다. 이 새로운 직무를 설정하기 위해 2014년 개발위원으로 참여하게 되면서 구상하게 됐습니다. 학생과 일반인에게 스포츠 에이전트 역할에 대한 이해를 보다 쉽게 전달하고자 하기 위함입니다. 아무쪼록 이 책을 통해 스포츠 에이전트에 관심이 있는 모든 분들에게 좋은 성과가 있으시길 진심으로 기원합니다. 감사합니다.

2020년 매서운 겨울,
지덕겸수知德兼修와 도의실천道義實踐 연구실에서
문개성 드림

1. 책의 특성

① 본 저서는 고용노동부_{한국산업인력공단}의 '국가직무능력표준NCS, National Competency Standards/스포츠 마케팅/스포츠 에이전트' 내용에 기반하고 있습니다.
② 사진과 이미지는 저작권에 저촉되지 않는 자료를 위해 구글 이미지labeled for reuse 등을 사용했습니다.

2. 기술방식

① 개인, 조직마다 축적된 스포츠 에이전트 실무의 노하우는 잘 공개되지 않습니다. 본 저서의 관점은 스포츠 에이전트의 직무를 해설하기 위한 것이므로 실무와 차이가 있을 수도 있습니다. 이론적 지식과 직무능력을 이해하고 숱한 경험을 통해 차이점을 메워나가고, 노하우를 쌓아갈 수 있길 기대합니다.
② 본 저서의 등장인물은 총 7명입니다. 에이전트 1명이 6명의 각각 다른 종목선수를 관리하는 게 이례적일 수 있으나, 모든 가능성을 염두에 두는 환경을 가정했습니다. 국내에선 프로축구에서만 전면 허용했던 제도였지만, 프로 스포츠의 가장 큰 시장인 프로야구도 2018년부터 선수대리인에이전트 제도를 전격 시행하기로 했습니다. 프로야구 선수협회 자격시험을 통과해 공인받은 자로 대리인 1명법인 포함이 보유할 수 있는 선수는 총 15명구단당 최대 3명까지 허용하는 방안입니다. 향후 모든 프로 스포츠 시장을 비롯해 아마추어 선수 대상의 에이전트 시장도 고려했습니다.

등장인물	소속, 종목	특성

스포츠 에이전트 M	모 에이전시	• 경력 5년차
		• 신입 때 이론적 지식, 직무능력의 이해 없이 무조건 뛰어들어 수많은 시행착오를 겪었으나 여전히 열정은 지님
		• 본인의 장·단점을 잘 인지함
		  - 장점: 분석하기를 좋아하고, 대인관계가 원만함
		  - 단점: 끈기가 다소 부족하고, 상대를 쉽게 믿음
		• 외부의 기회·위기를 잘 인지함
		  - 기회: 자신의 장점을 부각하고 약점을 보완하기 위한 방식으로 기회로 활용함
		
		· 꾸준한 영어회화 공부로 일상 회화는 어렵지 않으나 세부적 협상을 할 때는 원만한 대인관계를 통해 소개받은 통역을 대동함
		· 관련 법률의 기초적 이해와 판례 등을 통해 지식을 쌓는 노력을 게을리 하지 않고, 쟁송발생 시 평소 신뢰를 쌓은 변호사와 면담 후 진행함
		
		  - 위기: 자신의 장점을 부각하고 약점을 보완하기 위한 방식으로 위기를 극복함
		
		· 급변하는 에이전트 시장에서 경쟁력을 갖추기 위해 다양한 분석방식(영상수집, 면담, 통계 등)을 습득하기 위한 노력을 게을리 하지 않음

선수 A	프로야구	• 계약 1년차(신입) • 무명선수이지만 성실한 자세를 지녀 가능성이 엿보임 • 평소엔 말이 없다가도 한 번 말을 시작하게 되면 같은 말을 되풀이하는 타입
선수 B	프로축구	• 계약 2년차 • 고교시절부터 유명세를 탄 선수임 • 쉽게 흥분하고 성급하여 대화를 하던 중에 필요 혹은 불필요한 말을 구분하지 못하며 빈정거리는 타입
선수 C	프로농구	• 계약 3년차 • 잦은 부상으로 고생함 • 유창하게 말을 하려고 노력하는 전문가형 타입
선수 D	프로배구	• 계약만료 시점 • 계약연장을 하거나 국내외 구단을 타진해야 하는 마지막 승부수를 생각함 • 무리한 요구를 할 때도 있고 말을 다소 과장해서 설명하는 타입

| 선수 E | 배드민턴 | • 계약 6개월차(신입)
• 유망주이고 수려한 외모와 말투로 대중적임
• 의구심을 평소에 많이 갖고 저돌적인 타입 |
| 선수 F
(개정2판부터 추가) | 대학 야구 | • 국내 모 대학 소속 야구선수
• 테스트를 통해 국내 프로구단에 갈 수 없음을 인지
• 졸업 후 진로를 모색하다가 중국프로야구(CBL)를 알게 돼 스포츠 에이전트 M과 인연을 맺고자 함
• 졸업 직후 정식 에이전시 계약을 할 예정임 |

2018년 따사한 봄,

지덕겸수知德兼修와 도의실천道義實踐 연구실에서

문개성

"문개섬 교수의 '스포츠 에이전트 직무해설서Sports Agent Manual' 개정3판을 출간한다는 소식을 듣고 미력하나마 지난번에 이어 추천사를 남깁니다. 최근 체육·스포츠 분야에서 선수 권익 보호라는 시대가치를 법적·정책적·제도적으로 구현하는 노력을 하고 있습니다. 이에 힘입어 선수대리 비즈니스가 발전하는 것은 매우 중요한 의미가 있습니다. 박항서 마법이라 불렸던 베트남 축구열기, 최근 김판곤 감독의 말레이시아 축구 열풍 등으로 동남아시아에서 새로운 가능성을 보고 있습니다. 배드민턴의 경우 이미 아시아에선 중국, 일본, 인도네시아, 말레이시아 등에서 프로리그가 활성화돼 있습니다. 우리나라의 엘리트 선수, 감독, 코치, 트레이너 등이 진출할 수 있는 글로벌 시장은 항상 열려있습니다. 또한 선수 에이전트란 새로운 인적자산이 활동할 수 있는 무대도 마찬가지입니다. 스포츠 에이전트 매뉴얼을 통해 다양한 직무의 기회를 잡을 수 있길 희망합니다."

원광대학교 스포츠과학부 김동문 교수

하계 올림픽 금메달(1996 애틀랜타, 2004 아테네)

아시아 경기대회 금메달(1998 방콕, 2002 부산)

대한체육회 배드민턴 국가대표 코치

캐나다 배드민턴 국가대표 코치

대한민국 체육훈장 청룡상, 대한민국 체육대상

"스포츠 분야에서 다양한 주제의 저서를 열정적으로 출간하는 독보적인 존재, 문개성 교수의 '스포츠 에이전트 직무해설서Sports Agent Manual' 개정3판 출간소식을 들었습니다. 우리나라 4대 프로 스포츠 리그야구, 축구, 농구, 배구의 한 해 누적입장객은 1,100만 명이 넘습니다. 코로나19로 주춤했던 비즈니스 열기가 가장 먼저 뜨겁게 올랐던 영역이 바로 스포츠입니다. 국내에서 자생적으로 성장한 자랑스러운 우리 선수들이 전 세계 무대에서 맹활약을 하고 있습니다. 보이지 않는 곳에서 묵묵히 조력하는 스포츠 에이전트가 있기에 가능한 일일 것입니다. 이는 전문적인 식견과 경험을 토대로 쌓아 온 결과이기에 그들의 노력이 더없이 빛이 나는 것이겠죠. 이론과 실무를 겸비한 체득된 지식으로부터 그러한 전문성이 발현된다고 생각합니다. 문박사의 본서는 에이전트 분야를 처음 접한 사람들을 비롯해 초심으로 돌아가야 하는 실무진에 이르기까지 균형 잡힌 방향을 제시할 것으로 믿어 의심치 않습니다."

미국 워싱턴 D.C. 변호사 안재한 박사
스포츠·미디어·엔터테인먼트 전문 미국변호사
문화체육관광부 국민체육진흥공단 체육인재육성 기획·운영(20년 재직)
F1 파워보트 그랑프리 아시아태평양 자문컨설턴트
Tour de Korea 국제 스포츠 이벤트 최초 기획
미국 뉴욕 TKC TV 방송국 제작팀장
하와이대학교 로스쿨 법학석사(LL.M.)
성균관대학교 스포츠커뮤니케이션 박사

목차

I 스포츠에이전트에 대한 개념을 이해하자

II 선수 마케팅 활동을 전략으로 관리하자

III　선수계약을 정교하게 대리하자

IV 선수의 법률문제를 체계적으로 지원하자

〈표〉 차례

〈여기서 잠깐!〉 차례

I 스포츠 에이전트에 대한 개념을 이해하자

국내 스포츠 산업과 스포츠 비즈니스의 구조	국내 스포츠 산업	국내 스포츠 산업 현황
		국내 프로 스포츠 산업 현황
	스포츠 산업진흥법	프로 스포츠 육성을 위한 법 조항
		스포츠 비즈니스 구조
국내 프로 스포츠의 스포츠 에이전트 규정	에이전트 관련 용어	스포츠 에이전트
		트레이드
		드래프트
		자유계약제도
		선수보류조항
		웨이버 공시
		임의탈퇴선수
		이적
		선수이적동의서
		이적확인서
		선수 임대
		샐러리 캡
		래리 버드 룰
		포스팅 시스템
		트라이 아웃
		옵트 아웃
		바이 아웃
		팜 시스템
		보스만 판결
		펠레법
		셔먼법
	프로 스포츠 리그	축구
		야구
		배구
		농구
		여자농구
스포츠 에이전트 유래 및 발전	스포츠 에이전트의 유래 및 제도	스포츠 에이전트, 스포츠 매니저, 스포츠 마케터
		역사적인 스포츠 에이전트
		스포츠 에이전트의 제도
	스포츠 에이전트 및 에이전시의 유형	스포츠 에이전트의 유형
		스포츠 에이전시의 유형
	스포츠 에이전트의 역할 및 수수료	스포츠 에이전트의 역할
		계약에 따른 수수료 구조

관람 스포츠 시설

한일 축구전 응원

국내 스포츠
산업과 스포츠
비즈니스 구조를
알아보자

국내 스포츠 산업

1. 국내 스포츠 산업 현황

문화체육관광부2018에 따르면 전 세계 스포츠 산업 시장규모는 약 1.3조 달러 1,430조 원, 2017년 기준로 연 평균 3.5% 성장세를 나타내고 있다. 이는 같은 해 자동차 판 매수입 규모와 비슷한 수치약 1.4조 달러로서 스포츠 산업의 규모를 가늠할 수 있다. 특히 스포츠 서비스업에 속해 있는 스포츠 이벤트 산업 규모는 2005년 이후 연 평균 6% 수 준의 성장세를 보여줌으로써 프로 스포츠 시장이 갖는 성장 잠재력이 매우 크다는 것을 알 수 있다. 하지만 전 세계를 강타한 코로나19 팬데믹으로 전체 규모가 감소했음을 예 측할 수 있다. 향후 전 세계의 스포츠 산업 규모를 집계한 자료가 도출되길 기대한다.

국내 스포츠 산업 분류는 2012년에 제정된 '스포츠 산업 특수분류 3.0'에 근거해 스포츠 시설업, 스포츠 용품업, 스포츠 서비스업으로 3개의 대분류를 한다. 국내 스포츠 산업의 규모로서 전체 매출액은 2021년 기준으로 63조 8,820억으로 집계됐다. 코로나 19로 인해 스포츠 산업 매출 규모가 급감한 사실을 알 수 있다. 코로나가 발발하기 직전 인 2019년80조 6,840억 원 대비 20% 이상 감소했다. 2020년 대비 20.7% 증가하면서 서서 히 회복을 하는 추세로서 국내 스포츠 산업 규모의 지속적인 상승을 기대할 수 있다. 스 포츠 용품업이 여전히 47.9%로 가장 큰 비중을 차지하고 있다문화체육관광부, 2022 .

표1.1 국내 스포츠 산업의 매출액 (단위: 십억 원)

구분	2015년	2016년	2017년	2018년	2019년	2020년	2021년	2020년 대비
스포츠 시설업	16,216 (23.7%)	17,201 (23.7%)	17,544 (23.5%)	19,849 (25.4%)	20,748 (25.7%)	13,316 (25.2%)	16,469 (25.8%)	23.7% 증가
스포츠 용품업	32,617 (47.7%)	33,547 (46.2%)	34,011 (45.5%)	34,371 (44.0%)	35,405 (43.9%)	25,412 (48.0%)	30,624 (47.9%)	20.5% 증가

스포츠 서비스업	19,516 (28.6%)	21,859 (30.1%)	23,141 (31.0%)	23,847 (30.5%)	24,532 (30.4%)	14,190 (26.8)	16,790 (26.3%)	18.3% 증가
계	68,350 (100%)	72,608 (100%)	74,696 (100%)	78,067 (100%)	80,684 (100%)	52,918 (100%)	63,882 (100%)	20.7% 증가

출처: 문화체육관광부(2022). 2021 스포츠 산업 백서. 연례보고서(체육진흥투표권 포함, 이전 보고서 내용과 통합).

국내 스포츠 산업의 사업체 수는 2021년 기준 총 116,095개로서 스포츠 시설업이 44,168개, 스포츠 용품업이 36,939개, 스포츠 서비스업이 34,988개이다. 이는 전년도에 비해 18.9% 증가한 수치이다. 이는 코로나19로 인해 위축됐던 스포츠 산업 규모가 상대적으로 큰 폭으로 회복했다고 볼 수 있다(문화체육관광부, 2022).

표1.2 국내 스포츠 산업의 사업체수

구분	2015년	2016년	2017년	2018년	2019년	2020년	2021년	2020년 대비
스포츠 시설업	34,450개 (36.9%)	34,224개 (35.9%)	38,363개 (37.9%)	41,423개 (40.2%)	42,122개 (39.9%)	38,278개 (39.4%)	44,168개 (38.1%)	15.3% 증가
스포츠 용품업	34,559개 (37.0%)	35,859개 (37.6%)	35,845개 (35.4%)	34,161개 (33.1%)	33,621개 (31.9%)	30,876개 (31.3%)	36,939개 (31.7%)	19.6% 증가
스포츠 서비스업	24,341개 (26.1%)	25,304개 (26.5%)	26,999개 (26.7%)	27,561개 (26.7%)	29,702개 (28.2%)	28,513개 (29.1%)	34,988개 (30.1%)	22.7% 증가
계	93,350개 (100%)	95,387개 (100%)	101,207개 (100%)	103,145개 (100%)	105,455개 (100%)	97,668개 (100%)	116,095개 (100%)	18.9% 증가

출처: 문화체육관광부(2022). 2021 스포츠 산업 백서. 연례보고서(이전 보고서 내용과 통합).

국내 스포츠 산업의 종사자 수는 2021년에 40만 6,000명으로 집계됐다. 스포츠 시설업은 17만 2,000명, 스포츠 용품업은 13만 3,000명, 스포츠 서비스업은 10만 1,000명으로 전년도에 비해 7.9% 증가한 수치이다. 코로나19로 위축됐던 30만 명대로 줄어든 종사자 수가 다시 40만 명대 이상으로 회복세를 보이기 시작했다.

표1.3 국내 스포츠 산업의 종사자수 (단위: 천 명)

구분	2019년	2020년	2021년	증감률(2020 대비)
스포츠 시설업	192(42.7%)	162(43.1%)	172(42.4%)	6.1%
스포츠 용품업	137(30.5%)	120(31.9%)	133(32.8%)	10.9%
스포츠 서비스업	120(26.7%)	94(25.0%)	101(24.8%)	7.2%
계	449(100%)	376(100%)	406(100%)	7.9%

출처: 문화체육관광부(2022). 2021 스포츠 산업 백서. 연례보고서.

2. 국내 프로 스포츠 산업

국내 4대 프로 스포츠인 야구, 축구, 농구, 배구의 연간 누적 입장객이 2009년 1천만 명을 넘어선 후, 2016년 사상 최다인 12,468,587명으로 집계됐다. 특히 프로야구의 경우 2012년 처음으로 7백만 명을 돌파한 후, 몇 년 간 하락폭을 겪다가 2015년 7,622,494명으로 다시 7백만 명을 넘어섰다. 메르스MERS라 일컫는 중동호흡기증후군이 발발'15.5.20해 11월 말까지 확산됐던 기간에 프로야구 시즌이 겹쳐 관람객 급감을 우려했으나 예상을 엎고 상승추이를 이어갔다. 반면, 프로축구의 경우 2002년 한·일 월드컵의 여파로 지속적으로 성장해 온 관람객 시장이 2011년 최다 입장객 3,030,586명을 기록했으나 2018년에는 1,570,628명으로 50% 이상 급감한 상태이다. 더군다나 메르스도 피해갔던 프로 스포츠 입장객 규모가 코로나19 팬데믹 때는 입장객 급감을 피해가지 못했다. 경기를 개최하지 못하다가 무관중 경기로 선회하면서 리그를 마무리 지었지만, 그 여파는 몇 년 더 갈 전망이다.

표1.4 국내 4대 프로 스포츠의 입장객 수 (단위: 명)

구분		2015년	2016년	2017년	2018년	2019년	2020년	2021년
프로야구		7,622,494	8,631,829	8,713,420	8,400,502	7,535,075	424,399	1,416,061
프로축구		2,150,416	2,139,826	1,913,164	1,570,628	2,376,923	114,412	572,276
프로농구	남	1,163,557	1,030,846	927,844	848,395	873,782	46,307	110,235
	여	167,606	158,607	124,306	123,000	122,055	92,547	4,037

프로배구	498,421	507,479	520,768	517,674	580,448	393,059	26,709
계	11,602,494	12,468,587	12,199,502	11,460,199	11,488,283	1,070,724	2,129,318

출처: 문화체육관광부(2022). 2021 스포츠 산업 백서. 연례보고서.

2015년 기준 국내 4대 프로 스포츠 종목야구, 축구, 농구, 배구의 사업체수는 22,896개로 추정하고 있다. 축구가 10,601개로 가장 많이 집계됐고, 농구 5,303개, 야구 3,869개, 배구 3,123개 순으로 나타났다문화체육관광부, 2022. 2015년 이후의 자료는 현재 도출되지 않고 있다. 코로나19 이후 회복세를 보이는 지점에 프로 스포츠 사업체 수가 집계되길 기대한다.

표1.5 프로 스포츠 종목별 사업체 수 (단위: 개)

구분	야구	축구	농구	배구	전체
스포츠 시설업	422(10.9)	710(6.7%)	382(7.2%)	169(5.4%)	1,683(7.4%)
스포츠 용품업	3,159(81.6%)	9,206(86.8%)	4,448(83.9%)	2,708(86.7%)	19,521(85.3%)
스포츠 서비스업	288(7.4%)	685(6.5%)	473(8.9%)	246(7.9%)	1,692(7.4%)
계	3,869(100%)	10,601(100%)	5,303(100%)	3,123(100%)	22,896(100%)

출처: 문화체육관광부(2022). 2021 스포츠 산업 백서. 연례보고서.

2015년 기준 국내 4대 프로 스포츠 산업야구, 축구, 농구, 배구 사업체의 총매출액은 7조 5,260억 원으로 집계됐다. 사업체 수가 가장 많은 축구산업이 3조 8,910억 원으로 가장 높고, 야구산업이 1조 8,510억 원, 농구산업이 1조 3,150억 원, 배구산업이 4,690억 원으로 집계됐다문화체육관광부, 2022. 지속적인 자료 수집이 이루어지길 기대한다.

표1.6 국내 프로 스포츠 산업 사업체의 종목별 매출액 (단위: 십억 원)

구분	야구	축구	농구	배구	전체
스포츠 시설업	117(6.3%)	217(5.6%)	65(4.9%)	25(5.3%)	424(5.6%)
스포츠 용품업	821(44.4%)	2,645(68%)	885(67.3%)	243(51.8%)	4,594(61%)
스포츠 서비스업	919(49.6%)	1,028(26.4%)	367(27.9%)	203(43.3%)	2,517(33.4%)
계	1,851(100%)	3,891(100%)	1,315(100%)	469(100%)	7,526(100%)

출처: 문화체육관광부(2022). 2021 스포츠 산업 백서. 연례보고서.

스포츠 산업진흥법

1. 프로 스포츠 육성을 위한 법 조항

「스포츠 산업진흥법」은 2007년 제정된 이후, 두 차례 일부 개정이 있었다. 즉, 2008년 「정부조직법」에 의해 기획재정부 신설로 2010년 개정됐다. 이 과정에서 프로 스포츠 단체에서 지속적으로 요구했던 '프로 스포츠의 육성제17조'에서 지방자치단체의 공공체육시설을 25년의 기간 내에서 사용하고 수익을 창출할 수 있도록 법적 근거를 마련했다.

이 법을 바탕으로 국내 정책을 주관하고 있는 문화체육관광부 **스포츠 산업과**가 신설되고 폐지되는 과정을 겪다가 다시 신설2013년됐고, 현재까지 이르고 있다2024년 1월. 「**스포츠 산업진흥법**」은 스포츠 산업을 체계적으로 육성하고 지원하기 위한 일환으로 프로 스포츠 단체와 지방자치단체의 의견 수렴 등을 거쳐 2016년 전부 개정됐다. 이를 통해 스포츠 산업 창업지원, 스포츠 산업 R&D 지원, 스포츠 산업 펀드 출자에 관한 근거와 내용을 명문화했다.

표1.7 스포츠 산업진흥법 전부 개정(2016) 내용 및 의미

조항	주요 조항	의미
제7조	• 정기적으로 스포츠 산업 실태조사를 실시해야 한다.	• 스포츠 산업 특수분류 2.0을 근거로 2010년 11월 국가승인통계로 지정돼 2011년 처음으로 실시된 스포츠 산업실태조사가 의무사항으로 됨
제8조	• 스포츠 산업 관련 기술개발을 추진하기 위한 정책을 수립·시행할 수 있다. • 예산을 지원 또는 출연할 수 있다. • 기술개발사업 업무 대행기관을 둘 수 있다.	• 스포츠 산업과 관련한 기술개발을 위한 예산지원, 출연 및 전문적인 대행기관 활용 등을 위한 법적인 토대를 마련함 • 기술에 기초한 새로운 조직이 생김

제10조	• 스포츠 산업 관련 창업 촉진과 일자리 창출을 위해 예산을 지원할 수 있다.	• 청년 일자리 해결 등과 맞물려 스포츠 분야의 창업지원을 할 수 있게 됨
제11조	• 지자체 소유의 공공체육시설을 스포츠 산업진흥시설로 지정할 수 있다. • 프로 스포츠 육성을 위해 프로 스포츠단 연고 경기장을 스포츠 산업지정시설로 우선 지정할 수 있다.	• 스포츠 산업 발전을 통해 지자체와의 상생 환경을 조성함 • 시자체의 인적, 물적, 예산 등의 부담을 해소할 수 있는 여지를 마련함
제15조	• 스포츠 산업의 육성과 기술개발을 위해 스포츠 산업 관련 상품의 품질향상에 필요한 지원을 할 수 있다.	• 스포츠 산업과 관련한 기술개발의 체계적인 지원을 위한 법적 토대를 마련함
제16조	• 스포츠 산업 투자 활성화를 위해 중소기업투자모태조합과 한국벤처투자조합 등에 출자할 수 있다.	• 민간기업의 유도 및 각종 투자환경을 확대할 수 있는 토대를 마련함
제17조 제2항	• 지자체 또는 공공기관은 프로 스포츠단 창단에 출자 또는 출연할 수 있다. • 프로 스포츠단 사업 추진에 필요한 경비를 지원할 수 있다.	• 지자체가 프로 스포츠와 관련한 분야에 지원을 할 수 있는 토대를 마련함 • 스포츠 산업 발전을 통해 지자체와의 상생 환경을 조성함
제17조 제3항	• 지자체는 공공체육시설을 프로 스포츠단체에게 25년 이내의 기간을 정하여 관리를 위탁할 수 있다.	• 프로 스포츠단체는 주요 수익인 관람객 입장권 판매를 위해 다양한 촉진(promotion) 활동을 할 수 있는 스포츠 마케팅 환경이 마련됐음 • 관중의 만족 개선 및 편의성을 증대시킬 수 있는 환경을 조성함
제17조 제6항	• 지자체는 공공체육시설을 프로 스포츠단과 우선하여 수의계약할 수 있다.	• 공공체육시설의 안정적 운영 및 활용도를 높일 수 있도록 기업의 접근성을 제고함
제18조	• 선수의 권익보호와 스포츠 산업의 건전한 발전을 위해 공정한 영업질서의 조성 등 필요한 시책을 강구해야 한다.	• 선수 권익을 보호하기 위한 제도적 근거를 마련함(스포츠 에이전트)

출처 : 문개성(2022). 스포츠 마케팅 4.0: 4차 산업혁명 미래비전(개정2판). 박영사. p.42-43.

여기서 잠깐! ┍▷ / 스포츠 산업진흥법에 따른 프로 스포츠 육성 조항

제17조(프로 스포츠의 육성)

① 국가 및 지방자치단체는 스포츠 산업의 발전을 도모하고, 국민의 건전한 여가활동을 진작하기 위하여 **프로 스포츠 육성**에 필요한 시책을 강구할 수 있다.

② 지방자치단체 또는 「공공기관의 운영에 관한 법률」 제4조에 따른 공공기관은 프로 스포츠 육성을 위하여 대통령령으로 정하는 바에 따라 **프로 스포츠단 창단에 출자** 또는 **출연**할 수 있으며, 프로 스포츠 활성화를 위하여 필요한 경우 **프로 스포츠단 사업 추진에 필요한 경비를 지원**할 수 있다.

③ 지방자치단체는 공공체육시설의 효율적 활용과 프로 스포츠의 활성화를 위하여 필요하다고 인정하는 경우에는 「공유재산 및 물품 관리법」 제21조 제1항 및 제27조 제1항에도 불구하고 **공유재산을 25년 이내**의 기간을 정하여 그 목적 또는 용도에 장애가 되지 아니하는 범위에서 사용·수익을 허가하거나 관리를 위탁할 수 있다.

④ 지방자치단체의 장은 제3항에 따라 공유재산을 사용·수익하게 하는 경우에는 「공유재산 및 물품 관리법」 제22조에도 불구하고 대통령령으로 정하는 바에 따라 해당 공유재산의 사용료와 납부 방법 등을 정할 수 있다.

⑤ 제3항에 따라 공유재산을 사용·수익하게 하는 경우에는 해당 공유재산의 목적 또는 용도에 장애가 되지 아니하도록 대통령령으로 정하는 바에 따라 사용·수익의 내용 및 조건을 부과하여야 한다.

⑥ 지방자치단체의 장은 공유재산 중 체육시설(민간자본을 유치하여 건설 또는 개수·보수된 시설을 포함한다)을 **프로 스포츠단**의 연고 경기장으로 사용·수익을 허가하거나 그 관리를 위탁하는 경우 「공유재산 및 물품 관리법」 제20조 및 제27조에도 불구하고 해당 체육시설과 그에 딸린 부대시설에 대하여 대통령령으로 정하는 바에 따라 해당 **프로 스포츠단**(민간자본을 유치하여 건설하고 투자자가 해당 시설을 **프로 스포츠단의 연고 경기장**으로 제공하는 경우 민간 투자자를 포함한다)과 우선하여 수의계약할 수 있다. 건설 중인 경우에도 또한 같다.

⑦ 제6항에 따라 공유재산의 사용·수익 허가를 받은 **프로 스포츠단**은 「공유재산 및 물품 관리법」 제20조 제3항에도 불구하고 사용·수익의 내용 및 조건에 위반되지 아니하는 범위에서 지방자치단체의 장의 승인을 받아 다른 자에게 사용·수익하게 할 수 있다.

⑧ 제6항에 따라 공유재산의 사용·수익을 허가받거나 관리를 위탁받은 프로 **스포츠단**은 필요한 경우 해당 체육시설을 직접 수리 또는 보수할 수 있다. 다만, 그 수리 또는 보수가 공유재산의 원상이 변경되는 대통령령으로 정하는 대규모의 수리 또는 보수에 해당할 경우에는 지방자치단체의 장의 승인을 받아야 한다.

⑨ 지방자치단체는 제8항에 따른 **수리 또는 보수에 필요한 비용의 전부 또는 일부를 지원**
할 수 있다.

우리나라의 스포츠 산업은 2007년 「**스포츠산업진흥법**」이 제정된 이후 본격적으
로 관련 산업 증진을 위한 정책을 제시하고 있다. 1986년 서울 아시안게임, 1988년
서울 하계올림픽, 2002년 한일 월드컵 등을 성공적으로 개최했다. 하지만 관련법이
없었기 때문에 스포츠 산업스포츠 시설업, 스포츠 용품업, 스포츠 서비스업을 지원할 수 있는 여
건이 부족했다. 본서의 주제인 **스포츠 에이전트** 영역도 **스포츠 서비스업** 내의 업종으로
분류돼 있어 관련법이 있을 때 의미가 있는 것이라 할 수 있다. 이 법을 토대로 연맹에
서 **선수 대리인 제도** 도입을 고려하고 추진할 수 있기 때문이다.

표1.8 국내 스포츠 산업 정책의 변천과정

시기	주요내용	
1990년대 이전	• 스포츠 산업 정책은 아니었지만 체육 분야 정책지원 근거 마련	
	국민체육진흥법 (1962년 제정)	- 1965년 개정된 내용 중 최초의 스포츠 산업 관련 법률 명시 - 1982년 개정된 내용 중 체육용구 우수업체에 국민체육진흥기금 융자관련 명시
	체육시설의 설치·이용에 관한 법률	- 1989년 제정되면서 민간 체육시설업의 효율적인 관리와 체계적인 육성 기반 마련
1993~1997년	• **제1차 국민체육진흥 5개년 계획** - 체육용구 품질수준 향상, 생산업체 투자여건 조성 금융지원, 민간스포츠시설업 육성을 위해 골프장, 스키장 특별소비세 감면, 체육시설 설치·운영 인·허가 절차 간소화 등	
1998~2002년	• **제2차 국민체육진흥 5개년 계획** - 민간체육시설 적극지원, 소비자 보호를 위한 제도적 장치마련, 체육시설·용품업체에 대한 지원, 우수 생활체육용구 생산업체산업적 지원, 경륜·경정 등 여가스포츠 산업 육성 등	
2001년	• **스포츠 산업 육성대책** - 스포츠 자원의 상품가치 개발, 스포츠 서비스업 중점지원, 고부가가치 실현을 위한 지식정보 기반 구축, 민간기업의 경쟁력 강화지원 등	

2003~2007년	• **참여정부 국민체육진흥 5개년 계획** - 생활체육 활성화를 위한 국민의 삶의 질 향상, 과학적 훈련지원을 통한 전문체육의 경기력 향상, 스포츠 산업을 새로운 국가전략산업으로 육성, 국제체육교류 협력을 통한 국가이미지 제고, 체육과학의 진흥 및 정보화, 체육행정 시스템의 혁신과 체육진흥재원 확충
2005년	• **스포츠 산업 비전 2010** - 스포츠 산업 활성화, 국제경쟁력 강화를 위한 집중지원 전략, 고부가가치 스포츠용품 개발, 국제경쟁력 강화, 레저 스포츠 산업기반 확대, 프로 스포츠 산업의 성장기반 구축 등 • **스포츠 산업진흥법 제정(2007년)**
2008년	• **제1차 스포츠 산업 중장기계획(2009~2013)** - 체육강국에 걸맞는 스포츠 산업 선진국 도약 비전, 스포츠 산업 글로벌 경쟁력 강화, 대표적 융·복합 산업 신성장 동력화, 선순환구조 형성을 통한 지역경제 활성화
2013년	• **제2차 스포츠 산업 중장기 발전계획(2014~2018)** - 스포츠 산업의 융·복합화를 통한 미래성장 동력 창출 비전, 고령화 사회, 여가 증가 등에 따른 스포츠 참여확대, 아웃도어 등 레저산업 급성장 대비, 스포츠 산업 강국 목표 등
2016년	• **스포츠 산업진흥법('07 제정) 전면 개정** - 스포츠 산업 실태조사, 프로 스포츠단 연고 경기장을 스포츠 산업 진흥시설로 우선 지정, 중소기업투자모태조합과 한국벤처투자조합 등에 출자, 지자체 또는 공공기관이 프로 스포츠단 창단에 출자 가능, 공유재산을 25년 이내 관리위탁 가능 등
2019년	• **제3차 스포츠 산업중장기 발전계획(2019~2023)** - 첨단기술 기반 시장 활성화: 참여 스포츠 신시장 창출, 관람 스포츠 서비스 혁신 - 스포츠 기업 체계적 육성: 스포츠 기업 창업·성장 지원, 스포츠 기업 글로벌 진출 지원 - 스포츠 산업 균형발전: 스포츠를 통한 지역경제 활성화, 스포츠 서비스업 경쟁력 강화 - 스포츠 산업 일자리 창출: 스포츠 사회적 경제 활성화, 스포츠 융·복합 인재 양성 및 활용 - 스포츠 산업 진흥기반 확립: 스포츠 산업 진흥 전담체계 구축, 스포츠 산업 법·제도 개선

출처: 문개성(2023). 스포츠 경영: 21세기 비즈니스 미래 비전(개정2판). 박영사, p.23-24.

2. 스포츠 비즈니스 구조

스포츠 에이전트는 스포츠 비즈니스 영역에서 활동하는 사람이다. 스포츠 비즈니스를 직·간접적으로 관련된 주체를 살펴보면 다음과 같이 분류할 수 있다.

(1) 선수

스포츠 비즈니스에서 가장 중요한 **상품**이다. 스포츠 에이전트와의 고용계약을 통해 에이전트에게 **법정 대리인**으로 역할을 위임한다.

(2) 스포츠 단체

국제올림픽위원회IOC, International Olympic Committee, **국제축구연맹**FIFA, Fédération internationale de football association, 경기연맹과 협회와 같은 주체로서 스포츠 자체를 통해 비즈니스를 이행한다. 대회 주최 권한을 통해 **방송 중계권**, **기업 스폰서십 환경**을 구축해 이윤을 극대화시키려고 한다.

(3) 프로 스포츠 연맹

스포츠 단체로서 프로 스포츠 리그를 관장한다. 국내 4대 프로 스포츠 리그를 주관하는 **한국야구위원회**KBO, Korea Baseball Organization, **한국프로축구연맹**K League, Korea Professional Football League, **한국농구연맹**KBL, Korean Basketball League, **한국배구연맹**KOVO, Korea Volleyball Federation에 속한 구단들이 있다. 또한 프로농구는 **한국여자농구연맹**WKBL, Women's Korean Basketball League으로 별도로 운영되고 있다. 선수, 감독, 코치 등의 인적자산을 구축하여 최고의 상품 가치를 높이고자 노력한다. 선수 초상권과 비슷하지만 양도가 가능한 선수의 퍼블리시티권Right of Publicity을 보유한다.

(4) 프로 스포츠 구단

① **프로야구 리그**: 한국야구위원회 KBO 는 1981년 12월 11일에 창립하여 국내 프로야구 리그를 관장하고 있다. 1982년 6개 팀 MBC 청룡, 롯데 자이언츠, 삼성 라이온즈, OB 베어스, 해태 타이거즈, 삼미 슈퍼스타즈 으로 출범해 한국프로야구 리그를 열었다. 2021년 기준, 정규리그에 참가하는 구단은 총 10개이다. 또한 2023년 기준 퓨처스리그는 총 11개 팀이 북부와 남부리그로 분류해 리그가 운영되고 있다.

표1.9 국내 프로야구 정규리그 구단 현황

팀	연고지	홈 경기장	제2 홈구장	창단도	리고참가
KIA 타이거즈	광주	광주 - 기아 챔피언스필드	군산월명종합운동장 야구장	2001년	1982년
kt 위즈	수원	수원 kt 위즈 파크	-	2013년	2015년
LG 트윈스	서울	서울종합운동장 야구장	-	1990년	1982년
NC 다이노스	창원	창원NC파크	-	2011년	2013년
SSG 랜더스	인천	인천 SK 행복드림구장	-	2000년	2000년
키움 히어로즈	서울	고천 스카이돔	-	2008년	2008년
두산 베어스	서울	서울종합운동장 야구장	-	1982년	1982년
롯데 자이언츠	부산	사직야구장	울산문수야구장	1982년	1982년
삼성 라이온즈	대구	삼성 라이온즈파크	포항야구장	1982년	1982년
한화 이글스	대전	한화생명 이글스 파크	청주야구장	1986년	1986년

출처: 문화체육관광부(2022). 2021 스포츠 산업 백서. 연례보고서, p.288

표1.10 국내 프로야구 퓨처스리그 구단 현황

구단명칭(연고지)	
북부리그(5)	남부리그(6)
SSG 랜더스(강화군)	롯데 자이언츠(울산)
고양 히어로즈(고양)	상무(문경시)
LG 트윈스(이천)	창원 다이노스(창원)
두산 베어스(이천)	삼성 라이온스(경산)
한화 이글스(서산)	kt 위즈(익산)
* 경찰 야구단(고양, 2005~2019 해체)	KIA 타이거즈(함평군)

② **프로축구 리그**: 프로 2팀할렐루야, 유공, 실업팀 3개 구단 국민은행, 대우, 포항제철 총 5개 팀으로 1983년 슈퍼리그를 출범하며 시작했다. 한국프로축구연맹K League은 1994년 7월 30일에 발족하며 국내 프로축구 리그를 관장하고 있다. 2021년 기준, K리그1에는 12개 팀이 등록돼 있고, K리그2에는 10개 팀이 등록돼 있다.

표1.11 국내 프로축구 구단 현황(K리그1) (단위: 명)

구단	위치	홈구장	수용 인원
전북 현대 모터스	전주	전주월드컵경기장	42,477
수원 삼성 블루윙즈	수원	수원월드컵경기장	44,031
울산 현대	울산	울산문수축구경기장	44,102
FC 서울	서울	서울월드컵경기장	66,806
강원 FC	강원	춘천송암스포츠타운주경기장	20,000
포항 스틸러스	포항	포항스틸야드	17,443
대구 FC	대구	대구스타디움	66,422
인천 유나이티드	인천	인천축구전용경기장	20,300
성남 FC	성남	탄천종합운동장	16,867
광주 FC	광주	광주월드컵경기장	40,245
제주 유나이티드	제주	제주월드컵기장	35,657
수원 FC	수원	수원종합운동장	11,808

출처: 문화체육관광부(2022). 2021 스포츠 산업 백서. 연례보고서, p.294.

표1.12 국내 프로축구 구단 현황(K리그2) (단위: 명)

구단	위치	홈구장	수용 인원
김천 상무	김천	김천종합운동장	15,042
부산 아이파크	부산	구덕운동장	11,808
아산 무궁화	아산	이순신종합운동장	19,283
전남 드래곤즈	광양	광양축구전용구장	13,496
부천 FC 1995	부천	부천종합운동장	35,545
FC 안양	안양	안양종합운동장	17,095
서울 이랜드 FC	서울	서울종합운동장	5,216
안산 그리너스 FC	안산	안산와~스타디움	35,000
대전 시티즌	대전	대전월드컵경기장	40,535
경남 FC	경남	창원축구센터	15,116

출처: 문화체육관광부(2022). 2021 스포츠 산업 백서. 연례보고서, p.294.

③ **남자프로농구 리그:** 1996년 10월 16일 한국농구연맹KBL이 창립되면서 시작됐다. 남자농구는 1983년부터 시작된 농구대잔치로 실업팀과 대학팀 간의 경쟁으로 인기를 끌었다. 최초의 남자프로농구 리그는 1997년 시작돼 오늘에 이르고 있다. 현재 10개 팀2021-2022년 시즌이 등록돼 있다.

표1.13 국내 남자프로농구 구단 현황

구단명	연고지	경기장	제2경기장	참가시즌
고양 오리온 오리온스	고양	고양체육관		
부산 kt 소닉붐	부산	사직실내체육관		1997시즌
서울 삼성 썬더스	서울	잠실실내체육관		
서울 SK 나이츠		잠실학생체육관		1997-1998시즌
안양 KGC인삼공사	안양	안양체육관		
울산 현대모비스 피버스	울산	동천체육관		
원주 DB 프로미	원주	원주종합체육관		1997시즌
인천 전자랜드 엘리펀츠	인천	인천삼산월드체육관		
전주 KCC 이지스	전주	전주실내체육관	군산월명체육관	
창원 LG 세이커스	창원	창원실내체육관		1997-1998시즌

출처: 문화체육관광부(2022). 2021 스포츠 산업 백서. 연례보고서, p.302; 전주 KCC 이지스는 2023년 연고지를 부산으로 이전함

④ **여자프로농구 리그:** 한국여자농구연맹WKBL은 세계 최초로 발족한 미국의 여자프로농구WNBA, Women's National Basketball Association, 1997에 이어 두 번째로 1998년 11월 11일에 창립하면서 시작했다. 현재 6개 팀이 등록2021-2022년 시즌돼 경기를 치르고 있다.

표1.14 국내 여자프로농구 구단 현황

팀명	연고지	경기장	참가시즌
KB 스타즈	청주	청주실내체육관	
용인 삼성생명 블루밍스	용인	용인실내체육관	
인천 신한은행 에스버드	인천	도원실내체육관	1998시즌
아산 우리은행 위비	아산	아산이순신체육관	
부천 하나은행	부천	부천실내체육관	
부산 BNK Sum	부산	부산 스포원파크 BNK 센터	2019시즌

출처: 문화체육관광부(2022). 2021 스포츠 산업 백서. 연례보고서, p.304

⑤ **프로배구 리그:** 한국배구연맹KOVO이 2004년 10월에 창립되면서 출범됐다. 공식적인 첫 프로배구 리그 경기는 2005년 2월 20일에 시작했다. 현재 V-리그2021-2022년에 참가하는 남자부는 7개 팀, 여자부도 7개 팀이 등록돼 있다.

표1.15 국내 프로배구 구단 현황(남자부 참가팀)

팀명	연고지	홈경기장
의정부 KB손해보험 스타즈	의정부	의정부체육관
대전 삼성화재 블루팡스	대전	대전충무체육관
인천 대한항공 점보스	인천	인천체육관
천안 현대캐피탈 스카이워커스	천안	천안유관순체육관
서울 우리카드 위비	서울	서울장충체육관
수원 한국전력 빅스톰	수원	수원실내체육관
안산 OK금융그룹 웃맨프로배구단	안산	안산상록체육관

출처: 문화체육관광부(2022). 2021 스포츠 산업 백서. 연례보고서, p.308

표1.16 국내 프로배구 구단 현황(여자부 참가팀)

팀명	연고지	홈경기장
한국도로공사 하이패스 배구단	김천	김천실내체육관
KGC인삼공사 프로배구단	대전	대전충무체육관
수원 현대건설 힐스테이트	수원	수원실내체육관
인천 흥국생명 핑크스파이더스	인천	인천계양체육관
GS 칼텍스 서울 KIXX	서울	서울장충체육관
IBK기업은행 알토스	화성	화성종합실내체육관
페퍼저축은행 AI PEPPERS	광주	광주염주종합체육관

출처: 문화체육관광부(2022). 2021 스포츠 산업 백서. 연례보고서. p.308

(5) 대한체육회 회원종목단체

해당 종목을 소관하는 국제경기연맹 등 국제체육기구에 대하여 독점적 교섭권을 갖는 해당 종목의 유일한 단체로서 대한민국을 대표하고, 관련 조건을 충족시켜 대한체육회에 가입하는 스포츠 단체를 의미한다.

표1.17 대한체육회 회원종목단체(2021 기준)

구분	연번	단체명	6연번	단체명
정회원 (62)	1	대한검도회	32	대한스키협회
	2	대한게이트볼협회	33	대한승마협회
	3	대한골프협회	34	대한씨름협회
	4	대한국학기공협회	35	대한아이스하키협회
	5	대한궁도협회	36	대한야구소프트볼협회
	6	대한그라운드골프협회	37	대한양궁협회
	7	대한근대5종연맹	38	대한에어로빅힙합협회
	8	대한민국농구협회	39	대한역도연맹
	9	대한당구연맹	40	대한요트협회

정회원 (62)	10	대한민국댄스스포츠연맹	41	대한우슈협회
	11	대한럭비협회	42	대한유도회
	12	대한레슬링협회	43	대한육상연맹
	13	대한롤러스포츠연맹	44	대한사선거연맹
	14	대한루지경기연맹	45	대한조정협회
	15	대한바둑협회	46	대한민국족구협회
	16	대한바이애슬론연맹	47	대한민국줄넘기협회
	17	대한민국배구협회	48	대한철인3종협회
	18	대한배드민턴협회	49	대한체조협회
	19	대한보디빌딩협회	50	대한축구협회
	20	대한복싱협회	51	대한카누연맹
	21	대한볼링협회	52	대한컬링경기연맹
	22	대한봅슬레이·스켈레톤경기연맹	53	대한탁구협회
	23	대한빙상경기연맹	54	대한태권도협회
	24	대한사격연맹	55	대한택견회
	25	대한산악연맹	56	대한테니스협회
	26	대한세팍타크로협회	57	대한파크골프협회
	27	대한소프트테니스협회	58	대한패러글라이딩협회
	28	대한수상스키·웨이크보드협회	59	대한펜싱협회
	29	대한수영연맹	60	대한하키협회
	30	대한수중·핀수영협회	61	대한합기도총협회
	31	대한스쿼시연맹	62	대한핸드볼협회

준회원 (7)	1	한국브리지협회		인정 단체 (12)	1	대한무에타이협회
	2	대한주짓수회			2	대한오리엔티어링연맹
	3	대한카라테연맹			3	대한요가회
	4	대한카바디협회			4	대한민국줄다리기협회
	5	대한킥복싱협회			5	대한치어리딩협회
	6	대한크라쉬연맹			6	대한테크볼협회
					7	대한특공무술중앙회
					8	대한파워보트연맹
					9	대한민국플라잉디스크 연맹
					10	대한플로어볼협회
					11	대한피구연맹
					12	대한한궁협회

(6) 기업

스포츠 이벤트에 협찬함으로써 기업과 자사의 상품 이미지를 높이고 궁극적으로 상품 판매를 극대화하고자 노력한다. 유명한 선수와 성장 잠재력이 큰 선수를 발굴해 금액과 용품으로 협찬Athlete Sponsorship함으로써 기업의 가치를 동반상승하는 환경을 조성한다. 특히 유명선수에 대한 보증광고Endorsement, 인도스먼트를 통해 단기간의 광고 효과를 기대한다.

(7) 지방자치단체

지자체가 관리하는 공공체육시설에 대해 명칭사용권한명명권, Naming Right을 통해 수익을 창출할 수 있다. 「스포츠산업진흥법」에 따라 최장 25년까지 권한을 위임할 수 있다.

(8) 방송사

스포츠 **방송중계권**을 확보하여 기업의 광고를 유치하고, 독점적 판매권을 확보하여 수익을 극대화하고자 한다.

(9) 대행사

위의 모든 스포츠 비즈니스 영역 간에는 전문 대행사의 활동을 필요로 한다. 예를 들어 국제올림픽위원회IOC 는 올림픽 기업 스폰서십 참여 프로그램인 TOPThe Olympics Partners 에 10여 개에 불과한 글로벌 기업을 참여시킨다. 이 과정에서 대행사를 통해 기업과 협상 단계에 이르게 한다. 이를 통해 전 세계 모든 기업을 상대할 필요가 없게 된다. 즉, 대행사를 통해 매개 역할을 하게 함으로써 '**거래의 경제성**'을 확보한다. 스포츠 에이전시도 이와 같이 선수가 직접 모든 구단을 상대하며 협상과 계약과정을 이해하는 게 쉽지 않기 때문에 필요한 존재이다.

육상   선수 광고

중간 역할자로서 스포츠 에이전트가 상대해야 할 이해관계자는 크게 3가지로 분류할 수 있다.

① 프로 스포츠 구단
② 스포츠 용품회사
③ 광고회사

첫째, **프로 스포츠 구단**은 선수의 이적과 연봉협상에 따른 제반사항을 대리하며 만나는 주체다. 물론 프로리그가 존재하지 않는 아마추어 종목 선수는 해당되지 않는다.

둘째, **스포츠 용품회사**는 선수에게 용품을 지원하고 기타 경비를 협찬하는 제반사항을 대리하며 만나는 주체다. 프로 및 아마추어의 모든 선수에게 해당되는 분야이다.

셋째, **광고회사**는 선수에게 광고출연을 요청함에 따른 제반사항을 대리하며 만나는 주체다. 물론 용품협찬이나 광고출연은 유명한 선수는 기회가 많겠지만, 그렇지 않을 경우 에이전트가 적극 기업을 탐색하고 선수의 경쟁력을 보여줄 수 있는 객관적 자료를 가공해야 한다.

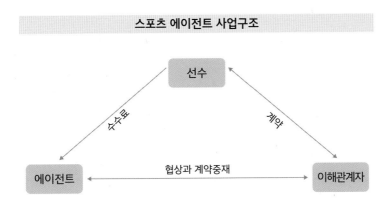

표1.18 가장 가치있는 스포츠 에이전시(포브스 등 선정)

순위	회사명	특징	관리 선수
1	CAA(Creative Artists Agency)	• 위치: 미국 로스엔젤레스 • 주요 스포츠: 축구, 농구, 하키, 야구, 미식축구 • 주요 선수: Devin Booker, Sidney Crosby, Jack Grealish, Trea Turner • 추정 계약 금액: 약 140억 달러(한화 약 18조 5천억 원) • 약 9억 7천만 달러(한화 약 1조 3,000억 원)	약 2,900명

2	Wasserman WASSERMAN	• 위치: 미국 로스엔젤레스 • 주요 스포츠: 축구, 농구, 하키, 야구, 미식축구, 골프, 럭비 • 주요 선수: Nolan Arenado, Connor McDavid, Cameron Smith, Klay Thompson • 추정 계약 금액: 약 76억 8천만 달러(한화 약 10조 2천억 원) • 최대 계약 수수료: 약 7억 3천만 달러(한화 약 9,700억 원)	약 2,000 명
3	WME Sports WME SPORTS	• 위치: 미국 캘리포니아 비버리 힐스 • 주요 스포츠: 미식축구, 농구, 테니스, 골프 • 주요 선수: Novak Djokovic, Luka Doncic, Jordan Spieth, Serena Williams • 추정 계약 금액: 약 30억 달러(한화 약 3조 9,800억 원) • 최대 계약 수수료: 약 5억 9천만 달러(한화 약 7,800억 원)	약 790명
4	EXCEL SPORTS MANAGEMENT excelsports MANAGEMENT	• 위치: 미국 뉴욕 • 주요 스포츠: 농구 골프 야구 • 주요 선수: Paul Goldschmidt, Nikola Jokic, Collin Morikawa, Tiger Woods • 추정 계약 금액: 약 30억 달러(한화 약 3조 9,800억 원) • 최대 계약 수수료: 약 4억 9,900만 달러 (한화 약 6,600억 원)	약 450명
5	OCTAGON octagon	• 위치: 미국 버지니아 • 주요 스포츠: 하키, 농구, 야구, 미식축구, 골프, 테니스 • 주요 선수: Giannis Antetokounmpo, Leon Draisaitl, Julio Rodriguez, Xander Schauffele, Tristan Wirfs • 추정 계약 금액: 약 25억 달러(한화 약 3조 3,000억 원) • 최대 계약 수수료: 약 2억 1,200만 달러 (한화 약 2,800억 원)	약 710명

6	BORAS CORPORATION	• 위치: 미국 캘리포니아 • 주요 스포츠: 야구 • 주요 선수: Gerit Cole, Carlos Correa, Bryce Harper, Max Scherzer • 추정 계약 금액: 약 38억 달러(한화 약 5조 700억 원) • 최대 계약 수수료: 약 2억 600만 달러(한화 약 2,700억 원)	약 110명
7	ROC NATION SPORTS	• 위치: 미국 뉴욕 • 주요 스포츠: 축구, 야구, 농구, 미식축구. 럭비, 크리켓 • 주요 선수: LaMelo Ball, Saquon Barkley, Skylar Diggins-Smith, Marcus stroman • 추정 계약 금액: 약 20억 달러(한화 약 2조 6,000억 원) • 최대 계약 수수료: 약 2억 300만 달러(한화 약 2,690억 원)	약 190명
8	KLUTCH SPORTS GROUP	• 위치: 미국 로스엔젤레스 • 주요 스포츠: 농구, 미식축구 • 주요 선수: LeBron James, Jalen Hurts, Aja wilson, Chase Young • 추정 계약 금액: 약 22억 달러(한화 약 2조 9,000억 원) • 최대 계약 수수료: 약 1억 달러(한화 약 1,320억 원)	약 120명

출처: 국민체육진흥공단(2023.5.26.). 세계에서 가장 가치 있는 스포츠 에이전시. 스포츠 산업동향 전체기사(Vol.161). Retrieved from Forbes, sportsbrief.com.

미식축구　　　　**아이스 하키**　　　　**배드민턴**

여자선수

남자선수

02

국내
프로 스포츠의
스포츠 에이전트
규정을 알아보자

CHAPTER 01 에이전트 관련 용어

1. 스포츠 에이전트(Sports Agent)

(1) '운동선수 개인 또는 스포츠 구단을 대리하여 입단과 이적, 연봉협상, 협찬계
약 등의 각종 계약을 처리하고 선수의 경력관리, 권익보호를 지원하는 일을
하는 자'를 의미한다.
– 국가직무능력표준NCS, National Competency Standards 정의
(2) 선수를 대신하여 업무를 처리해주는 법정 대리인이다.

2. 트레이드(Trade)

(1) 선수의 보유권을 가지고 있는 구단이 선수의 보유권 및 기타 권리를 타 구단
에게 이전하는 것을 의미한다.
(2) 구단이 선수와 선수를 교환하는 행위이다.
(3) 구단이 선수와 금전을 교환하는 행위이다.

3. 드래프트(Draft)

(1) 신인선수 선발제도로 입단할 선수들을 대상으로 각 팀이 후보자를 순서대로
뽑는 선발 방법이다.
(2) 일정 자격요건을 갖춘 선수를 프로연맹 등 스포츠 단체의 주관 아래 성적 역
순 등의 다양한 방법으로 구단에게 지명권을 부여하고 선수를 지명·선발하는
제도이다.
(3) 한 시즌의 최상위 팀에게 계속 우수선수를 스카우트하지 못하게 하는 효과가
있다.

(4) 최하위 팀에게는 우수선수를 먼저 스카우트할 수 있도록 배려하는 제도로서 각 프로 스포츠 리그 및 종목별로 세부규정이 다르다.

■ K League(한국프로축구연맹) 규정

제12조(신인선수 선발 방식)

K리그 최초 입단 선수의 선발 방식은 자유선발, 우선지명 방식으로 선발한다.

■ KBO(한국야구위원회) 규약

제108조(신인 드래프트)

KBO는 매년 특정일자를 정하여 신인 선수를 대상으로 한 신인 드래프트를 개최한다.

■ KOVO(한국배구연맹) 규약

제82조(신인선수 선발제도)

연맹의 국내 신인선수는 신인선수 선발제도('드래프트')를 통하여 선발한다.

■ KBL(한국농구연맹) 정관

제87조(국내 신인선수 선발제도)

KBL의 신인선수는 드래프트 또는 연고선수 지명 등의 국내신인선수 선발 제도를 통하여 선발한다.

■ WKBL(한국여자농구연맹) 규약

제98조(국내 신입선수 선발제도)

WKBL의 신입선수 선발은 신입선수 선발제도(이하 '선발회'라 한다.)를 통하여 선발한다.

4. 자유계약제도(FA, Free Agent)

(1) 운동선수가 현 소속팀에서 일정기간 동안 활동한 뒤 다른 소속팀과 자유롭게 계약을 맺어 이적할 수 있는 제도이다.

(2) 각 프로 스포츠 리그 및 종목별로 세부규정이 다르다.

■ K League(한국프로축구연맹) 규정

선수 규정 제9조(자유계약선수)

다음 각 호에 해당되는 선수는 클럽 또는 선수의 요청으로 자유계약선수로 공시된다. 자유계약선수는 어느 클럽과도 자유롭게 계약을 체결할 수 있으며, 등록할 수 있다. 단, 동일 등록기간 내, 자유계약선수로 공시된 클럽으로의 재등록은 불가하다.

① 클럽과 선수 간의 계약이 해제 또는 해지될 경우

② 계약기간이 종료되었더라도 연맹 규정에 의해 클럽의 보유선수로 간주되는 선수의 보유권을 포기할 경우

선수 규정 제16조(FA 선수 자격 취득)

2004년까지 프로에 최초 등록한 국내 선수 중, 계약기간 동안 소속 클럽이 치른 한국프로축구연맹 주최 공식 경기의 50% 이상에 출전한 선수는 계약기간이 만료됨과 동시에 FA선수 자격을 취득한다. 단, 각급 국가대표팀 소집기간 중 있었던 소속 클럽의 공식 경기는 출전한 경기로 간주한다.

■ KBO(한국야구위원회) 규약

제30조(자유계약선수)

① 선수계약이 이의의 유보 없이 해지되었거나 KBO 규약에 따라 효력을 상실하였다고 인정된 선수

② 보류기간 중 소속구단이 보류권을 상실하였거나 포기한 선수

③ 보류기간에 종료됨에 따라 자유계약선수로 신분이 변경된 선수

제161조(FA의 정의)

프리에이전트(Free Agent)는 해당 요건을 갖추어 모든 구단과 선수계약을 체결할 수 있는 권리를 취득한 선수를 말한다.

■ KOVO(한국배구연맹) 규약

제48조(자유계약선수)

① 자유계약 선수(Free Agent)는 등록 선수 가운데 연맹이 정한 일정 자격요건을 충족한 뒤, 총재가 FA자격 취득 선수로 공시한 선수를 말한다.

② FA자격취득 선수는 연맹의 '자유계약선수 관리규정'에 따라 모든 구단과 선수계약을 체결할 수 있는 권리를 갖는다.

③ FA자격 취득선수가 교섭기간 내 선수계약을 체결하지 못할 경우 미 계약 FA선수로 공시되며, 남자부 미계약 FA선수로 공시된 후 3시즌(해외 및 병역의무 기간 제외)이 경과할 시 해당 선수는 '자유신분선수'로 전환공시되며 모든 구단과 자유롭게 선수계약

을 체결할 수 있다.

제54조(자유신분 선수)

① 권리보유 선수 가운데 본인의 의사와 관계없이 은퇴를 권유받아 선수등록일까지 등록을 마치지 못한 선수

② 구단과 계약기간이 만료(계약해지 포함)된 웨이버 선수(정원 외 선수, 수련 선수 포함) 가운데 다른 구단과 계약을 체결하지 못한 선수

③ 국내 신인선수 선발제도에 참가하여 구단에 의해 지명된 후 구단이 정밀건강검진 결과, 부상·질병 등을 이유로 계약체결을 포기한 선수

④ 은퇴선수로 접수된 선수 및 남자부 미 계약 FA선수로 상기 제48조 3항에 의거 전환공시된 선수

⑤ 선수활동과 관련이 없는 부상, 질병으로 구단과 계약을 해지한 선수

■ KBL(한국농구연맹) 정관

제56조(자유계약선수)

① 선수 계약이 만료되어 자유계약선수가 된 경우

② 임의 탈퇴 선수로서 구단의 승낙을 받아 선수계약이 해지되어 자유 계약 선수가 된 경우

③ 웨이버 선수로서 선수의 승낙을 받아 선수계약이 해지되어 자유계약 선수가 된 경우

④ 국내 신인선수 선발제도에 참가한 선수 가운데 지명된 선수가 신체검사 시 부상·질병 등으로 인하여 KBL 자문의로부터 상당기간 선수생활이 어렵다는 진단을 받아 지명한 구단이 계약을 포기한 선수

■ WKBL(한국여자농구연맹) 규약

제82조(자유계약 선수)

1. 선수계약이 만료되어 자유계약선수가 된 경우

2. 임의해지 선수로서 구단의 승낙을 받아 선수계약이 해지되어 자유계약 선수가 된 선수

3. 웨이버선수로서 선수의 승낙을 받아 선수계약이 해지되어 자유계약선수가 된 경우

4. WKBL 신입선수 선발회에 참가하여 지명된 신입선수 중 신체검사 시 질병 등으로 인하여 WKBL 자문의로부터 상당기간 선수생활이 어렵다는 진단을 받아 구단이 계약을 포기한 선수

5. 선수보류조항(Player Reserve Clause)

(1) 구단이 선수의 다음 시즌 계약의 우선권을 갖도록 한다.

(2) 계약 기간이 끝난 선수와 재계약할 권리를 소속 구단만 가지도록reserve 하는 것이다.

(3) 보류保留선수란 시즌이 끝난 뒤, 구단이 그 선수에 대하여 우선적, 배타적으로 다음해 선수 계약 교섭 권리를 보유하고 있음을 공시한 모든 선수를 의미한다.

■ KOVO(한국배구연맹) 규약

제50조(권리보유선수)

① 권리보유 선수란 구단이 선수와 다음 시즌 선수계약을 체결하고 계약을 유지할 수 있는 배타적 권리를 보유한 선수를 말한다.

② 구단의 선수에 대한 권리보유 기간은 FA자격 (재)취득 시까지로 한다.

③ 구단과 선수는 권리보유 기간 동안 직전 시즌 계약기간 종료일까지 다음 시즌 선수계약을 체결할 수 있도록 신의에 따라 성실히 협상에 임하여야 한다.

6. 웨이버 공시(Waiver)

(1) 구단이 소속 선수와 계약을 일방적으로 해제하는 방법으로 '방출'을 의미한다.

(2) 프로 스포츠 구단 등에서 선수에 대한 권리를 포기하는 것이다.

(3) 구단에 소속된 선수를 일방적으로 방출하면서 일정기간 동안 다른 팀들에게 그 선수를 데려갈 의향이 있는지 물을 수 있다.

(4) 많은 프로 구단들이 기량이 떨어지거나 심각한 부상을 당한 선수를 방출하는 수단으로 웨이버 제도를 이용하면서 구단과 선수 간의 불평등한 제도로서의 이슈가 도래하기도 한다.

■ KBO(한국야구위원회) 규약

제93조(웨이버)

구단이 참가활동기간 중 구단의 사정과 선수의 상병으로 소속선수와의 선수계약을 해지하거나 포기하고자 하는 경우 다른 구단에게 당해 선수계약을 양수할 수 있는 기회를 주어야 한다.

제94조(웨이버 공시)

① 선수계약을 해지 또는 포기하고자 하는 구단은 매년 정규시즌 종료일까지 총재에게 당해 선수계약에 관한 웨이버를 신청하여야 한다. 단, 8월 1일 이후 웨이버에 의해 이적한 선수는 포스트시즌에 출장할 수 없다.

② 총재는 제1항 소정의 웨이버 신청이 있는 경우 지체 없이 그 사실을 웨이버 선수에게 통보하고, 이를 공시한다.

■ KOVO(한국배구연맹) 규약

제51조(웨이버 선수)

웨이버 선수는 구단이 소속 등록선수(정원 외 선수 및 수련 선수 포함) 가운데 구단의 사정이나 선수활동과 관련된 선수의 부상, 질병으로 인하여 다음 시즌 선수계약 권리를 포기한 선수로서, 총재가 웨이버 선수로 공시한 선수를 말한다.

■ KBL(한국농구연맹) 정관

제57조(웨이버 선수)

① 웨이버 선수는 구단이 소속 선수와 선수 계약의 해지를 원하거나 타 구단에 양도의사가 있어 그 명단을 KBL에 제출하여 총재가 웨이버 선수로 공시한 선수를 말한다.

② 웨이버 선수의 공시 기간은 2주간으로 하며, 이 기간 동안 공시를 철회할 수 없다.

③ 웨이버 선수는 당해 시즌 등록선수 정원 및 샐러리캡에 포함되며, 6월 15일 이후 웨이버 공시한 선수도 철회여부와 상관없이 6월 30일까지 선수등록을 하여야 한다.

④ 구단은 당해 시즌 계약이 만료되는 선수를 정규경기 5라운드 시작일부터 자유계약선수의 보상 선수 지명일까지 웨이버 공시할 수 없다.

⑤ 구단은 웨이버 선수의 계약 기간이 남아 있을 경우 당해 시즌에는 계약된 연봉 전액을 지불하여야 하며, 이후에는 보수조정 협의를 하여야 한다.

7. 임의탈퇴선수

(1) 구단이 복귀조건부로 선수계약을 해제할 수 있는 규정이다.

(2) 계약 해제를 바라는 듯이 하는 본인의 행동에 따라 구단이 계약을 해제한 선수이다.

(3) 임의탈퇴 선수는 원 소속 구단의 동의 없이는 다른 구단과 계약 교섭을 할 수 없다.

(4) 참가활동 중이거나 보류기간 중에서 선수 계약해제를 신청하여 구단에게 이를 승인할 경우 효력이 있다.

(5) 선수가 계약의 존속 또는 갱신을 희망하지 않는다고 인정할 경우에도 효력이 있다.

(6) 자퇴(自退)선수라 부를 것을 권하기도 한다.

■ KBO(한국야구위원회) 규약
제31조(임의해지선수)

① 선수가 참가활동기간 또는 보류기간 중 선수계약의 해지를 소속구단에 신청하고 구단이 이를 승낙함으로써 선수계약이 해지된 경우

② 선수가 선수계약의 존속 또는 갱신을 희망하지 않는다고 인정되어 구단이 선수계약을 해지한 경우

③ 보류기간이 종료한 경우

■ KOVO(한국배구연맹) 규약
제52조(임의해지선수)

① 선수가 계약기간 중 자유의사로 계약의 해지를 원하는 경우 구단에 서면으로 임의해지를 신청할 수 있다. 구단은 선수의 임의해지 신청사실을 연맹에 통보하여야 하고, 총재가 이에 대한 구단의 동의를 확인한 후 선수를 임의해지 선수로 공시하면 임의해지 선수가 된다.

② 임의해지 선수는 공시일로부터 선수로서의 모든 활동이 정지되며, 구단은 공시 이후의 기간에 대한 연봉을 지급하지 않을 수 있다.

■ KBL(한국농구연맹) 정관

제58조(임의탈퇴선수)

① 임의탈퇴 선수는 선수가 계약 기간 중 특별한 사유로 선수 활동을 계속할 수 없어 소속 구단에 계약 해지를 서면으로 신청하고 구단이 임의탈퇴선수로 승낙하여 총재가 이를 공시한 선수를 말한다.

② 임의탈퇴선수는 공시일부터 당해 시즌 등록선수 정원에서 제외되며, 선수 계약은 정지 된다.

③ 임의탈퇴선수의 선수복귀는 탈퇴 당시의 소속 구단으로의 복귀만이 인정된다.

④ KBL은 매 시즌 선수 등록 시점에 임의탈퇴선수의 복귀 의사를 확인하고, 임의탈퇴 공시일로부터 3년 경과 시 은퇴 선수로 공시한다. 단, 해외리그 진출로 인한 기간은 예외로 한다.

8. 이적(移籍)

운동선수가 소속을 다른 팀으로 옮기는 법률행위로 트레이드Trade, FAFree Agent 등이 있다.

■ K League(한국프로축구연맹) 규정

선수 규정 제22조(이적)

① 클럽은 선수와의 협의를 거쳐 계약기간 중 다른 클럽과의 양도·양수('이적') 합의에 따라 클럽의 본 계약상 권리·의무를 다른 클럽에 양도할 수 있다. 단, 이적 이후의 계약기간과 연봉은 양수 클럽과 선수 간 합의에 따라 본 계약과 달리 정할 수 있다.

② 클럽이 다른 클럽과 선수의 이적에 합의한 경우 선수는 이에 응하여 양수 클럽에 합류하여야 한다. 단, 양수 클럽이 선수에게 제시하는 조건이 본 계약상의 조건보다 불리한 경우에는 그러하지 아니하다.

③ 클럽은 다른 클럽과 선수의 이적에 합의하는 즉시 선수에게 그 사실을 알리고, 이적의 이유에 관하여 상세히 설명하여야 한다.

④ 양수 클럽이 양도 클럽에 이적료를 지급하는 경우 그 이적을 중개한 선수중개인에게 협회 '선수중개인 관리규정'에 따른 수수료를 지급할 수 있다.

⑤ 양수 클럽은 이적확인서, 이적합의서, 계약서를 첨부하여 연맹에 이적 선수로 등록 공
　시를 신청하여야 한다.

■ KOVO(한국배구연맹) 규약
제56소(이석 선수)
이적 선수는 구단 간의 계약에 의하거나 구단과 선수 간의 계약에 의하여 다른 구단으로
이적한 선수를 말한다.

9. 선수이적동의서

(1) 운동선수가 현 소속팀에서 다른 소속팀으로 이적할 때 작성하는 문서이다.
(2) 선수 인적사항, 양쪽 팀의 정보, 이적사유, 전 소속팀의 동의 여부, 본인서명
　을 명확히 하여 현 소속팀에 제출해야 한다.

10. 이적확인서(Transfer Confirmation)

(1) 운동선수가 현 소속팀에서 다른 소속팀으로 이적할 때 그와 관련한 사항을 동
　의한다는 내용을 포함한 문서이다.
(2) 선수 인적사항, 이적한다는 내용, 작성일자, 소속장 성명을 적고 날인하여 문
　서를 작성한다.

11. 선수 임대

(1) 원 팀과 계약되어 있는 선수를 특정기간 동안 다른 팀으로 빌려주는 이적형태
　의 제도이다.
(2) 많은 자금이 필요로 하는 완전이적 방식에 비해 임대선수는 이적료 없이 주급
　만 부담하여 활용할 수 있다.

■ K League(한국프로축구연맹) 규정

선수 규정 제23조(선수 임대)

① 클럽은 소속 선수와의 계약 기간 중 선수를 다른 클럽에 임대할 수 있다.

② K리그 클럽 간 선수 임대의 최소 기간은 등록기간과 그 다음 등록기간 사이이고, 최대 기간은 원소속 클럽과 선수 간 계약의 잔여기간이다.

③ 임대된 선수와 임대를 받은 클럽은 임대 기간과 동일한 기간으로 프로계약을 체결하여야 한다.

④ 군복무를 위한 군팀 임대 및 병역대체복무 수행 기간 중의 하부리그 클럽 임대는 산입하지 아니한다.

⑤ K리그 클럽 간 선수 임대의 경우 원소속 클럽을 상대로 한 경기에 해당 선수가 출장할 수 없도록 하는 내용의 합의를 할 수 없다.

■ KOVO(한국배구연맹) 규약

제49조(임대 선수)

① 해외임대선수는 구단과 선수가 합의하여 해외리그 소속 구단에 임대한 선수를 말한다.

② 국내임대선수는 구단 간의 합의하여 국내리그 소속 구단에 임대한 선수를 말한다.

12. 샐러리 캡(Salary Cap)

(1) 각 구단이 당해 시즌에 각 구단 보유 선수에게 지급하기로 한 연봉 총상한제이다.

(2) 소속선수 연봉합계가 일정액을 초과할 수 없도록 하는 규정이다.

(3) 샐러리 캡을 통해 한 선수에게만 연봉이 쏠리지 않게 하는 배분효과가 있다.

(4) 재정이 부족한 팀의 무분별한 스카우트를 제지하는 효과가 있다.

(5) 반대되는 제도로 '래리 버드 룰'이 있다.

■ KBO(한국야구위원회) 규약

제191조(샐러리 캡의 정의)

리그의 전력 상향 평준화와 지속적인 발전을 위해 KBO 이사회가 선수에게 지급할 수 있는 금액의 상한액을 정한 제도를 샐러리캡이라고 한다. 구단이 이 상한액을 초과한 금액을 선수에게 지급하는 경우 총재가 당해 구단에 제재금 및 기타 제재를 부과한다.

■ KOVO(한국배구연맹) 규약

제73조(샐러리 캡과 옵션 캡)

① 샐러리 캡은 매 시즌 구단별 등록 선수에게 지급하기로 한 연봉 총액상한을 말하고 옵션 캡은 매 시즌 구단별 등록선수에게 지급하기로 한 옵션 총액상한을 말한다.

② 다음 시즌 샐러리 캡 규모와 샐러리캡의 최소 소진율은 매년 V리그 시작 전까지 이사회에서 정하는 바에 따른다.

③ 등록기일이 지난 후의 추가 등록선수에 대한 샐러리 캡은 월봉을 12개월로 곱한 금액으로 적용한다. 단, 군 전역 선수의 연봉은 복귀 등록시점에서 잔여연봉만 샐러리 캡에 적용한다.

④ 매 시즌 종료일로부터 다음 시즌 선수 등록일 사이에 선수계약 및 이적 등으로 인하여 일시적으로 증감하는 샐러리 캡 및 옵션 캡의 초과분/부족분은 샐러리 캡 및 옵션 캡 적용에서 제외한다.

■ KBL(한국농구연맹) 정관

제78조(샐러리 캡)

① 샐러리 캡은 구단이 당해 시즌 KBL 선수등록규정에서 정한 등록기일 내에 등록한 국내 선수 및 이에 준하는 선수에게 지급하기로 한 보수 총액의 상한선을 말한다.

② 샐러리 캡은 KBL 회계연도 개시 전 이사회에서 정하는 바에 따른다.

③ 등록기일 이외에 등록한 선수에 대한 샐러리 캡은 보수를 12개월 기준 보수로 적용한다.

④ 계약금조로 선급한 금액(국내 신인 선발선수의 계약 첫 시즌 연봉에 계약기간을 곱한 금액의 30% 이내)은 계약기간 중 균등 배분하여 시즌별 샐러리 캡에 적용된다.

13. 래리 버드 룰(Larry Bird Rule)

(1) 래리 버드 예외조항Exception이라고도 한다.

(2) 1984년 NBA의 농구 스타 래리 버드가 5년 계약을 끝내고 자유계약선수로

풀리자 소속팀 보스턴 셀틱스가 이 선수를 영구 보유하기로 했다.

(3) 기존 소속팀과 재계약하는 자유계약선수는 '샐러리 캡'에 적용받지 않는다는 예외 조항이다.

(4) '래리 버드 룰' 제정은 밥 울프라는 에이전트의 역할이 컸다.

14. 포스팅 시스템(Posting System)

(1) 프로야구에서 외국선수 선발 시 이적료를 최고로 많이 써낸 구단에 우선협상 권을 부여하는 공개입찰제도이다.

(2) 1개 구단만 협상이 가능하기 때문에 메이저 구단이 일단 많은 금액으로 낙찰 을 받은 후 선수연봉에서 터무니없이 낮은 액수를 제시하는 경우가 생기기도 한다.

(3) 선수에게 불리한 제도란 인식이 있다.

15. 트라이 아웃(Try Out)

(1) 국내 프로구단이 해당 리그에 외국인 선수를 한 곳에 모아놓고 드래프트 형식 으로 선발하는 공개선수 평가제도이다.

(2) 프로구단이 각각 외국인 선수를 접촉해 계약을 얻다보면 영입경쟁으로 지나 치게 몸값이 치솟는 현상이 있어 이를 사전에 차단할 수 있다.

16. 옵트 아웃(Opt Out)

(1) 선수와 구단 간 동의가 있는 경우 계약을 파기할 수 있는 권한이다.

(2) 주로 장기계약하는 야구 선수들이 추가하기 시작한 조건으로 FA로 다른 팀의 이적을 하지 않더라도 선수 본인의 성적에 따라 높게 책정할 수도 있고, 계약 주체가 잔류 대신 계약의 소멸을 결정할 수 있다.

17. 바이 아웃(Buyout Clause)

(1) 주로 축구 선수가 계약이 남아 있을 때 활용하는 조건이다.
(2) 선수에게 일정 금액의 바이아웃을 정해 놓으면 다른 구단에서 그 이상의 금액을 제시할 때 원구단 승인여부와 관계없이 선수의 협상이 가능하다.
(3) 원구단이 계약 연장 포기를 결정할 때 선수에게 주는 일종의 보상금 혹은 계약해지금의 성격도 있다예: 스페인 프리메라리가.

18. 팜 시스템(Farm System)

(1) 유소년팀, 세미프로 등 하위리그를 통해 다양한 자체선수를 선발하는 시스템이다.
(2) 독자적인 리그를 운영하여 유망주를 육성, 발굴, 빅리그에 선수를 공급하는 역할을 한다.

19. 보스만 판결(Bosman Ruling)

(1) 스포츠 선수의 직업선택의 자유를 인정한 대표적인 사례이다.
(2) 벨기에 축구선수인 장마크 보스만Jean-Marc Bosman은 1988년부터 1990년까지 RC 리에주 구단 소속이다. 당시 매달 3,075유로를 보장했던 구단이 제시한 재계약 조건은 월 770유로였다.
(3) 보스만은 계약을 거부한 후 벨기에축구연합URBSFA의 이적명단에 올리고 프랑스의 덩케르크 구단으로 이적하고자 했다. 원 소속구단이 거부하면서 유럽사법재판소European Court of Justice에 소송을 제기하고 승소를 얻어냈다.
(4) 보스만 판결은 '이적 시스템'과 '국적조항'외국인 선수들의 경기에 참여하는 것의 제한에 초점을 두게 되면서 선수의 직업선택 자유를 보장한 상징적인 사례가 됐다.

20. 펠레법

(1) 주니어 선수들은 18세 이후 2년까지 클럽과 계약할 수 있다.

(2) 누구나 한 클럽에서 3년간 뛰면 자유계약선수 신분이 될 수 있다.

(3) 브라질 상원이 1998년에 통과시킨 축구개혁법률이다.

21. 셔먼법(Sherman Act)

(1) 1890년 제정된 독점금지법이다.

(2) 미국 국가 노동관계법으로 불법 제한 및 독점으로부터 거래를 보호하기 위한 법률이다.

(3) 1922년 당시 구단에서 선수노동자 다수가 선택한 연합과 협상을 하는 계기를 마련했다.

(4) 1951년 메이저리그의 선수노조결성의 근간이 됐다.

■ 프로 스포츠 노사관계
- 선수와 구단 간 갈등의 원인은 돈과 권력분배의 의견 차이
- 1885년 미국 메이저리그 선수노동조합(MLBPA)
- 1935년 미국 전국노동관계법(NLRA)

야구교실

농구

CHAPTER 02 국내 프로 스포츠 리그

1. 축구

■ K League(한국프로축구연맹) 규정

선수 규정 제1조(프로계약)

프로계약은 연맹에 등록하는 모든 선수를 대상으로 하며 국내선수의 해외 이적에 관한 사항과 외국인 선수에 대해 본 규정에서 별도로 정하지 않은 사항은 **국제축구연맹(FIFA)의 규정을 준용**한다.

① 클럽과 선수 간의 프로계약은 연맹이 정한 프로축구선수 **표준계약서**에 따라 체결한다.

② 클럽과 선수 간의 입단 계약 또는 연봉 계약을 체결할 때에는 **해당 클럽 대표자(또는 위임받은 담당자)와 해당 선수가 계약을 체결**하여야 한다. 다만, 해당 선수가 민법상 미성년자일 경우 법정대리인(또는 법정후견인)의 동의가 있어야 한다.

　　1) **대한축구협회에 등록된 중개인만이** 대리인 자격으로 클럽, 선수와 협상 및 계약을 할 수 있다.

　　2) 중개인에 대한 시행규정(규칙)은 FIFA 및 협회의 규정(규칙)에 의한다.

③ 클럽과 선수 간의 계약 체결 시 클럽은 공식 명칭과 클럽 대표자(또는 위임자)의 서명 또는 날인으로 하고, 선수 및 중개인은 본인의 서명(또는 날인)으로 한다.

④ 체결된 계약서는 정본 2부를 작성하여 연맹과 협회의 승인을 받으며, 선수와 해당 클럽이 각 1부씩 보관한다.

■ KFA(대한축구협회) 규정

선수중개인 관리규정 제2조(정의)

'중개인'이라 함은 만 19세 이상의 자연인 또는 법인으로서 유상 또는 무상으로 선수 또는 구단의 위임을 받아 **선수고용계약 또는 이적계약 등을 위해 중개 또는 협상을 하는 자**를 말한다.

※ 2023년부터 재도입한 FIFA 에이전트 제도에 따라 규정 개정 등 예정(대한축구협회 홈페이지 확인 필요)

국내 프로축구는 1983년 프로 2팀_{할렐루야, 유공}과 실업 3팀_{포항제철, 대우, 국민은행}으로 출범하면서 시작했다. 축구는 다른 종목에서 비해 가장 활발하게 스포츠 에이전트 제도를 도입해 운영하고 있다. **국제축구연맹**FIFA이 1991년부터 운영했던 **FIFA 에이전트 제도**를 폐지하면서 새로운 전기를 맞이했다. 즉, **대한축구협회**KFA, Korea Football Association는 **중개인**Intermediary **제도**를 2015년 4월부터 도입하면서 FIFA 선수 에이전트 자격 취득에 필요한 시험도 폐지했다. 선수와 구단의 이적 협상에서 선수 권익보호를 위한 대리인 역할에서 선수와 구단 양측의 협상을 대리하는 중개 역할로 한정하고, FIFA 권장에 따라 중개인이 받는 수수료는 선수 기본급여의 3%를 받도록 하고 있다. **한국프로축구연맹**K League, Korea Professional Football League은 대한축구협회KFA에 등록된 중개인만이 대리인 자격으로 클럽, 선수와 협상 및 계약을 할 수 있게 했다.

표2.1 FIFA 에이전트 제도와 KFA 중개인 제도 비교

항목	FIFA 에이전트 제도(과거)	대한축구협회 중개인 제도(~2022)
선수 - 에이전트 계약기간	최대 2년	최대 2년
계약 자동 연장	불가	가능
에이전트 자격	FIFA 주관 시험 통과	KFA 등록
명칭	FIFA Player's Agent(에이전트)	Intermediary(중개인)
수수료율	합의에 따라 결정	합의에 따라 결정(3% FIFA 권장)
등록비	없음	신규 70만 원, 갱신 30만 원

출처: 전종환(2022.5.). 국내 스포츠 에이전트 산업의 고찰과 미래. 스포츠 산업 이슈페이퍼(제2022-5월호). 한국스포츠 정책과학원(일부 수정).

위와 같이 새로운 중개인 제도를 몇 년 동안 이어가다가 2023년 상반기부터 예전의 국제축구연맹FIFA 에이전트 제도를 다시 도입했다. 각 나라에 맞게 운영권을 부여했던 제도에서 다시 중앙 집권적인 제도를 다시 꺼내든 것이다. 이는 중개인 숫자와 수수료가 가파르게 올라가면서 애초의 문제점을 해결하지 못했다고 판단한 것이라 할 수 있다. 새로운 규정에 따라 의무 라이선스 시스템 구축, 이해충돌을 방지하기 위한 복수 대리인 금지, 에이전트 수수료 상한선 도입, 에이전트와 의뢰인 간 분쟁 시 FIFA 관할 등이 포함되며 연 2회 시행하는 라이선스 자격시험에 합격해야 한다. 지속적으

로 업데이트할 대한축구협회KFA, Korea Football Association의 규정과 이를 준용하는 한국
프로축구연맹K League 규정을 모니터링할 필요가 있다.

2. 야구

■ KBO(한국야구위원회) 규약
제42조 [대리인]
① 선수가 대리인을 통하여 선수계약을 체결하고자 하는 경우에는 **한국프로야구선수협
   회의 공인**을 받은 자를 대리인으로 하여야 한다.
② 대리인은 동시에 구단 당 선수 3명, 총 선수 15명을 초과하여 대리할 수 없다.
③ 대리인제도의 운영은 KBO와 한국프로야구선수협회가 합의하여 시행한다.

(한국야구위원회 프로야구선수 표준 계약서: 제8장 선수연봉 협상 및 계약 <여기서 잠
깐!>에 전문 게재

　　국내 프로야구는 1982년 6개 구단삼성, 롯데, 해태, 삼미, MBC, OB으로 출범해 가장
오랜 역사를 지니며 오늘에 이르고 있다. 프로 스포츠 리그에서 가장 큰 시장을 갖추
고 있는 야구는 에이전트 제도에서만큼은 매우 보수적으로 운영해 왔다. 2001년까지
한국야구위원회KBO, Korea Baseball Organization는 선수와 구단 관계자의 대면계약으로만
선수계약에 관한 규약을 정했다. 이후 불공정거래라는 오명을 벗기 위해 오랜 노력 끝
에 2018년 2월부터 **선수 대리인 제도**가 본격적으로 실시하게 됐다. 한국프로야구선수
협회가 시행하는 공인 자격 심사와 시험에 합격한 후 공인을 받은 후 활동을 할 수 있
다. 한국야구위원회KBO 대리인 규정 등 규약, 표준선수대리인계약서, 상벌위원회 규
정, 프로 스포츠 도핑규정, 국민체육진흥법 등의 내용이 있다.

3. 배구

■ KOVO(한국배구연맹) 규약

제64조(선수계약)

① 구단과 선수는 이사회가 정한 연맹의 '**표준계약서**'를 바탕으로 계약을 체결한다.

② 구단과 선수가 선수계약을 체결할 때는 **해당구단과 해당선수가 직접** 또는 대리인을 통하여 계약을 체결하여야 한다. 단, 대리인의 인정시기 및 범위는 연맹의 제반 사정을 고려하여 별도로 정한다.

③ 선수가 계약 체결 시 미성년자(가족관계등록부 기준)일 경우에는 계약 체결에 있어 법정 대리인의 동의를 받아야 한다.

제67조(금지사항)

연맹 또는 구단과 사전 합의하지 않은 에이전트 등 제3자와의 배구 또는 다른 스포츠와 관련된 계약의 체결 및 경기의 참가

한국 프로배구 리그는 2005년에 출범했다. **한국배구연맹**KOVO, Korea Volleyball Federation 규약에 따르면 해당구단 대표자와 해당선수가 직접 계약을 체결하거나, 연맹이 지정한 대리인을 통해서 계약을 체결해야 한다. 또한 금지사항의 여러 조항 중에 연맹 또는 구단과 사전 합의되지 않은 에이전트 등 제3자와의 계약을 허용하지 않고 있다. 즉, 국내 배구 에이전트 제도는 한정적이라 할 수 있다. 반면 외국인 용병선수에 대한 배구 에이전트는 일부 허용하고 있다.

표2.2 한국배구연맹(KOVO)의 외국인 용병선수 에이전트 조건

구분	내용
에이전트 자격조건	- FIVB(국제배구연맹)과 대한민국배구협회 에이전트 규정에 의거 선수 이적 관련 업무는 FIVB 공식 자격증 소지자 중 대한민국배구협회에 등록한 자에 한해 가능 - 대한민국배구협회에 등록 후 매년 에이전트 등록 갱신을 한 자
에이전트 제재사항	• 다음 각 호의 해당되는 에이전트 한국배구연맹 총재의 권한으로 트라이아웃 참가자격이 박탈되며 해당 에이전트의 선수 또한 참가자격이 박탈됨 - FIVB/대한민국배구협회 에이전트 규정/KOVO 트라이아웃 가이드라인 위반 및 트라이아웃 신청 선수 관련 허위정보(프로필, 부상경력, 약물 복용 등)를 올리는 등 불미스러운 상황을 초래한 에이전트 - 선수이적계약 등 V - 리그 운영과 관련하여 연맹과 구단에 물의를 일으킨 에이전트로 구단에서 추천 반대하거나 연맹 총재의 권한으로 제재한 에이전트

출처: 전종환(2022.5.). 국내 스포츠 에이전트 산업의 고찰과 미래. 스포츠 산업 이슈페이퍼(제2022-5월호). 한국스포츠정책과학원.

4. 농구

■ KBL(한국농구연맹) 정관

제75조(에이전트)

① 구단의 선수 계약에 관하여는 **선수로부터 위임받은 에이전트** 이외의 어떠한 사람도 대리인의 역할을 담당할 수 없으며 직간접적으로 선수계약 협의에 관여할 수 없다.

② 전항의 에이전트는 총재가 정한 바에 따라 KBL에 등록된 자이어야 하며, KBL 제 규정을 준수하여야 한다. 이를 위반 시 총재는 적절한 제재를 취할 수 있다.

한국 남자 프로농구 리그는 1997년에 출범했다. **한국농구연맹**KBL, Korean Basketball League의 정관에 따르면 선수로부터 위임받은 에이전트라고 명시돼 있어 문헌상으로는 개인만 활동할 수 있게 돼 있다. 즉, 법인은 에이전트로 활동할 수 없다. 또한 개인 에이전트로 활동하기 위해선 한국농구연맹KBL에 등록이 돼 있어야 한다. 아직까지 국내에서 농구 에이전트 활동이 제한돼 있다고 할 수 있다.

5. 여자농구

■ WKBL(한국여자농구연맹) 규약
제76조(대리인 등)
구단의 선수 계약에 관하여는 변호사, 법정대리인 이외의 어떠한 사람도 대리인의 역할을
담당할 수 없으며 직·간접적으로 계약 협의에 관여할 수 없다.

한국 여자 프로농구 리그는 1998년에 출범했다. **한국여자농구연맹**WKBL, Women's Korean Basketball League의 규약에 따르면 변호사, 법정대리인 개인만이 대리인 역할을 할 수 있다. 문헌상으론 법인 에이전트는 활동할 수 없다. 국내 여자농구 에이전트의 역할이 매우 제한적이라 할 수 있다.

테니스(근대)

PART

03

어떻게 발전됐고
어떤 역할을 하는지
알아보자

CHAPTER 01 — 스포츠 에이전트 유래 및 제도

1. 스포츠 에이전트, 스포츠 매니저, 스포츠 마케터

국가직무능력NCS, National Competency Standards에 따르면 '스포츠'는 분야별 키워드에 12번째 대분류인 '이용·숙박·여행·오락·스포츠'에 속한다. 중분류 '스포츠'는 스포츠 용품, 스포츠 시설, 스포츠 경기·지도, 스포츠 마케팅, 레크리에이션 등으로 다섯 가지의 소분류로 나눈다. 이 중에서 중분류 '스포츠 마케팅'의 세분류로서 스포츠 이벤트, 스포츠 라이선싱, **스포츠 에이전트**, 스포츠 정보관리를 분류하고 있다.

세분류인 '**스포츠 에이전트**'를 10가지의 능력단위로 분류했는데, 순서대로 나열하면 선수정보파악, 선수이적계약, 선수연봉계약, 선수후원계약, 선수광고계약, 미디어관계 관리, 퍼블리시티권 관리, 스포츠법률지원, 선수생활·자산관리 지원, 사회공헌활동 관리가 있다. 본서는 이 능력단위를 근거로 유사활동개념과 범위끼리 묶어 재분류하고 직무를 기술했다.

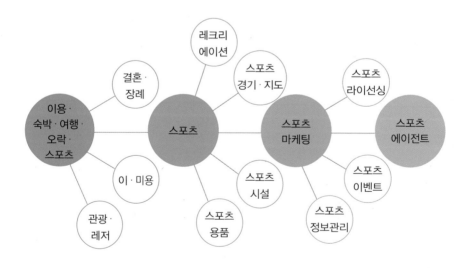

스포츠 에이전트 NSC 분류 맵

스포츠 에이전트를 선수 대리인, 중개인 등으로 불리기도 한다. 또한 스포츠 매니저, 스포츠 마케터와는 어떤 차이가 있을까. 지금은 **국가직무능력표준**NSC에서 제시된 '**스포츠 에이전트**'란 용어와 「**스포츠 산업진흥법**」에서 명시된 '**선수 대리인**'이란 용어로 병행하면서 익숙해지고 있다. 2장에서 제시한 국내 프로축구에서는 '**중개인**'이란 용어를 쓰고 있다.

한때 '**스포츠 매니저**'란 용어와 구별할 필요가 있어 언급하자면, "스포츠 매니저는 운동선수의 트레이드 협상이나 입단계약을 비롯해 선수생활 전반을 책임지고 지원해주는 일"을 하는 직업군으로 소개됐다. "운동선수를 개별적으로 관리하기도 하고, 소속된 팀에서 팀의 전반적인 운영을 관리하기도 한다. 단독으로 경기에 참가해야 하는 일부 종목을 제외하고는 팀에 소속된 운동선수들을 관리한다. 시즌 중에는 일주일 내내 일하는 편이고, 시즌이 끝나면 선수들의 트레이드 협상을 준비하거나 선수의 에이전트와 계약을 한다."라고 했다. 또한 "프로팀에서 일하는 스포츠 매니저는 고등학교나 대학을 졸업하는 선수들의 드래프트에 참가하여 코치, 스카우트들과 함께 어떤 선수가 재능 있고 성장 가능성이 있는지를 결정한다. 또한 선수들의 유니폼, 운동장비, 원정경기나 전지훈련에 필요한 장비 등을 계획하는 등 선수의 경기 운영에 관련된 예산을 관리한다."라고 기술돼 있다2017 한국직업전망.

이를 토대로 몇 해 전만 하더라도 용어 정립이 필요한 시기로서 굳이 구분하자면, '스포츠 매니저'는 개인으로 활동하거나 조직프로팀 소속으로 활동하든 간에 선수를 대신해서 역할을 하는 사람이고, '스포츠 에이전트'의 역할도 개인 활동 혹은 조직에이전시의 일원으로 선수를 대신해서 업무를 추진한다. 즉, 두 직업군의 직무는 선수를 대신해서 협상을 하는 공통점이 있다. 차이점을 설명해보자면 '스포츠 매니저는 구단 입장에서 협상을 하는 구단 대리인이고, 스포츠 에이전트는 선수 입장에서 협상을 하는 선수 대리인'이라고 이해하면 될 것이다. 스포츠 매니저는 좋은 상품선수을 적은 금액으로 영입하기 위해 노력하고, 스포츠 에이전트는 보다 많은 금액으로 계약이 되길 희망하게 된다. 하지만 통상 유럽 프로축구 시장에선 구단 대리인 없이 구단이 직접 에이전트와 협상하는 것이 원칙이라 전해진다.

스포츠 에이전트 활동의 선진 사례로 미국을 꼽을 수가 있는데, 미국에서도 스포츠 에이전트Sports Agent란 용어에 대해 번역하자면 '선수 대리인'이므로 큰 범주에선 '스포츠 매니저'라고 이해할 수도 있다. 다만 1920년대 미국에서도 '선수 매니저Athlete

Manager'로 불리다가 1970년대 '에이전트Agent'란 용어로 자리 잡는 과정이 있었다. 물론 엄밀히 얘기하면 스포츠를 대리하는 것스포츠 에이전트이 아니므로 선수 에이전트 Athlete Agent란 표현이 정확하다. 다만 일반적으로 통용되는 만큼 '**스포츠 에이전트**'란 용어로 이해할 수 있다

스포츠 선수

'**스포츠 마케터**'는 누구일까? 우선 스포츠 마케팅의 구조를 이해해야 한다. 버나드 멀린, 스티븐 하디, 윌리엄 수튼Bernard Mullin, Stephen Hardy, & William Sutton, 1993에 따르면 1978년 미국의 '광고세대Advertising Age'란 잡지를 통해 '스포츠 마케팅'이란 용어가 등장했다.

그들은 스포츠 마케팅 구조를 두 가지로 분류했다.

(1) **스포츠의 마케팅**Marketing of Sports

(2) **스포츠를 통한 마케팅**Marketing Through Sports

'**스포츠의 마케팅**Marketing of Sports' 주체는 프로 스포츠 구단, 스포츠 단체 및 센터 등에 해당된다. 이들은 스포츠 소비자와 스포츠 자체를 직접 교환하는 활동으로 제품 과 서비스를 판매하고자 한다. 예를 들면 프로 스포츠 구단 입장에선 티켓을 구매하면 서 경기장에 입장하는 관중 수가 많으면 많을수록 수익과 직결되기 때문에 입장권 시

장을 어떻게 확장시킬지 고민하는 분야이다.

또한 **국제올림픽위원회**IOC는 올림픽이라고 하는 근사한 상품을 전 세계인들에게 텔레비전을 통해 송출할 수 있는 권한을 부여할 수 있다. 스포츠 방송 중계권을 넘기는 대가로 주관 방송사로부터 많은 금액을 받을 수 있다.

반면 '**스포츠를 통한 마케팅**Marketing through Sports' 주체는 기업이다. 이들은 스포츠를 매개로 소비자와의 커뮤니케이션을 극대화하고자 한다. 이로써 기업의 인지도와 자사가 만든 상품의 이미지와 판매를 높이고자 하는데 목적이 있다. 기업은 '스포츠의 마케팅' 주체가 갖고 있는 권한인 **스폰서십**Sponsorship에 참여하는 대상이다.

'스포츠 마케터'는 두 주체 간의 매개자 역할을 하는 사람이다. 상호 윈윈Win-Win이 될 수 있도록 스포츠 중계권 사업, 이벤트 유치, 선수 관리, 스포츠 용품 판매 등을 중계 혹은 대행하는 역할을 한다.

2. 역사적인 스포츠 에이전트

극적인 선수이적 및 연봉협상 과정이 종종 언론사를 통해 대중에게 알려진다. 스포츠 스타 이상으로 유명한 **스포츠 에이전트**의 활동이 도배되기도 한다. 미국의 경제지 포브스Forbes 등 다양한 매체를 통해 전 세계에서 가장 영향력이 있는 에이전시와 에이전트가 소개되기도 한다.

소위 잘 나가는 에이전트 현황은 시시각각 변하는 시대동향과 맞물려 현재 사례가 시간이 조금만 지나도 과거 사례가 되기 때문에 본장에선 오늘날 급부상하게 된 사업모델로 발전시킨 역사적 인물 몇 명만을 조망하고자 한다.

스포츠 에이전트의 효시는 미국의 **찰스 파일**Charles C. Pyle, 1882~1939이란 인물이다. 그는 1925년 당대 최고의 미식축구 선수였던 '질주하는 유령Galloping Ghost'이란 별명을 가졌던 해롤드 그랜지Harold Grange, 1903~1991를 시카고 베어스팀에서 8경기 뛰는 조건으로 추가적인 수익을 얻게 했다. 극장 프로모터이기도 한 그는 선수를 영화에 출연시키고 선수를 활용한 광고를 찍어 지속적으로 추가수익을 창출했다.

찰스 파일

해롤드 그랜지

지미 월시 Jimmy Walsh란 에이전트는 선수보증광고Endorsement의 개척자로 평가받고 있다. 1968년 미리 협의된 전기면도기 업체를 끌어들여 미식축구의 쿼터백 조 나마스Joe Namath 선수의 콧수염을 밀게 하는 텔레비전 광고를 통해 추가 수익을 벌게 해주었다. 선수를 활용한 부가적인 상품화의 가능성을 열었다.

지미 월시와 조 나마스(최근 모습)

본격적으로 **스포츠 에이전시**Sports Agency 사업을 이끈 장본인은 미국 변호사였던 마크 맥코맥Mark McCormack, 1930~2003이다. 현재 세계적인 스포츠 매니지먼트회사로 잘 알려져 있는 아이엠지IMG, International Management Group의 설립자다.

그는 다른 스포츠에 비해 장비가 많은 골프와 스키 같은 종목을 유심히 연구하여 장비에 광고를 넣을 수 있는 발상을 하였다. 1960년에 당시 골프 스타 아놀드 파머Arnold Palmer, 1929~2016와 에이전트 계약을 체결하면서 본격적으로 선수를 활용한 비즈니스 사업을 시작했다. 이로써 몇 년 만에 당시 연간 수입 6천만 원에서 120억 원을 버는 선수로 만들었다. 이후 오늘날 급성장하게 된 스포츠 스타를 활용한 비즈니스 시대를 열었다고 할 수 있다.

선수의 대회 스케줄 관리, TV 출연, 협찬용품 회사 및 광고회사를 섭외하게 되면서 세련된 협상과 정교한 협약체결을 하는 사업모델을 선보인 것이다.

마크 맥코맥

아놀드 파머

3. 스포츠 에이전트의 제도

1906년에 결성된 **전미대학체육협회**NCAA, National Collegiate Athletic Association에 등록된 조직은 1,200개가 넘는 대학교와 10만 명이 넘는 선수가 있다. 미국에서 스포츠 에이전트 제도가 산업으로 발전할 수 있는 배경이다. 지속적으로 상품선수을 공급해주는 시스템이 존재하고, 좋은 상품을 선택하고자 하는 구단이 있기 때문이다.

국내 에이전트 시장의 잠재적 규모는 어느 정도일까? 선수는 프로 스포츠 선수와 아마추어 선수로 분류할 수 있다. 우선 프로리그에 등록되지 않은 아마추어 선수들은 초·중·고·대학부에 속해있다. 국내 4대 프로 스포츠 종목은 **야구, 축구, 농구, 배구**이다. 잠재적으로 이 리그에서 뛸 수 있는 아마추어 등록 선수는 총 29,254명2014년 기준:

야구 7,886/ 축구 17,008/ 농구 2,247/ 배구 2,113이다. 또한 프로리그가 없는 올림픽 종목에 참가한 선수가 174명2016 리우 올림픽 기준으로 잠재적인 스포츠 스타의 군群이 형성돼 있다한국스포츠정책과학원, 2016.

대한체육회2018에 등록된 연도별 선수로 다시 분류, 확장해서 살펴보면 2015년 총 142,832명초등학교 27,807/ 중학교 31,743/ 고등학교 26,925/ 대학교 14,240/ 일반 42,117, 2016년에는 총 137,748명초등학교 26,833/ 중학교 29,918/ 고등학교 26,569/ 대학교 14,064/ 일반 40,364, 2017년에 등록한 선수는 총 135,531명초등학교 26,253/ 중학교 29,169/ 고등학교 25,890/ 대학교 14,090/ 일반 40,129이다. 또한 135,531명으로 집계된 2017년 기준으로 축구 등록선수가 26,164명으로 가장 많았고, 야구가 12,495명으로 등록돼 있다문화체육관광부, 2018.

스포츠 에이전트가 가장 활발하게 활동할 수 있는 시장인 국내 4대 프로 스포츠 리그야구, 축구, 농구, 배구에는 62개 구단에서 총 1,664명2016년 기준의 선수가 등록돼 있어 전면 허용이 될 경우 파급이 클 것이다. 국내 프로골프에 등록한 선수 규모2015년 기준는 KPGA가 6,000명, KLPGA는 2,176명으로 총 8,176명이다. 이 외에도 종합격투기 시장이 점차 커지면서 유망주가 생기고 있다한국스포츠정책과학원, 2016.

에이전트의 역할로 인해 선수 몸값이 지나치게 오르고 있다는 기사를 종종 볼 수 있다. 에이전트로 인한 실질적 폐해로 인한 제도적 개선인지, 유럽 각 구단의 로비활동으로 인한 영향인지는 설왕설래하지만 2015년 **국제축구연맹**FIFA에서 에이전트 제도를 공식적으로 폐지했다. 이후 중개인 제도를 새롭게 도입돼 운영을 하다가 2023년 상반기부터 다시 에이전트 제도를 도입했다.

최초의 프로 스포츠 역사는 1869년 미국에서 시작됐다. 프로야구 구단 **신시내티 레드스타킹스**Cincinnati Red Stockings가 창단된 해로서 오늘날 유구한 리그 역사의 시작을 알렸다. 프로 스포츠 산업의 전통만큼 가장 선진화된 스포츠 에이전트 제도는 미국에서 시작해 정착됐다. 우선 **전국노동관계법**The National Labor Relations Act, 1935에 근거하여 권한을 부여하기 위한 노력을 시작했다.

현재는 각 종목별 **선수협회**Players Associations에서 선수 에이전트 관련 규정을 통해 관리하고 있다. 반면 관련법은 시간이 꽤 지난 후 제정됐다. 우선 '**선수 에이전트 통일법** UAAA, Uniform Athlete Agent Act, 2000'이라는 주州법이 있다. 또한 '**스포츠 에이전트의 책임과 신뢰에 관한 법**SPARTA, Sports Agent Responsibility and Trust Act, 2004'이라는 연방법이 있다.

이 법을 통해 **스포츠 에이전트**로 등록하고 활동할 수 있다. 미국에선 스포츠 에이전트로 활동하기 위해 변호사 자격은 필요 없지만, 50% 이상이 변호사 자격을 갖추고 있다. 이들은 **변호사 에이전트**Lawyer-agent라고 스스로 부르며 전문성을 강조한다. 국내에서도 2018년 첫 도입된 프로야구 에이전트 자격을 취득하기 위해 현직 변호사들도 많이 도전하고 있다.

Shropshire et al.2016에 따르면 미국 스포츠 산업 내에서 에이전트 지위가 상승하게 된 배경을 크게 다섯 가지로 분류해서 설명했다.

첫째, 1970년대 중반 선수 표준계약에서 **보류 조항과 선택 조항**Reserve and Option Clause의 광범위하게 적용돼 왔던 기준이 법원과 중재인들의 노력으로 무효화되면서 에이전트의 지위가 상승하게 됐다. 이에 1970년대 중후반 자유계약선수FA, Free Agent 제도가 도입되면서 스포츠 에이전트 활동을 보장하고 있다.

둘째, 새롭게 출범한 미식축구, 하키, 농구 리그 들이 등장하면서 **선수들의 발언권**이 강해졌다. 즉, 충분한 경제적 보상이 이뤄지지 않을 경우 다른 구단으로 이적하기가 쉬워졌기 때문이다.

셋째, **선수노조**의 영향력이 강해졌다. 이 시기에는 에이전트에게 연봉 협상을 맡기는 것이 대세가 됐지만, 이전에는 노조가 이 역할을 담당했었다.

넷째, 높은 연봉으로 이어진 선수는 다양한 **재무 문제를 전문적으로 관리**할 필요가 생기게 되면서 관련 직군들이 대거 포진됐다.

마지막으로 리그와 선수에게 **추가적인 수입원**이 발생했다. 즉, 정규 TV 프로그램 편성, 방송중계권 가격의 상승, 나이키Nike와 같은 스포츠 용품기업의 선수보증광고 시장의 확대 등으로 이어졌다.

미국의 4대 리그는 **미식축구**NFL, National Football League, **프로야구**MLB, Major League Baseball, **프로농구**NBA, National Basketball Association, **아이스하키**NHL, National Hockey League 이다.

NFL, MLB, NBA에서 스포츠 에이전트로 활동하기 위해선 각 협회에서 정해진 공개적인 선발요건을 통해 시험을 통과해야 한다. 단, 북미 아이스하키리그NHL에선 이력서 지원만을 원칙으로 하는 대신 리그에서 활동하는 에이전트 현황을 공개한다.

NFL

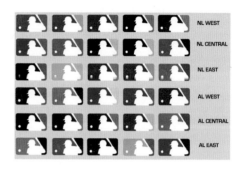

MLB

NBA

NHL

예를 들어 **스포츠 에이전트**로 계속 활동하기 위해선 몇 가지 유지조건을 준수해야 한다. 몇 가지 의무조항은 다음과 같다.

(1) **연회비 납부**

(2) **세미나 참석**

(3) **3년 내 실적사항과 이력서 업데이트**

연회비는 에이전트가 관리하는 선수가 10명 기준으로 차등하게 돼 있다. 즉, 에 이전트가 관리하는 선수숫자가 1~10명, 11~20명, 20명 이상 등에 따라 다르게 납 부하고 있다.

이 외에도 3년 동안 1명 이상의 선수와 계약을 맺어야 하는 의무MLB, 세미나 참석 때 사진촬영을 금하고 녹음도 허용하지 않음으로써 보완을 지켜야 하는 의무NFL 등 리그별로 에이전트의 자격유지 조건을 관리하는 규정을 두고 있다.

국내 에이전트 제도에 관련한 근거는 2016년 전부 개정된 「**스포츠 산업진흥법**」에서 찾을 수 있다. 동법 18조선수 권익 보호 등에 따라 규정된 시행령 18조선수 권익 보호 등 제1항 제5호에 '선수의 권익 향상을 위한 대리인제도의 정착'을 명시하고 있다. 이 외에도 시행령에 명시된 여섯 가지 내용은 정부기관 대한체육회와 같이 국가대표, 아마추어 선수를 관장하는 기구, 프로선수를 관리하는 프로연맹을 비롯해 에이전시가 궁극적으로 관리해야 할 내용이다.

여기서 잠깐! / 스포츠 산업진흥법 선수 권익 보호 조항

법 제18조(선수 권익 보호 등) 문화체육관광부장관은 선수의 권익을 보호하고, 스포츠 산업의 건전한 발전을 위하여 공정한 영업질서의 조성 등 필요한 시책을 강구하여야 한다.

시행령 제18조(선수 권익 보호 등) 법 제18조에 따라 선수의 권익을 보호하고, 스포츠 산업의 공정한 영업질서를 조성하기 위하여 문화체육관광부장관은 다음 각 호의 시책을 강구하여야 한다.
1. 스포츠 산업의 공정한 영업질서 조성
2. 건전한 프로 스포츠 정착을 위한 교육·홍보
3. 승부 조작, 폭력 및 도핑 등의 예방
4. 선수의 부상 예방과 은퇴 후 진로 지원
5. 선수의 권익 향상을 위한 대리인제도의 정착
6. 선수의 경력관리를 위한 관리시스템의 구축

CHAPTER 02 스포츠 에이전트 및 에이전시 유형

1. 스포츠 에이전트의 유형

스포츠 에이전트Sports Agent의 유형을 두 가지로 분류할 수 있다.
(1) 선수 에이전트
(2) 매치 에이전트

통상 프로계약을 6개월에서 1년 정도 앞둔 선수 입장에선 선수 에이전트의 도움
이 절실하다. **선수 에이전트**Player Agent는 말 그대로 선수를 담당하는 대리인이다. 본서
에서 제시한 직무해설서는 선수 에이전트를 대상으로 구성된 것이다. 즉, 스포츠 에이전
트는 엄밀히 말하면 '**스포츠 선수 에이전트**'라고 할 수 있다.

반면 세계 축구무대에서 경기Match 주선을 하는 사람을 '**매치 에이전트**Match Agent'
라고 규정하고 있다. 그 숫자가 소수이기 때문에 대중에게 잘 알려져 있지는 않다. 국
가 이벤트National Events는 양 국가 간의 지대한 관심을 불러일으킬 수 있는 흥행요소가
많기 때문에 물밑에서 큰 역할을 담당하고 있다.

예를 들어 최근에는 뜸해진 한일 친선 축구전이라고 하면 텔레비전 중계예고 및
시청, 경기장 관중 동원, 언론사 관심, 스포츠 스타 탄생 등에 이르기까지 많은 이슈를
창출하게 된다. 또한 클럽과 클럽, 대륙과 대륙 사이의 경기개최 가교역할을 담당하면
서 굵직한 세계 스포츠 이벤트를 개최하는 데 일조를 한다. 한 국가 혹은 두 국가의 스
포츠 소비자의 관심을 유도할 수 있는 큰 규모의 이벤트로 부가가치를 창출함에 따라
매치 에이전트의 중요성은 더욱 커질 수 있다.

한일전 응원

2. 스포츠 에이전시의 유형

스포츠 에이전트 Sports Agent는 개인, **스포츠 에이전시**Sports Agency는 조직을 뜻한다. 2장에서 이미 스포츠 마케터와 스포츠 에이전시의 역할을 구분하여 설명했다. 하지만 역할이 다르다고 해서 반드시 다른 조직에 속해 있다는 의미는 아니다.

흔히 **스포츠 에이전시**를 달리 표현하면 **스포츠 마케팅 대행사, 스포츠 매니지먼트 회사**란 명칭으로 불린다. 즉 '**스포츠의 마케팅**Marketing of Sports' 주체인 스포츠 단체와 '**스포츠를 통한 마케팅**Marketing through Sports' 주체인 기업 간의 중간자 역할을 담당하는 것이다.

스포츠 에이전시Sports Agency는 5가지로 분류할 수 있다강호정, 이준엽, 2012.

(1) **국제 스포츠 마케팅 에이전시**

(2) **라이선싱과 머천다이징 전문 에이전시**

(3) **광고 스포츠 에이전시**

(4) **선수관리 에이전시**

(5) **풀 서비스 에이전시**

첫째, **국제 스포츠 마케팅 에이전시**International Sports Marketing Agency는 대형 스포츠 이벤트Mega Sports Events의 마케팅을 대행하는 대규모 조직이다.

IMG   Octagon

둘째, 라이선싱과 머천다이징 전문 에이전시 Licensing & Merchandising Professional Agency는 스포츠 단체의 재산권을 활용스포츠 라이선싱하거나 스포츠와 관련이 없는 새로운 제품을 상품화스포츠 머천다이징 사업을 전문적으로 하는 조직이다.

스포츠 라이선싱   스포츠 머천다이징

셋째, 광고 스포츠 에이전시 Advertising Sports Agency는 현장On-Site 광고를 전문적으로 판매하거나 중간에서 알선하는 조직이다. 즉, 경기장 내의 펜스광고, 옥외광고 등을 매입하여 재판매하거나 수수료를 받고 연결한다.

경기장 내 광고 사진

넷째, **선수관리 에이전시**Player Agency는 본서에 기술되는 에이전트가 속한 조직으로 말 그대로 주 고객이 선수이다. 즉, 선수의 이익을 위해 선수들을 대신하여 활동하는 법정 대리인의 집단이라 할 수 있다.

마지막으로 **풀 서비스 에이전시**Full-Service Agency는 위에 언급한 모든 역할을 담당할 수 있는 대형 전문 조직이다.

옥타곤 에이전시 활동 사진

스포츠 에이전트 역할 및 수수료

1. 스포츠 에이전트의 역할

스포츠 에이전트 Sports Agent의 역할은 앞서 제시한 **국가직무능력**NCS, National Competency Standards을 토대로 분류하면 크게 3가지로 분류할 수 있다.

(1) 선수 마케팅 활동 관리
(2) 선수 계약 대리
(3) 선수의 법률 지원

첫째, **선수 마케팅 활동 관리**는 선수의 가치를 향상시키는 모든 과정을 수행하는 것이다. 제2부에서 이 분야에 대한 직무職務를 구체적으로 설명할 것이다. 선수 마케팅 활동을 관리하는 방법은 다음 3가지로 분류할 수 있다.

① 선수정보 파악
② 미디어 관계
③ 사회공헌활동

에이전트Agent의 **의뢰인**Client은 선수이다. 즉, 의뢰인의 만족도를 높이는 역할을 에이전트가 하게 된다. 다시 말해 흔히 언급하는 **고객**Customer의 개념을 뛰어넘는 것이다. 에이전트는 고객과 함께with Customer 일을 함과 동시에 의뢰인을 위해서for Client 일을 하는 것이다. 이를 위해선 **선수 정보를 수집하고 분석**해야 한다. 선수의 범주는 에이전트가 관리하는 선수와 다른 구단 소속의 선수를 포함한다. 물론 포지션이 중복되거나 유사한 기술을 지닌 타 구단 선수는 잠재적 경쟁상대가 될 수 있기 때문이다.

에이전트는 선수의 이미지 관리를 위해 **미디어와의 관계**를 원활하게 유지할 수 있게 지원해야 한다. 날로 발전하는 혁신적 미디어 기술은 실시간으로 선수와 팬Fan을 연결한다. 선수 홍보환경으로 잘 활용할 수 있는 미디어에 대한 이해가 필요하다.

누리소통망서비스SNS의 커뮤니티 환경에서 선수의 부적절한 언행은 다시 원상태로 되돌릴 수 없을 만큼 막강한 영향력을 발휘한다. 에이전트는 선수의 긍정적인 이미지를 유지할 수 있게 해야 한다. 무엇보다 선수가 미디어를 대하는 태도에 관한 교육이 중요하다.

에이전트는 선수의 **사회공헌활동**을 할 수 있는 환경을 마련해야 한다. 괜찮은 프로그램을 항상 찾고 관련 이해 당사자들과의 충분한 논의과정을 거쳐야 한다. 타 구단 선수들의 사례를 파악해야 하는 동시에 차별화할 수 있는 방안도 연구해야 한다.

선수 인터뷰 장면

둘째, **선수의 계약을 대리**하는 역할은 한다. 계약은 협상을 병행한다. 협상하기 위해선 사전에 충분한 준비를 해야 한다. 제3부에 자세한 직무를 설명할 것이다. 선수와 관련한 협상과 계약은 네 가지로 분류할 수 있다.

① **선수 이적**
② **선수 연봉**
③ **선수용품 협찬**
④ **선수광고 출연**

선수의 **이적·연봉에 관한 협상과 계약**은 일련의 유사한 과정을 거친다. 우선 선수의 체력 및 경기실적 등을 종합한 경쟁력을 분석해야 한다. 구단과의 협상을 위한 기초 자료이기 때문에 객관적 수치화가 중요하다.

에이전트는 선수가 이적할 만한 팀을 물색하고, 팀과의 협상을 위한 준비를 한다. 연봉을 상향 조정하기 위한 근거를 찾고, 구단에서 지불할 능력이 되는지도 병행하여 파악해야 한다.

선수용품 협찬 기업을 찾고 협상을 하기 위해선 선수 가치 평가 자료를 마련해야 한다. 수많은 용품회사 중에서 해당기업이 생산한 용품을 협찬 받으면서 얻게 될 상호 윈윈Win-Win할 수 있는 객관적 자료가 필요하다. 선수 스폰서십Athlete Sponsorship 계약 을 통해 용품 협찬 외에도 대회참가 비용 등을 지원받을 수도 있다.

또한 에이전트는 선수광고의 가치를 분석한 객관적 자료를 토대로 **선수광고 관심 기업**과 협상을 할 수 있다. 대표적으로 인도스먼트Endorsement라 불리는 선수보증광고 시장이 있다. 선수는 협찬기업의 특정상품 광고에 출연할 수 있다. 선수와 상품 이미 지와의 부합여부, 선수 호감도, 잠재력 등을 부각시킬 수 있는 요인을 찾아야 한다. 이 는 선수 가치 평가 자료로서 활용될 수 있다.

선수 스폰서십

셋째, 선수생활 전반에 걸쳐 **법률지원**을 하게 된다. 에이전트가 변호사 자격이 있 거나 법률 지식이 많아 직접적으로 지원체계를 만들 수도 있지만, 대개는 법률 전문가 와의 협업 시스템으로 이뤄진다. 제4부에서 선수 법률문제를 체계적으로 지원하는 직 무에 대해 기술할 것이다.

대표적으로 초상권과는 다소 개념이 다른 퍼블리시티권Right of Publicity에 대한 이 해가 필수적이다. 대체로 소속 구단이 초상권 혹은 퍼블리시티권과 관련한 권한을 필 요로 할 때 선수는 적극 협조할 의무가 있다. 그럼에도 불구하고 허락 없이 남용되지 않도록 이 권리의 가치를 분석하고 적극적으로 보호할 수 있어야 한다. 에이전트가 지원해야 할 선수의 법률문제는 세 가지로 나눌 수 있다.

① **고용계약 법률문제**
② **협찬계약 법률문제**
③ **기타 법률문제**

고용계약 관련은 선수입장에선 스포츠 에이전트 계약 및 구단과의 계약이 있다. 계약의 기본은 선수를 우선하는 계약환경이 마련돼야 한다. 즉, 재정적이고 법률적인 지원으로 혜택을 받을 대상은 선수다. 공식적인 에이전트 계약을 통해 선수와 에이전트 사이의 신뢰를 구축하는 것은 매우 중요하다. 이는 구단과의 계약을 면밀히 관리하는 것이 선수를 보호할 첫 걸음이기 때문이다.

물론 에이전트 입장에선 선수가 구단에 고용이 되기 전부터 에이전트 계약이 체결될 수도 있고, 고용이 된 후 선수와의 인연이 시작될 수 있다. 이에 에이전트는 선수 고용계약에 관한 문제점을 발견하고 관리할 수 있는 여건을 마련해야 한다.

협찬계약 법률문제는 앞서 언급한 선수 스폰서십, 선수보증광고 계약 등에서 비롯된다. 선수 스폰서십은 경기장과 훈련장에서의 상품 노출을 위한 구체적 조항이 중요하다. 선수보증광고는 경기력을 발휘할 수 있는 환경과는 무관한 별도의 장소에서 이뤄지는 활동이 될 수도 있다. 이러한 조건의 변화에서 선수가 감당해야 할 상황을 원활하게 잘 이끌어야 한다.

선수는 에이전트, 구단, 기업과의 계약환경에 있다. 에이전트는 이 범주 안에서 발생하는 문제점을 급히 발견하고 수정·보완할 수 있어야 한다. 하지만 의도하지 않게 선수가 연루된 법적 문제가 도래할 때 어떤 대응을 통해 선수입장을 대변하느냐가 중요한 문제다. 선수의 법률문제는 선수생활 전반에 걸친 경기 외적인 부분을 포함한다.

따라서 상황별로 다양하게 발생할 수 있는 법률문제 대응 시스템을 구축하는 것이 에이전트의 몫이다. 위의 모든 과정에서 법률 전문가 섭외와 조항 검토 등의 과정을 무리 없이 소화하는 에이전트 역할이 매우 중요하다.

여기서 잠깐! / FIFA Agent 규정 및 시험 관련 안내

1. 시험 정보
① 응시 대상자: FIFA Agent로 활동하고자 하는 자
② 응시 자격 및 신청 방법
  - FIFA Agent Platform(agents.fifa.com) 통하여 온라인 신청
  - FFAR 제5조의 자격 요건 부합
  - 직업, 학력 등과 관련된 자격 요건 없음
  - 기한 내 신청한 자에 한하여 KFA, FIFA에서 차례로 승인하며 추가 서류 제출을 요청
    할 수 있음
③ 시험 일정: 세부 장소 및 일시는 추후 KFA에서 공지
④ 시험 내용
  - FIFA Agent 규정(FFAR), FIFA 선수 지위와 이적에 대한 규정(RSTP), FIFA Statutes,
    FIFA Code of Ethics, FIFA Disciplinary Code, FIFA Guardians: Child Safequarding
    Toolkit
⑤ 시험 면제자: 1991년, 1995년, 2001년, 2008년 FIFA Agent 규정에 따라 자격을 획득한
    자 중 기한 내 면제 신청하여 FIFA의 승인을 받은 자(세부 내용은 'Applicant Manual'
    참고)
⑥ 시험 방법
  - 시험형태: 객관식 20문제, 오픈북
  - 시험시간: 1시간
  - 시험언어: 영어, 프랑스어, 스페인어
  - 합격기준: 75점 이상 취득(15문제)
⑦ 준비 사항: 개인 노트북, 무선인터넷 연결이 가능한 핫스팟
⑧ 기타 사항: 시험 중 타인과의 잡담은 절대 불가하며, 개인 휴대폰 사용 금지

2. 자격증(Licence) 관련 정보
① 연간 등록비
  - 금액: USD 600
  - 납입 기한: 매년 9월 30일
  - 납입 방법: FIFA Agent Platform에서 전자 납부
② 자격증 갱신: 매년 관련 규정에 따른 연간 요구사항
  * 연간 요구사항: Continuing Professional Development(CPD), Reporting 등

출처: 대한축구협회(KFA) 대회운영팀(2023.1.18.)

2. 계약에 따른 수수료 구조

스포츠 에이전트 Sports Agent의 수익은 어디에서 나올까. 보통 선수로부터 받는 **수수료**Commission를 통해 책정된다. 통상 미국의 스포츠 에이전트들은 선수와 클럽 계약의 대략 3~5%, 선수보증광고Endorsement, 인도스먼트 계약의 최대 30%까지 받을 수 있는 권리가 있다.

Shropshire et al.2016에 따르면 미국 4대 프로 스포츠의 수수료를 각 협회의 기준으로 살펴보면 **전미식축구선수협회**NFLPA, National Football League Players Association는 선수연봉 계약 시 최대 3%를 허용하고 있다. 계약 자문 방식의 서비스에 대해선 어떠한 수수료를 받을 수 없다고 밝히고 있다. 즉, 선수와 구단 간의 계약협상 관련한 서비스에 대해서만 수수료가 발생한다. 또한 **전미농구선수협회**NBPA, National Basketball Players Association는 최대 4%로 규정하고 있다. 또한 리그 최저 연봉으로 구단과 계약한 선수에게는 2% 수수료를 상한선으로 두었다. 반면, **북미하키리그선수협회**NHLPA, National Hockey League Players' Association와 **메이저리그선수협회**MLBPA, Major League Baseball Players Association는 수수료의 일반적인 상한선을 두지 않았다. 즉, 시장 자체가 수수료율을 조절할 것이라며 선수와 에이전트 사이에서 자유롭게 협상할 수 있는 환경을 만들었다.

국내 프로축구는 **국제축구연맹**FIFA 규정에 의거해 기본급여의 3%, 이적료의 3% 중개 수수료 범위를 두었다. 즉, 3~10% 수수료 범위가 있다고 이해하면 될 듯하다. 국내 프로배구는 남자선수 15%, 여자선수 10% 중개 수수료로 돼 있다. 국내에선 세전 금액의 수수료율 기준이다. 에이전트 제도가 정착된 해외에 비해 상대적으로 수수료가 높게 형성된 측면도 있지만, 해외 시장의 연봉규모를 비교해 보면 반드시 해외 기준을 따를 수도 없는 실정이다.

이 외에도 선수광고 계약 체결 시 15%에서 최대 20%까지의 수수료는 에이전트의 몫으로 알려져 있다. 이러한 수수료 폭은 이적·연봉협상 못지않게 용품 및 광고시장에 진출하기 위한 노력에 영향을 줄 수밖에 없다. 즉, 에이전트는 선수가 벌어들이는 총 수입에서 약 20~25% 수준의 수익을 챙길 수 있다.

에이전트 수수료 지급방식은 **일시불, 월납, 분기납, 연납** 등이 있다. 선수와 에이전트 간의 이해와 조건 등에 따라 매우 다양한 방식으로 체결될 수 있는 부분이다. 12장에서 언급할 고용계약서혹은 대리계약서, 에이전트 계약서에 명확히 적시해야 할 부분이다.

에이전트의 수수료 책정방식은 4가지로 분류할 수 있다.

(1) **정률제**

(2) **정액제**

(3) **시간급제**

(4) **시간급제와 정률제 혼합**

첫째, **정률제**는 앞서 언급한 수입의 일정 퍼센트를 산정하는 수수료 책정방식이다. 가장 많이 쓰이고 있다. 통상 구단과 계약 협상에 관해서는 3~5%의 수수료, 자산관리 서비스를 포함할 때는 7~10%, 선수보증광고인도스먼트 계약은 10~25% 수준이다.

둘째, **정액제**는 에이전트와 선수 간의 계약조건 중에서 서비스가 발생할 때마다 일정금액을 선수가 에이전트에게 지급하는 책정방식이다. 선수가 에이전트에게 지급할 액수를 미리 알 수 있다는 장점이 있다. 반면 에이전트가 선수를 위해 보다 더 높은 연봉 협상을 위한 노력을 할 동기부여가 없다는 단점도 있다.

셋째, **시간급제**는 말 그대로 시간당 수수료를 책정하는 방식이다. 선수입장에선 에이전트와의 상호 신뢰 하에 계약이 체결되겠지만, 정해진 시간 동안 에이전트의 역할을 충실히 하는지를 확인하게 된다. 에이전트는 많은 선수의 협상업무를 대행할 때 선수별로 정해진 시간 안에 업무를 효율적으로 추진하기 위한 노력을 해야 한다.

넷째, **시간급제과 정율제의 혼합방식**은 시간급제의 단점을 보완하기 위해 고안됐다. 즉, 에이전트가 실제로 수행한 시간보다 크게 부풀린다고 해도 선수는 정확히 파악하기 힘들 것이다. 전문적인 업무 수행범위이므로 에이전트의 말을 믿을 수밖에 없다. 다시 말해 시간급제로 정한 수수료가 일정한 상한액을 넘어가게 되면 정률제로 바뀌게 하는 방식이다.

여기서 잠깐! 🎧▷ / 수수료율에 대한 에이전트의 관점 ★

■ 레너드 아르마토 - NBA 스타 샤킬 오닐의 에이전트

'몇몇 선수들은 수수료율 책정에 대해 고정된 비율(**정률제**)을 지불하는 것을 선호한다. 시간당 비용을 부과하는 방식은 에이전트와 나누는 대화, 연락, 미팅, 친목활동에 이르기까지 비용이 청구되기 때문이다. 지금 당장 성사될 수 있는 계약협상을 하기 위한 조건이면 **시간급제**가 유리하지만, 다양한 서비스가 이어질 수밖에 없는 조건이면 정률제가 좋을 수 있다.'

→ 수수료 책정은 경우에 따라 다르나, 통상 **정률제**를 따른다고 볼 수 있음
→ 통상적인 수수료 책정방식은 선수와 에이전트 간의 신뢰를 토대로 얼마든지 **새로운 개념과 방식**으로 변경될 수 있음

■ 김세윤 - 국내에서 꽤 많은 외국인 선수를 대리하는 축구 에이전트

'에이전트는 선수 혹은 구단으로부터 받는 수수료가 수입이므로 **고정수입**의 개념이 없다. 축구 개인지도 등으로 부업도 하며 견뎠고, 현재 에이전트 시장도 포화상태로 경쟁이 치열한 것은 사실이다. 그러나 모든 스타트업처럼 초반을 잘 이겨내고 준비를 잘 하면서 단계별로 올라서면 잘될 것이란 확신이 든다.'

→ 국내 프로 스포츠 산업 시장이 성장한다고 해서 저절로 에이전트 성장의 기회가 오는 것이 아님
→ 에이전트는 일반 회사원과 달리 창업과 개척정신으로 매뉴얼을 숙지하고 충분한 현장 경험을 통해 한 단계씩 올라설 수 있는 위치임

■ 대형 스포츠 에이전시

'미국 사례를 살펴보면 신인 선수에게 수수료를 부과하지 않기도 한다. 즉, **성장 가능성**이 매우 높은 선수의 미래 수입을 예상하고 미리 서비스를 제공하는 개념이다. 다른 에이전시와의 차별을 통해 수수료 수령 시점을 전략적으로 조정한 것이다. 물론 통제 불능의 부적절한 유인책이라고 이 관행을 비판하는 경우도 있다(Shropshire et al., 2016).'

→ 국내 시장에서 해외 시장으로 이적할 수 있는 역량을 갖춘 신인선수 대상으로 에이전시와의 **장기간 계약**을 조건으로 실행할 수 있음
→ 국내선수의 해외진출이 활성화되면서 국내 에이전시에 의지하지 않고, 첫 출발부터 해외 에이전시를 통하는 경우가 많기 때문에 고려해볼 수 있는 방법임

다음 장부터 등장할 캐릭터인 스포츠 에이전트 M이 이 업계에서 종사하면서 여태껏 관계자들구단, 선수과 완벽하게 공유하지 못하는 부분이 있다. 바로 **수수료**Commission 다. 세 가지 측면에서 살펴보면 다음과 같다.

(1) 수수료는 선수와 구단 양쪽으로부터 나올 수 있을까?

(2) 우리 구단 선수와 다시 계약을 맺을 때 구단은 에이전트에게 수수료를 또 내야 할까?

(3) 선수 - 구단 고용계약 기간이 남았을 때 선수 - 에이전트 대리계약이 끝난 후에도 선수는 에이전트에게 수수료를 내야할까?

첫째, 에이전트에게 **수수료를 지불해야 할 대상**에 관한 문제다.

수수료는 통상 선수의 이적, 연봉협상, 용품계약, 광고출연 등의 수행실적에 따라 에이전트가 선수로부터 가져가는 돈으로 인식하고 있다. 바로 앞서 기술한 수수료 개념이다. 그렇지만 구단에서도 수수료를 에이전트에게 지불하는 게 맞다.

즉, M이 관리하게 된 선수로부터는 **관리비**Management Fee를 받고, 구단으로부터는 **소개료**Brokering Fee를 받아야 한다. 하지만 에이전트를 사이에 두고 선수와 구단 양쪽에서 수수료를 지불하는 게 이상하다고 생각하는 관계자가 의외로 많다. 하지만 두 수수료는 성격이 다른 내용이므로 이상할 것이 없다. 다시 말해 좋은 상품선수을 소개해준 대가로 구단으로부터 받고, 더 나은 상품으로 관리해주는 대가로 선수로부터 수수료를 받는 것이다.

둘째, **선수와 원 소속구단 간에 재계약**할 때 구단은 에이전트에게 다시 수수료소개료를 지불해야 하는가 하는 문제다.

예를 들어 고등학교를 막 졸업한 선수가 M을 통해 우여곡절 끝에 구단에 입단했다. 이후 선수와 구단은 재계약을 하게 됐는데 구단은 우리 소속선수이니 M에게 지불할 수수료는 없다고 생각하는 것이다. 하지만 법적으로 선수 대리를 하고 있는 M에게 수수료를 다시 지불하는 게 맞다. 그렇지 않다면 M은 원래 소속 구단이 아닌 더 나은 조건을 타진하여 다른 구단으로의 이적을 추진할 수밖에 없을 것이다.

셋째, **선수 - 구단과의 고용계약 기간**이 남았을 때 **선수 - 에이전트 계약이 끝난 이후**에도 선수가 에이전트에게 수수료관리비를 지불해야 하는가하는 문제다.

결론적으로 얘기하면 지불해야 한다. 다만 다소 복잡한 문제가 있을 수 있다. 선수가 에이전트와의 계약은 종료됐지만 구단과의 계약은 남은 상태에서 발생하는 수입에 대해 선수가 에이전트에게 수수료관리비를 지불해야 하는가 하는 문제다. 두 가지의 예를 들면 다음과 같다.

① 선수-구단 간의 계약기간 내내 연봉이 고정됐을 때 문제다. 이는 대리계약이 만료되기 전의 에이전트가 수행한 업무이므로 이미 정해놓은 수수료를 지불하면 된다.

② 국내처럼 매년 연봉이 증액되거나 새로운 에이전트와 계약이 체결됐을 때 문제다. 이때는 복잡한 문제가 발생할 수 있다. 즉, 이전 에이전트가 수행한 업무의 범위를 규정짓기가 어렵다. 이러한 문제를 사전에 예방하기 위해선 선수-에이전트 고용계약서12장에 정확히 명시할 필요가 있다.

Ⅱ

선수 마케팅 활동을
전략적으로 관리하자

선수정보 파악	선수정보 수집	선수정보 수집과정의 중요성
		선수정보 수집 계획수립
		경기영상 자료수집
	선수정보 분석	통계 프로그램
		편집된 경기영상 자료수집
미디어 관계	미디어 정보 수집	미디어 속성의 이해
		미디어 파악
		미디어 정보수집
	미디어 교육	미디어 정보해석
		선수 대상 미디어 교육
	미디어 관계 설정	선수 홍보환경 분석 및 정보교류
		통합적 관계 설정
사회공헌활동	사회공헌프로그램 계획	사회공헌활동 의미
		사회공헌활동 정보파악
		사회공헌활동 계획
	적극적인 사회공헌활동	이해 관계자와의 협약
		사회공헌활동 홍보
	사회공헌활동 평가·개선	사회공헌활동의 효과분석
		사회공헌활동의 개선점 도출 및 반영

올림픽

관중

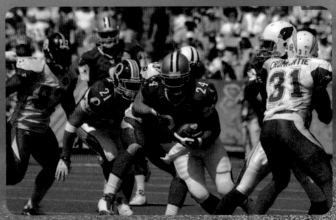

미식축구

PART

04

선수정보를
다양한 관점에서
파악하고
전략적으로
준비하자

CHAPTER

CHAPTER 01 선수정보를 수집하자

1. 선수정보 수집과정의 중요성을 이해하자

스포츠 에이전트 M은 경력 5년차를 맞이하고 있다. 열정 하나만으로 이 분야에 뛰어든 지 벌써 4년이 흐른 것이다. 스스로 생각해도 베테랑이라고 하기엔 턱없이 부족하고, 신입사원의 티를 겨우 벗은 느낌이다.

돌이켜보면 에이전트 분야의 **이론적 지식**과 **직무능력**의 이해 없이 무작정 경험을 하고자 했다. 방법은 몇 가지가 있었다. 국내외의 성공사례를 답습하기 위해 노력하거나 선배들을 통해 맹목적으로 배우는 것이 전부다. 하지만 노하우는 잘 드러나지 않았기에 결국 시행착오를 거치며 스스로 깨닫는 것이 유일한 답처럼 느꼈다.

모 에이전시에 소속돼 있는 M은 주변 선배들을 살펴보기 시작했다. 개별적으로 잘하는 분야와 미흡한 분야가 있었다. 모 선배는 선수를 섭외할 때 국내리그와 해외리그에 구별하여 일을 추진하는 경우도 알게 됐다. 상품선수을 선택할 때 소비자국내, 해외리그의 특성을 염두에 두어 협상 및 계약 프로세스를 관리하는 것이다.

시간이 흘러 곰곰이 생각해보면 자기 자신에 대한 장점과 단점을 파악할 겨를도 없었다. M은 평소 분석하기를 좋아하고 대인관계가 원만하다. 이런 장점을 부각하고 단점을 보완하기 위한 방식으로 직무를 생각하기 시작했다.

M 자신의 직무에 대해 제대로 바라보기 위한 출발은 '자기 자신'을 냉철하게 파악하는 것이다. 즉, **자기의 정보를 수집하고 분석**하는 것에서부터 직무의 이해와 보완이 이뤄진다고 볼 수 있다.

에이전트 입장에서 선수의 직무를 정확히 읽기 위해선 **선수정보를 파악하고 분석**하는 과정이 필수다. 이는 성공적인 선수 마케팅 활동 관리의 첫걸음이다. M이 관리하는 선수뿐만 아니라 다른 소속 선수까지 정보를 수집하고 분석해야 한다.

스포츠 에이전트 M은 얼마 전 배드민턴 선수 E와 선수 대리고용계약을 맺었다. 이 분야는 선수 법률문제 지원 부분의 고용계약선수-에이전트 부분12장에서 자세히 다룰 것이다. M이 선수 E에 대해 알고 있는 사실은 지난 시즌에서 여러 언론을 통해 유망주로 소개됐던 기사정도다. 기사 말미엔 '수려한 외모와 대중적인 인기를 미리 예약한다'고 덧붙인 사례도 파악했다. 언론에서의 첫 보도는 호의적이었다.

M이 아마추어 스포츠 선수까지 에이전트 직무수행의 대상으로 생각했던 것은 종목의 위상과 선수의 대중성을 고려했기 때문이다. 또한 생활스포츠로서 배드민턴을 누구나 쉽게 배울 수 있는 이점이 있어 여러 가지 가능성이 열려있다고 판단했다.

그렇다면 M이 선수 E의 성공적인 관리를 위해 우선적으로 실행해야 할 과제는 무엇일까? 바로 **선수에 대해 정보를 찾고 분석**하는 일이다. 선수라 함은 M과 계약이 체결된 선수 E를 비롯하여 아직 특정한 에이전시에 소속돼 있지 않은 다른 배드민턴 선수들도 해당된다.

M이 지난해에 계약한 프로야구 선수 A를 물색할 때도 **정보수집** 코스가 필수였다. 계약 이후엔 선수 A와 비슷한 포지션에서 뛰고 있는 다른 구단 소속 선수들도 포함됐다. 다른 구단 소속 선수 2명에 대해 집중적으로 정보를 수집했는데 1명은 국내리그 선수이고, 또 다른 1명은 해외리그 선수다. 선수 A와 포지션이 같거나 기량이 비슷한 모든 선수가 경쟁상대가 될 수 있다.

선수정보를 수집하는 과정은 객관적으로 선수정보를 분석하기 위한 필수 선행 작업이다. 앞으로 전개될 협상 및 계약을 대리하는 과정에서 선수 경쟁력을 파악하기 위한 필수조건이다. M이 관리하게 된 선수들이 이해당사자들에게 어필할 수 있는 수준으로 어느 정도인가를 냉철하게 파악하는 작업이다. 효과적인 선수정보를 분류하기 위해선 우선 선수 정보를 수집하기 위한 계획을 세워야 한다. 이후 관련 선수들의 경기영상 자료를 수집함으로써 구체적인 정보를 파악하기 위한 기반을 다질 수 있다.

M은 에이전트의 역할 중 하나로서 다양한 활로의 프로 스포츠 시장을 물색하는 것도 중요하다고 생각하고 있다. 국내 대학야구 출신 선수 F를 중국 프로리그에 제대로 안착시키기 위해선 현지 사정을 잘 파악해야 한다. 현지에서도 프로축구에 비해 인식이 낮은 프로야구 리그는 팬뿐만 아니라 구단 관계자들도 전반적으로 프로 스포츠 리그의 구조에 대해 모르는 부분이 많을 수 있다. **외국 선수에 대한 인식, 협상과 계약과정, 수수료 문제** 등 인식을 명확히 해야 할 부분을 분석해야 한다. 중국 내 프로구단에 대한 세부적 내용을 현지 법인과 협업해서 추진하는 방안도 고려해 볼 수 있을 것이

다. 아직까지 중국 내의 스포츠 에이전트 제도가 미비하기 때문에 그 공백을 메울 수 있는 방안을 염두에 두어야 한다.

표4.1 중국, 한국 및 미국 스포츠 에이전트 제도 비교

비교내용	중국	한국	미국
개념적 정의	커미션을 받기 위하여 위탁인에게 체육이익을 제공하는 자연인 또는 조직	운동선수를 상품으로 삼아 스포츠 가치를 창출하는 개인 및 기업	커미션을 받기 위하여 선수와 계약하고 스포츠 비즈니스 기회를 제공하는 자연인 또는 조직
탄생과 발전	발전기간은 약 30년, 성숙하고 완벽한 시스템이 없다	발전기간은 약 40년, 성숙하고 완벽한 시스템이 없다	발전기간은 약 90년, 성숙하고 완벽한 시스템이 있다
종류	종류가 적고 역할이 뚜렷하지 않다	종류가 적고 역할이 뚜렷하지 않다	다양한 종류가 있고 역할이 뚜렷하다
스포츠 산업 환경	사회 전환 시기에 처해있고, 계획경제 체제의 영향을 크게 받아 시장경제가 아직 완벽하지 않다	경제 규모의 제한을 받고, 시장 규모가 작다	시장경제가 발달하고 시장환경이 자유롭고 시장제도가 작동한다
관리체계	시장원리에 부합하지 않아 발전이 필요한다	시장원리에 부합하지 않아 발전이 필요한다	시장원리에 부합되고, 성숙되고 체계적이다
교육체계	발전 시간이 짧아서 체계적이지 못하여 인재가 매우 적다	발전 시간이 짧아서 체계적이지 못하여 인재가 매우 적다	오랜 시간 동안 발전하여 이미 체계를 갖추었고, 인재가 배출되고 있다
관련 법규	법률 법규가 완벽하지 않고, 관리 기구가 복잡하고 혼란하여, 준거할 법이 없다	법률 법규와 관리 기구가 완벽하지 않으며, 준거할 법이 없다	법률 법규와 관리 기구가 완벽하여, 준거할 법이 있다

출처: 장신초(2020). 중국과 미국, 미국의 스포츠 에이전트 제도 비교. 미간행 석사학위논문. 상명대학교 대학원, p.72

미식축구 장면

2. 선수정보를 수집하기 위한 계획을 세우자

선수정보 수집은 말 그대로 언론에 노출된 기초자료와 직·간접적인 방법을 동원해 알아낸 각종 자료를 모으는 행위다. 즉, 선수와 관련된 인구사회학적 요인과 경기 관련 요인을 다양한 방법으로 찾는 것이다. 인구사회학적 요인의 예는 **성, 나이, 종목, 포지션, 경력, 입상** 등이다. 경기 관련 요인을 야구로 예를 든다면 **포지션, 장타력, 주력, 번트, 수비력, 정신력** 등이 된다.

스포츠 에이전트 M은 여태껏 이 부분을 크게 간과해왔다. 정보수집의 두 가지 축인 '**인구사회학적 요인**'과 '**경기 관련 요인**'을 파악하는 관점을 인식하긴 했지만, 방법을 **관찰**로만 한정했던 것이다. 계약 3년차 프로농구 선수 C와의 계약을 체결할 때 언론매체를 통해 드러난 기초적 자료와 경기현장의 관찰에만 의존했다.

고용계약을 체결한 이후 선수 C에 대해 새롭게 알게 된 사실이 유창하게 말을 하려고 노력하는 전문가형 타입이었다. 선수로서의 날카로운 시각을 드러내며 프로 스포츠 시장 환경을 이해하고 있었다. 특히 선수와 구단과의 고용계약 부분에선 다소 예민한 성격을 드러냈다. 나름 선수가 처해있는 입장을 실제 경험을 통해 객관적으로 분석하기 때문에 오히려 M의 활동을 돕는 측면도 있었다.

반면 부상이 잦았다. 선수 C의 논리적 사고와는 반대로 경기에 임할 때는 다소 무리하는 측면이 있었다. 큰 부상이 아니었기 때문에 기존의 관찰방식으로는 잘 드러나지 않았다. 관찰 못지않게 매우 중요한 **면접**과 **설문방식**의 병행이 필요했던 것이다. 선수부상은 경쟁력을 평가하는 데 매우 불리한 조건이 될 수 있기 때문이다.

선수 정보를 수집하기 위해선 우선 **선수정보 수집계획**을 세워야 한다. M은 야구선수 A를 섭외할 때 기존의 시행착오를 겪지 않기 위해 계획을 수립했다. 선수 A의 정보를 어떻게 수집해야 할까? 선수 정보를 수집하는 방법에는 크게 **관찰, 면접, 설문**을 통한 정보 수집이 있다.

이 세 가지 방법을 병행하기 위해선 어떤 요인을 수집해야 할까? 일반적 자료를 통해 확인할 수 있는 **인구사회학적 요인**을 찾아야 한다. 선수의 성(남자 혹은 여자), 종목, 포지션, 경력, 입상이력 등이 있다. 또한 **경기 관련 요인**을 찾아야 한다. 포지션, 장타력, 주력, 번트 등 객관적 자료가 있다. 더불어 선수의 정신력, 태도와 관련한 주관적 내용도 포함된다. 객관적 자료는 **관찰**을 통해서 충분히 이루어질 수 있다. 반면 주관적 자료는 **면접**과 **설문**을 병행해야 파악할 수 있는 부분이다.

관찰은 시즌 내내 M이 신경을 써서 추진해야 할 방법이다. 면접과 설문은 특정 시기를 잘 골라야 한다. 무턱대고 선수정보를 파악하기 위해 해당선수 혹은 주변인들 대상의 면접과 설문을 시행하기가 어렵기 때문이다. 또한 단 한 번에 이루어지기 보다는 수차례의 시도를 해야 하는 과제가 있다.

5W1H을 대입해 보자. **WHY** 왜 필요한가? **WHAT** 목적은 무엇인가? 선수정보를 분석하고 나아가 경쟁력을 평가하기 위해선 선수정보 수집이 필수다. 이미 언급한 내용이 주를 이룬다. **WHERE** 어디서 하는 것이 좋은가? 관찰은 어디서든 가능하지만 면접과 설문은 적정 장소를 찾아야 한다. **WHEN** 언제 하는 것이 좋은가? 관찰은 평상시에 해야 하고, 면접과 설문은 적정 시간을 찾아야 한다. **WHO** 누가 가장 적격인가? 관찰은 직접 실행해야 하고, 면접과 설문은 해당선수 혹은 주변인이 대상이 될 수 있다. **HOW** 어떤 방법이 좋은가? 바로 대표적인 선수정보 수집방법인 관찰, 면접, 설문이 될 수 있다.

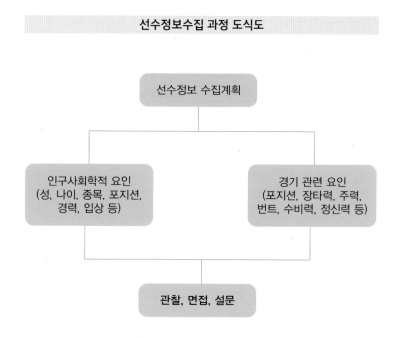

선수정보 수집계획이 마무리 되면 **관찰, 면접, 설문**에 돌입한다. 각각의 의미와 방법을 M의 경험을 통해 살펴보면 다음과 같다.

첫째, **관찰**은 경기와 훈련이 이뤄지는 현장에서 필요한 정보를 얻는 방법이다. 의미대로 해석하면 직접 현장에서 수집한 정보라 할 수 있지만 최근 정보통신기술ICT 발달로 시간, 공간의 제약 없이 많은 정보를 찾고 분류할 수 있는 영역까지 포함한다. 즉, 현장에서 확인할 수 있는 개인만의 특성, 온라인상의 다양한 뉴스와 가십 등에서 찾을 수 있는 시선 등을 수집한다.

관찰의 종류는 두 가지가 있다. 우선 M은 선수 A의 시점에서 관련된 이슈를 접하며 관찰했다. 예를 들어 선수 A가 **일상생활**에서 좋아하는 콘텐츠를 찾아볼 수 있었다. 이 과정으로 선수의 개인 성향과 주변에서 바라보는 선수에 대한 의견을 알 수 있었다.

나머지 한 가지는 **선수의 경력**을 추적하며 관찰했다. 선수 A가 유소년 선수생활 시기부터 현재까지 걸어온 이력을 추적했다. **경기력**이 어떤 시점에서 향상됐는지, 어떤 계기가 있었는지, 그 계기는 신체적, 환경적, 심리적 등 다양한 요인에서 어떻게 시작됐는지 등을 파악할 수 있었다. 이로써 선수 A의 가치가 발현되는 순간은 어떤 때이며, 어떻게 가공하고 포장해야 더욱 가치를 높일 수 있을지를 가늠할 수 있게 될 거라 믿었다.

관찰을 통한 정보 수집은 선수 A의 포지션, 기량 등이 중복될 만한 국내외 선수의 정보도 병행하면서 확보하고자 하는 노력을 게을리 하지 않았다.

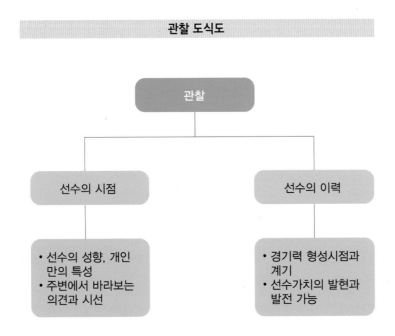

관찰 도식도

관찰

선수의 시점

선수의 이력

- 선수의 성향, 개인 만의 특성
- 주변에서 바라보는 의견과 시선

- 경기력 형성시점과 계기
- 선수가치의 발현과 발전 가능

여기서 잠깐! / 관찰의 중요성에 대한 에이전트의 관점 ★

■ 장달영 - 김연아, 박태환 장미란 선수의 변호사 출신 에이전트

'사업연수원을 졸업하기 전부터 <될성부른 떡잎>을 찾고자 했다. **선수의 잠재력**과 **마케팅 가치**에 무게를 두었다. 변호사 출신 에이전트는 변호사법에 저촉될 수 있는 변호사 윤리에 충돌되지 않도록 노력하고 극복해야 한다. 우리나라 에이전트 시장이 활성화되려면 선수의 인권 보호와 스포츠 산업이 활성화돼야 한다. 에이전트와 선수는 기본적으로 신뢰를 바탕으로 한 **파트너**이다.'

→ 선수를 바라보는 **시각과 시장**을 읽는 안목을 키워야 함
→ 법에 관련한 에이전트와 스케줄 관리 등을 담당하는 **매니저**로서 역할을 구분할 수도 있음

■ **김세윤 - 국내에서 꽤 많은 외국인 선수를 대리하는 축구 에이전트**
'경기장을 자주 찾아다니며 선수를 직접 관찰한다. 눈에 띄는 선수가 있으면 수십 경기를 둘러보고 모티터링한다. 분석이 끝나고 확신이 생겼을 때 선수, 부모, 지도자, 팀 구성원들을 직접 접촉하며 계약을 추진한다.'

→ 소셜 미디어를 통해 소통과 자료수집이 쉬운 현실이지만, 직접 발품을 팔아 관찰하는 것만큼 확실한 방법은 드묾
→ 자신이 분석한 결과에 확신이 들었을 때 관계자를 만나 설득하는 과정으로 이어나가야 함

■ **김양희 - 농구선수 출신의 에이전트**
'국내외 선수를 관찰할 때 가장 중요한 점은 **성실함**과 **책임감**이라 생각한다. 성실함을 통해 마인드 컨트롤이 나오는 법이다.'

→ 원론적인 얘기지만 선수이든 에이전트이든 **성실함**에 무게를 둬야 함
→ 타고난 기량도 중요하지만, 꾸준한 노력으로 기량을 향상시키고자 하는 **선수의지**가 중요함

■ **제레미 스나이더 - 올림픽, 패럴림픽에 출전하는 아마추어 선수 위주의 에이전트**
'선수를 발굴할 때의 핵심가치를 **청렴도**가 높은 동질감 있는 스타일에 초점을 둔다.'

→ 선수의 경기력 외에도 기본적으로 갖춰야 할 **자세와 덕목**을 관찰해야 함
→ 부정과 불공정함에 대해 아무렇지도 않게 생각하는 선수를 경계해야 함

■ **스콧 보라스 - 세계의 영향력 1위를 차지한 에이전트(2015년 경제지 포브스)**
'FA 시즌만 되면 유명한 에이전트는 선수 이상으로 주목받는다. 당신네 팀은 우리 선수 없이는 안 될 것이다. 선수에게는 천사이지만 구단과의 협상 테이블에서는 악마로 인식할 정도로 협상에 응한다.'

→ 선수의 능력과 잠재력을 보는 **통찰력**을 키워야 함
→ 엄청난 양의 데이터와 오랜 기간 동안 체득한 **지식**으로 **안목**을 키우며 **협상력**을 제고시킴

둘째, **면접**은 사람을 직접 만나서 얘기를 들어보는 방법이다. M은 선수 A가 속한 팀 동료, 코치, 감독, 트레이너 등으로부터 생생한 정보를 접할 수 있었다. 평소 M은 원만한 대인관계를 통해 친숙한 이미지가 있어 딱딱한 면접형식이 아닌 수시로 묻고 듣는 방식을 취했다.

면접방법은 두 가지다. 사전에 치밀하게 **계획한 면접**을 할 수도 있고, 각본 없이 **대화와 질문**이 오고가는 중에 면접이 이뤄질 수 있다. 준비된 면접을 하게 되면 한정된 시간 안에 양질의 정보를 확보할 수 있지만 사무적인 분위기가 연출될 수도 있다. 사전준비 없이 자유로운 분위기에서 면접을 하게 되면 마음 속 얘기를 꺼낼 수 있지만, 본질을 벗어난 대화가 오고 가거나 단순히 친분을 확인하는 자리가 되기도 한다.

면접을 통한 정보 수집의 장점은 경기전후, 훈련 시에도 조사환경을 마련하면서 응답률이 높다. 직접 대면하기 때문에 친분이 쌓이고 신뢰도가 높아진다. 부족한 자료를 전화, 이메일 등을 활용해 추가적으로 확보할 수 있다.

반면 단점은 관계자들을 아무 때나 만나기가 쉽지 않다. 사전에 네트워크를 쌓는 과정이 필요한 이유다. 직접 움직여서 진행해야 하므로 경비와 시간이 소요된다. 정보를 제공하는 관계자들 중에선 익명을 요청하는 경우가 있어 면접을 꺼릴 수 있다. 면접기술이 충분하지 못할 경우 객관성보다는 주관성이 개입될 여지도 있다.

또한 면접관에게 면접을 당하는 피면접자의 입장에선 그리 유쾌하지 않은 뉘앙스로 느낄 수 있다. 괜히 잘못 얘기했다가 선수뿐만 아니라 자신에게도 불이익이 따르지 않을까하는 우려를 느끼게 된다면 소위 '듣기 좋은 말'만 전달할 수도 있다.

에이전트 입장에선 선수에 대한 객관적인 정보가 가장 유용하다. 60% 정보를 10% 덧붙여 70% 수준의 상품으로 가공하고 포장하려고 해도 60%는 아주 객관적인 정보일 때 가능한 얘기다. 흔히 '양쪽 얘기를 들어봐야 전후 사정을 알 수 있다'라고 얘기를 한다. 즉, 선수의 객관적인 정보를 듣기 위해선 선수가 속한 팀 외에도 예전에 속했던 조직의 관계자에게 다양한 정보를 듣는 것도 좋을 것이다.

여기서 잠깐! ▶ / 면접의 중요성에 대한 에이전트의 관점 ★

■ **김양희 - 농구선수 출신의 여성 에이전트**
'어떤 선수는 비전과 꿈을 향해 나가는 유망주로서 목격되지만, 어떤 선수는 종종 노골적으로 자신에게 해줄 수 있는 게 무엇이냐며 되묻기도 한다. 주변에 유럽리그, J리그로 보내주겠다는 에이전트가 많다며 하는 말이다. 후자와 같은 목표를 내세운 선수는 발전이 없을 거라고 생각한다.'

→ **목표**는 단계별로 올라가는 것임을 에이전트와 선수 모두가 공감해야 함
→ 직접 혹은 주변인에 의한 간접 면접을 통해 선수의 **기초 정보**를 충분히 얻는 게 좋음

셋째, **설문**은 말 그대로 설문지를 활용하는 방법이다. 사람들이 많은 장소에서 종종 설문을 부탁받는 경우가 있다. 길어봐야 3~4분 정도 소요되는 설문이지만 자신과 특별한 연관성을 느끼지 못하면 성심성의껏 문항을 읽고 답을 체크하기가 어려워진다. 자발적 마음이 없으면 대충 한다는 얘기다.

다시 말해 설문을 하게 하는 충분한 **동기부여**가 짧게라도 느끼게 해야 한다. 예를 들면 설문지에 간단한 **문구**를 넣을 필요가 있다. 선수 A를 알고 있는 구단 관계자의 설문지 상단에 이렇게 표기하면 어떨까. '스포츠 에이전트 ○○○입니다. 귀하의 소중한 고견을 통해 프로 스포츠 발전에 기여할 수 있도록 노력하겠습니다.' 또한 선수 A를 알고 있는 현재 혹은 예전 동료의 설문지 상단문구를 살짝 바꿔보면 어떨까. '스포츠 에이전트 ○○○입니다. 프로 스포츠 발전과 선수 권익증진을 위해 귀하의 소중한 고견을 듣겠습니다.'

설문지를 체크하는 입장에선 정보노출 우려에 따라 자신의 이름을 표기하는 방식보다 **익명식**이 좋다. 답변을 문장으로 쓰게 하는 방식보다 간단한 문장을 읽고 해당번호에 표기하는 방식이 유익하다. 해당번호는 '매우 그렇지 않다'에서 '매우 그렇다'까지로 5점 혹은 7점 척도로 구성하면 된다. 문장이 너무 길거나 문항이 너무 많아도 좋지 않다.

선수 A는 정신력이 좋다.	매우 그렇지 않다 ←--------------------→ 매우 그렇다 ① ② ③ ④ ⑤

설문   면접

3. 선수들의 경기영상 자료를 수집하자

스포츠 에이전트 M은 몇 차례 계약연장 끝에 만료시점에 다가온 프로배구 선수 D와의 고용계약을 했던 기억을 떠올리면 웃음이 절로 나왔다. M 자신도 신입시절이라 어디서부터 선수 경기영상을 찾아야 할지 갈피를 못 잡았기 때문이다. 백방으로 뛰어다니며 좋은 영상을 확보하면 모든 것을 얻은 것처럼 들뜨기도 했었다.

좋은 영상이라고 해봤자 스포츠 중계 주관방송사가 찍어 놓은 화면이다. 직접 현장에 가서 모든 경기를 관람하기에는 시간·공간적 한계가 있으므로 영상의존도는 클 수밖에 없다. 선배들 말을 들어보면 스마트폰이 흔한 지금의 상황과 비교해 보면 불과 십여 년 전만 해도 조건이 열악했다.

온라인상의 협업의식은 대세가 되어 많은 변화를 일으켰다. 누군가 올린 뜻하지 않은 영상을 확보하기도 하고, M 대신 지인이 영상을 찍어 실시간 전송하기도 한다. 최근 M은 영상 편집기술을 틈틈이 배우고 있다. 바쁘기 때문에 유튜브YouTube에 누군가 올린 편집기술 해설영상을 통해서다. **경기영상 자료를 수집**하는 작업은 **경기력**을 분석하는데 매우 중요하다.

영상자료를 편집한다는 것은 장면과 장면을 이어 붙이는 작업이다. 영상의 최소단위는 숏장면, Shot이고, 이어 붙이면 씬Scene이다. 최근 영상편집 애플리케이션도 다양해 마음만 먹으면 얼마든지 자신만의 영상편집이 가능한 환경이다. 스포츠 영상의 편집이 필요한 부분은 선수가 기량을 발휘하여 점수를 득점하거나 팀 분위기를 바꾸는 계기가 되는 장면 등이 있다.

편집에 대한 지나친 강박관념을 가질 필요는 없다. 어디까지나 본인이 주도하는 **선수 분석**에 필요한 자료이기 때문이다. 즉, 지나친 영상 편집기술 이론에 매몰되거나 시간을 낭비하면 아니 된다. 필요한 만큼 편집기술을 실용적으로 배우고 활용하면 된다. 이와 같은 기술은 선수를 홍보할 때 활용할 수도 있어 유용하다.

스마트폰 선수촬영

최근 '집단지성'의 우수함에 대해 심심찮게 얘기가 나온다. 지미 웨일스Jimmy Wales와 래리 생어Larry Sanger가 만든 위키피디아Wikipedia는 온라인상의 무료 오픈소스 백과사전이다. 오랫동안 집안 책장에 진열돼온 브리태니커 백과사전의 방대함과 전통성의 아성을 꺾은 장본인들이다. 분야별 학자, 전문가 등에 의해 집계된 지식에서 전 세계 대중으로부터 나온 집적된 지식을 더 찾게 된 것이다. 특정 제공자의 지적재산보다는 불특정 다수를 위한 개인의 창의력과 지식을 더 중시한다.

유튜브YouTube는 어떠한가. 동일한 스포츠 경기는 다양한 각도와 시점에서 촬영되고 전송된다. 공식적 스포츠 중계가 아닌 경기장을 찾은 개개인이 올린 영상이다. 수십억 명이 가입된 페이스북Facebook은 이미 13억 중국 인구를 넘어섰다. 이렇듯 우리 세계를 하나의 커뮤니티 연결 장소로 묶어버린 플랫폼을 잘 활용해야 한다. 공통 관심사로 똘똘 뭉친 **양질의 커뮤니티**를 찾아 정보를 찾고 분류하는 작업에 익숙해야 할 것이다.

CHAPTER 02 선수정보를 분석하자

1. 통계 프로그램과 친해지자

스포츠 에이전트 M이 관리하게 된 선수는 총 6명이 됐다. 종목이 더욱 다양해질 수도 있고, 선수 숫자가 많아질 수도 있다. **관찰, 면접, 설문** 등으로 확보한 선수정보를 바탕으로 우여곡절 끝에 선수와 에이전트 간의 고용계약을 맺게 됐다.

M은 **법정대리인**으로서 최고의 성과를 내기 위해 자신이 관리하게 된 선수의 상품가치를 높이기 위해 고심하고 있다. 선수 상품가치를 높이기 위해선 **선수정보를 포장**해야 한다. '포장한다.'는 의미는 없는 것을 있는 것처럼 부풀린다는 얘기가 아니라 선수의 가능성을 좀 더 정밀한 시각에서 보여줄 수 있게끔 가공하는 것을 말한다.

스포츠 자료 가공은 수집된 자료를 컴퓨터 프로그래밍을 통해 적합한 형태의 정보로 변환하는 것이다. 이 작업을 통해 선수정보를 치밀하게 분석할 수 있는 기반을 마련하게 된다.

앞 장에서 언급했던 선수의 정보를 수집한 이후 어떤 절차를 거쳐 정보를 가공하고 포장하는지를 살펴보면 다음과 같다.

첫째, 수집된 **스포츠 자료**를 준비한다.
둘째, 준비된 자료를 **코딩**부호화, Coding한다.
셋째, 코딩된 자료를 **가공처리**한다. 주로 엑셀Excel과 SPSSStatistical Package for the Social Sciences 등의 통계프로그램을 활용한다. 이후 다음 장에서 언급할 선수 정보를 분석하게 된다.

| SPSS | 엑셀 | 통계 |

선수의 **인구사회학적 정보**성, 연령, 종목, 포지션, 경력, 입상 등, **경기관련 요인**수비력, 정신력, 종목에 따른 각종 기록 등에 대한 기초 자료란 **관찰, 면접, 설문**에 따라 확보한 정보를 일컫는다.

코딩Coding은 자료 처리를 자동화하기 위해 일정한 규칙에 따라 문항별로 문자 혹은 번호를 부여하는 것이다. 앞서 설문부분에서 언급했듯이 5점 혹은 7점 척도에 의해 응답을 받은 자료숫자를 컴퓨터 프로그램에 입력한다.

이 과정을 통해 수집된 자료가 부실하거나 자료처리에 부적합하다고 판단되는 자료를 걸러낸다. 설문지를 수거하고 살펴보면 무성의하게 체크한 경우를 많이 본다. 예를 들면 모든 문항을 1점매우 그렇지 않다 혹은 7점매우 그렇다에만 체크√, ○한 경우다. 이러한 답변 자료는 배제하는 것이 좋다. 에이전트 입장에선 선수에 대한 **객관적인 주변** 생각이 필요한 것이기 때문에 지나치게 한쪽으로 편향된 의견을 따를 필요는 없다.

M은 틈틈이 통계 프로그램을 배워둔 덕에 시간과 비용을 단축할 수 있게 됐다. 프로배구 선수 D를 계약할 무렵엔 체계적인 관리를 생각할 겨를이 없었다. 하지만 관리하게 될 선수가 한 두 명 씩 늘어나면서 인식은 달라졌다. 체계적인 관리를 위해선 자신만의 방식으로 컴퓨터에 잘 정리하고 언제든지 열어보며 활용할 수 있어야 한다.

M은 계속해서 다른 선수와의 추가 계약이 예정돼 있고, 추가 정보가 지속적으로 누적되기 때문에 데이터를 체계적으로 관리해야 했다. 선배들처럼 전통적인 방식인 수첩에 기입하고 관리하다 보면 본인의 경험에 따라 쌓아온 직관에만 의지하게 된다는 사실을 깨달았던 것이다.

통계 프로그램을 배우고 이해하는 과정은 조금만 노력하면 이룰 수 있다. 전문적인 통계학을 알기 위한 과정이 아니다. 선수가 걸어왔던 선수 이력에 특이점을 찾고, 포지션이 겹치고 기량이 비슷한 경쟁 선수와의 차이를 비교하는 수준의 이해를 의미한다.

여기서 잠깐! / 설문지 설계 및 측정방법

1. 설문지 설계
① 간단한고 명료하게 제시한다.
② 자연스러운 질문과 논리적 순서로 배열한다.
③ 민감한 질문은 뒤로 배열, 시작하는 질문은 흥미를 유발하도록 배치한다.
④ 항목선택형 질문을 통해 알고자 하는 문제만 질문한다. 단, 설문지가 긴 경우 앞부분에 위치하게 한다.

2. 요약

구분	범주	순위	등간격	절대영점	비고
명목척도	○	X	X	X	비연속
서열척도	○	○	X	X	비연속
등간척도	○	○	○	X	연속
비율척도	○	○	○	○	연속

3. 명목척도(Nominal Scale)
• 집단을 명칭으로 분류하는 척도(=명명척도)
  - 성별(남자, 여자), 주민등록번호, 선수 등번호, 프로야구팀의 명칭, 출신고등학교 지역 등 배열할 때 숫자 부여
    ※ 성별이든 프로야구팀 명칭 배열이든 숫자(1, 2, 3...)로 구분함
  - 성별, 종교, 날씨, 지역, 계절, 국적, 고향, 선수 등번호 등

예시: 귀하의 성별은? 1. 남자 2. 여자

4. 서열척도(Ordinal Scale)
• 관찰대상이 아닌 속성의 순서적 특성만을 나타낼 때 사용, 계속되는 두 수치의 간격이 반드시 일치하지 않음(=순위 혹은 순서척도)
  - 주 평균 운동 횟수: 1=전혀, 2=가끔, 3=보통, 4=자주, 5=매일

※ 운동을 자주하는 사람은 가끔 하는 사람보다 두 배 더 한다고 볼 수 없음(대상들
  간 크기나 차이 없음)
- 팀 간의 순위, 교육수준(중졸이하, 고졸, 대졸이상 등)
- 학력, 석차순위, 사회계층, 선호순위, 학점 등

> 예시: 귀하가 좋아하는 종목을 순으로 나열하시오.
> 1. 야구 2. 축구 3. 농구 4. 배구 5. 골프

5. 등간척도(Interval Scale)
- 양적 차이를 측정하기 위해 균일한 간격으로 분할 측정(=간격척도)
  - 비교된 대상물의 차이, 온도, 태도

> 예시: 귀하가 A 스포츠센터 서비스에 대해 만족하나요?
> 1. 매우 불만족 2. 불만족 3. 보통 4. 만족 5. 매우 만족

6. 비율척도(Ratio Scale)
- 명목, 서열, 등간척도의 특성을 모두 포함
- 절대 영점(0)을 갖고 있어 모든 산술적 연산(가감승제)이 가능한 척도
  - 교육연수, 연령, 수입, 길이, 무게, 거리, 점수 등

> 예시: 귀하의 시험점수는 어떻게 되나요?
> 1. 40점 이하 2. 50점 3. 60점 4. 70점 5. 80점 이상

스포츠를 주제로 한 유명한 헐리웃의 영화 중에는 머니볼Money Ball, 2011이 있다. 세계적인 스타 브래드 피트Brad Fitt가 주연을 맡아 대중들의 관심을 일거에 모았다. 1901년 창단된 미국 메이저리그의 구단 오클랜드 애슬레틱스Oakland Athletics에 1998년 빌리 빈Billy Beane, 브랜드 피트 역이 단장에 취임하면서 **통계분석**과 **빅데이터** 바람을 일으켰다.

구단 내 노장의 스카우터들은 경험과 직관으로 선수를 모집하고자 했다. 오랜 기간 이어져 온 전통적인 방식이었고 그 누구도 토를 달지 못했다. 하지만 단장은 선수 기록의 누적 통계와 데이터만을 갖고 선수를 뽑았다. 문제아로 낙인찍힌 선수라 할지라도 경기력과 관련한 통계와 기록이 있으면 가능성을 열어두었다. 2002년에 아메리

카리그 사상 최초로 20연승 대업의 역사를 만들었다.

　　선수 정보는 **수집, 가공, 분석**의 과정을 통해 활용할 가치가 높은 통계가 된다. 스포츠 에이전트 세계에서 통계는 무척 중요하다.

여기서 잠깐! ⌐▷ / 통계의 중요성에 대한 에이전트의 관점 ★

■ 김양희 - 농구선수 출신의 에이전트

　'구단 관계자의 시선을 돌리거나 관심을 효과적으로 유도하기 위해선 풍부한 **지식**을 바탕으로 설명을 할 줄 알아야 한다. 경기를 보는 눈을 통해 **게임의 흐름**과 **선수 상태**까지 짚어내면서 신뢰도를 쌓았다. 해외 구단 관계자들은 경기 종료 후 <오늘 우리 팀이 왜 진 것 같냐?>, <우리 팀 문제점이 뭔가?>라는 등의 질문을 받기까지 했다. 농구나 축구 등 경기장과 선수만 다를 뿐 전반적인 전술이 유사하다.'

→ 에이전트는 스포츠 해설가, 평론가처럼 경기를 보는 **안목**을 키우는 것이 매우 중요함
→ 한 가지 종목에 대해 **전술**을 읽어낼 수 있다면 다른 종목에도 응용하는데 어려움을 극복할 수 있음

| 머니볼 | 기록수집 | 빌리 빈 |

2. 선수들의 편집된 영상자료를 분석하자

방송사가 스포츠 중계방송을 하다가 경기 중간의 휴식시간 혹은 경기결과를 보도할 경우 하이라이트를 내보낸다. 경기 흐름에 중요한 장면이라 판단돼 짧은 시간 안에 편집된 영상이다. 한 번 양산된 영상은 온라인상에 반드시 존재하게 마련이다. 직접 찍은 영상, 뜻하지 않게 얻은 좋은 영상, 지인을 통해 전송받은 영상 등을 수집할 수 있다. **관찰, 면접, 설문**을 통한 선수정보 수집 자료 결과와 비교하며 해당 선수의 **영상을 분석**하는 것이 필요하다.

정보 '**수집**'과 '**분석**'의 반복적인 과정은 곧 선수 마케팅 활동의 전략적인 관리를 하기 위한 첫 단계임을 명심해야 한다.

여기서 잠깐! 🎬 / 영상분석의 중요성에 대한 에이전트의 관점 ★

■ 김양희 - 농구선수 출신의 에이전트
'신장이 작은 축구선수에게 리오넬 메시에 대해 얘기한 적이 있다. 이를 위해 밤을 새며 최근의 메시 경기를 전부 생방송으로 시청한 후, 그 선수에게 훈련 끝나서 보라고 녹화해서 건네주었다. 다음날 메시의 플레이의 변화에 대해 서로 대화를 이어 나갔다.'

→ 에이전트는 선수가 직접 챙기기 힘든 부분을 **지원**해줄 수 있어야 함
→ 선수의 특성과 유사한 해외선수의 특성을 통해 해당 선수의 **장점**을 부각시킬 수 있어야 함

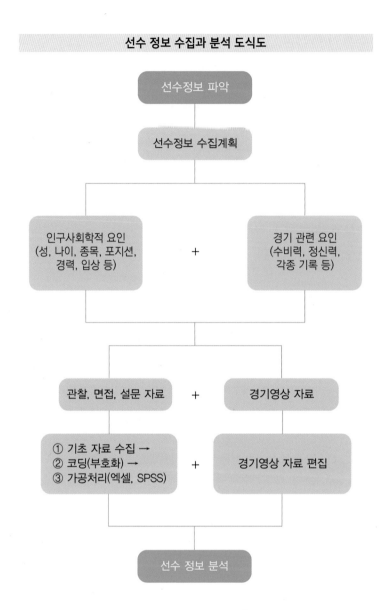

선수 정보 수집과 분석 도식도

소셜 미디어

미디어

인터뷰

PART

05

미디어와의
관계를
전략적으로
잘하자

CHAPTER

미디어 관련 정보를 수집하자

1. 미디어의 속성을 이해하자

세계적인 커뮤니케이션 학자 마샬 매클루언Marshall McLuhan은 1950년대에 처음으로 '미디어'란 용어를 사용했다. 말 그대로 **매체**Media를 뜻한다. 흔히 '**매스 미디어**'라고 하면 불특정 다수Mass에게 많은 정보를 전달하는 매체다. 신문, 잡지, 출판 등과 같은 인쇄매체, 라디오 방송, TV 등으로 1960년대 개념이 정립됐다.

인터넷 등장 이후 사용된 '**뉴미디어**'란 용어는 최근 누리소통망서비스SNS, Social Network Service의 급격한 확산으로 새로운New이란 의미가 무색해 잘 사용하지 않는다. 영상 혁명은 앞으로도 어떤 형태로든 가속화될 것이기 때문이다.

| 마샬 매클루언 | 메시지 |

스포츠 에이전트 M은 자신이 관리하는 선수들의 이미지를 생각해 봤다. 미디어에 비춰지는 이미지는 선수마다 각각 다르기 때문에 개별적인 미디어 전략이 필요할 것으로 생각했다.

선수 A는 성실한 자세가 미덕이라고 할 만큼 누구나 인정한다. 주변에선 현재 무명선수이지만 앞으로 성공 가능성이 크다고 얘기한다. 이런 특성도 있다. 선수 A는 평소에 말이 없다가도 한 번 말을 하기 시작하면 똑같은 말을 여러 번 반복하는 타입이다. M은 선수 A가 자칫 지루할 수 있는 대화 패턴을 갖고 있다고 생각했다.

선수 B는 고등학교 시절부터 유명세를 탔다. 많은 에이전트들이 관심을 가졌던 대상이다. M이 선수 B와의 계약을 이끌었던 당시를 회상해 보면 아직도 긴장감이 들 정도도. 다만 이 선수는 쉽게 흥분하고 성급한 성격을 갖고 있다. 대화를 하던 중에 굳이 할 필요가 없는 말을 꺼내는 경우가 종종 있다. M은 선수 B가 자칫 말실수를 하여 구설수에 오를 수 있다고 생각했다.

중국진출을 노리는 선수 F는 국내 프로리그 진출이 무산되는 바람에 자존감이 낮은 상태다. 지푸라기라도 붙잡고 싶은 심정이 강해 M에게 전적으로 의지하는 상황이다. 자칫 자신감이 지나치게 없는 모습으로 비춰질 수 있어 미디어 노출을 자제시키고자 한다.

M이 관리하는 선수 A와 B가 미디어에 비춰지는 이미지는 다르다. 특히 걸러지지 않거나 포장되지 않은 이미지를 그대로 노출된다면 더욱 다르게 보일 수 있다. 선수와 미디어는 불가분의 관계다. 소비자가 원하는 선수는 미디어 산업에서 살아남는 상품으로서의 가치가 높은 선수다. 즉, 선수와 미디어는 **공생**symbiotic 관계로서 좋거나 싫든 관계를 잘 유지해야 한다. 이를 위해선 미디어의 속성을 이해하고 분석할 수 있는 **직무능력**을 키워야 한다. 첫 걸음은 무분별하게 파악된 정보를 체계적으로 선별하고 **문서화**하여 관리해야 한다.

2. 미디어의 종류와 특성을 파악하자

미디어의 종류를 살펴보자. 앞서 언급한 전통적인 미디어로서 '**매스 미디어**'는 인쇄 매체와 방송매체가 있다. **인쇄매체**는 신문, 잡지가 대표적이다. 최초의 스포츠 미디어 개념이 시작된 매체가 인쇄매체. 1733년 미국의 '**보스턴 가제트**Boston Gazette'에 스포츠 기사가 실리면서 오늘날 스포츠 미디어의 효시가 됐다.

신문의 가장 큰 장점은 개인에게 도달하는 비용이 비교적 저렴하다. 최근 공공장소나 지하철 풍경은 스마트폰을 보는 사람이 대다수지만, 아직도 사람들이 많이 이동하는 공간이나 사적인 장소에선 신문을 통해 정보를 접한다. 잡지는 상대적으로 방송광고에 비해 수명이 긴 신문보다 광고를 더 노출할 수 있다. 물론 지나친 광고물로 기사에 대한 관심도를 유발하기에 한계가 있다. 인쇄매체의 몇 가지 특성을 덧붙이자면 다른 매체에 비해 제작기간이 짧다. 인터넷 환경에 따른 서비스 즉시성Immediacy으로 금방 사라지는 정보에 비해 오랜 기간 동안 정보가 남아 있다.

보스턴 가제트

방송매체는 라디오와 텔레비전이 있다. 최초의 라디오 스포츠 중계는 1921년 피츠버그의 상업라디오 방송사인 KDKA를 통해 복싱 경기가 전파를 타면서 시작됐다. 이후 스포츠와 텔레비전은 불가분의 관계로 발전해왔다.

스포츠와 TV방송 변천사를 잠시 살펴보면 다음과 같다. 최초로 텔레비전 야외 실험방송을 했던 1936년 베를린 올림픽은 손기정 마라톤 선수가 일장기를 달고 경기에 참가해서 우승했던 대회다. 히틀러가 나치즘과 게르만 민족의 우월성을 스포츠를 이용해서 정치적으로 활용하고자 했던 대회이기도 하다.

1939년에는 미국 방송사인 NBC가 프린스턴대학교와 콜롬비아대학교 간의 야구경기와 메이저리그 야구 경기를 중계했다. 1964년 도쿄 올림픽 때 인공위성을 통한 TV 중계가 이루어져 전 세계인을 올림픽의 관객으로 초대했다. 2004년 아테네 올림픽에선 일부 국가에서 최초로 인터넷으로 중계되기도 하면서 오늘날 세계를 하나로 묶는 미디어 환경을 알렸다.

KDKA

베를린 올림픽

텔레비전 매체의 장점은 개인에게 도달되는 비용이 비교적 저렴하고 도달범위가 광범위하다. 시각·청각적 요소를 모두 활용할 수 있어 효과가 큰 반면, 제작비용이 비싸고 시청자를 세분화Segmentation하기가 어렵다. 스포츠 단체의 주요 수입원인 스포츠 중계권을 확보한 방송사는 텔레비전을 통해 송출되는 다양한 광고시장을 형성할 수 있다. 라디오 매체는 텔레비전에 비해 제작비용이 저렴하고 청취자별 세분화가 가능한 장점이 있다. 반면 소비자의 관심을 유도하기엔 TV보다 어렵다.

인터넷 매체는 혁신적 기술로 급격하게 발전하고 있다. 미디어 재편성은 스포츠 소비자에게 새로운 기회를 부여하고 있다. 직접 현장에 가지 않더라도 원하는 장소에서 실시간으로 경기관람을 할 수 있게 됐다. 쌍방향 의사소통으로 자신이 원하는 콘텐츠만을 골라서 소비할 수 있다. 이러한 특성은 소비자들로 하여금 기업의 **투명성**과 **진정성**을 중요한 이슈로 여기게 했다. 하지만 왜곡된 가짜뉴스Fake News의 위험성은 더욱 커졌기 때문에 이를 어떻게 걸러내고 대응해야 하는지를 고민해야 한다. 또한 스포츠 경기의 뒷이야기, 알려지지 않았던 선수의 사회봉사활동 등 추가적인 내용을 방영하고자 인터넷 매체를 적극 활용하며 텔레비전 편성의 한계를 극복하고 있다.

에이전트 M이 가장 우려하는 부분이 바로 그 부분이다. 서비스 즉시성으로 인해 누리소통망서비스SNS를 통해 급속히 퍼지는 정보가 사라지고 다른 정보로 대체되는 듯이 보이지만, 악의적 정보는 사라지지 않고 계속 남아있다는 것을 잘 알고 있다. 선수 A의 지루함, 선수 B의 말실수란 이미지가 덧붙여진다면 사람의 뇌리에서 좀처럼 잘 지워지지 않게 되는 것이다.

본서에 계속 강조하겠지만 에이전트 입장에선 '**문서화**' 작업에 대한 직무능력을 키워야 한다. 구두口頭로 전달하는 메시지는 한계가 있다. 공식적인 문서화 작업을 통

해 **공신력**公信力을 확보해야 한다. 즉, 미디어의 종류와 특성에 따라 선수별 대응전략을
정리해야 한다. **인쇄매체, 영상매체, 인터넷매체**가 갖는 특성은 다르다. 각 매체에 관리
하고 있는 선수를 대입해보면서 전략 수립의 실마리를 찾을 수 있을 것이다.

라디오   TV   SNS

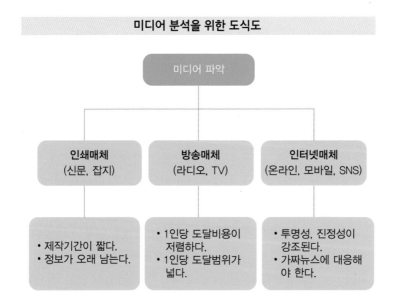

미디어 분석을 위한 도식도

3. 미디어를 통해 정보를 수집하고 전략을 수립하자

스포츠와 미디어의 관계는 서로 간에 미치는 영향을 보면 알 수 있다. 현대 스포츠의 가장 큰 특징은 미디어를 통해 스포츠를 관전하고 있다는 사실이다. 즉 '하는 스포츠'에서 '보는 스포츠'로 바뀌었다. 과거엔 좋아하는 선수와 품질 높은 경기를 보기 위해선 직접 경기장을 찾아야 했다. 하지만 오늘날 미디어는 스포츠 콘텐츠와 수많은 이슈를 끊임없이 제공한다. 손 안에 쥐게 된 스마트 혁명을 통해 스포츠와 미디어와의 관계는 더욱 긴밀해질 것이 분명하다.

미디어가 스포츠에 미치는 영향을 이해하기 위해선 미디어 주도권을 누가 쥐고 있느냐를 살펴보면 알 수 있다. 미디어 주도권을 갖고 있는 권력자는 시청자인 바로 우리인 것 같지만, 실상은 **광고주**다. 그들이 원하는 경기 스케줄과 스포츠 규정을 바꾸려는 시도는 비일비재한 사안이 됐다.

미식축구에서 '2분 경고2 Minute Warning' 규정은 광고주를 위한 제도다. 미디어 주권자인 광고주기업를 위해서 **광고시장**을 조금이라도 더 넓히려는 노력을 한다. 치열한 시합이 진행되는 와중에 시합을 2분간 중지시키면서까지 말이다. 이 외에도 미디어는 스포츠를 상업화하고 대중화하는 데 큰 역할을 했다. 또한 스포츠의 과학화를 통해 경기력을 향상시키는 데도 기여했다.

역으로 스포츠가 미디어에 미치는 대표적인 영향은 **광고수익**을 증대시켰다. 첨단 기술을 도입하는 데 결정적인 역할을 한 콘텐츠가 스포츠다. 보도기술이 발전되고 텔레비전 방송 중계권 가격이 상승하게 돼 현대 스포츠에서 매우 중요한 수익구조를 형성하게 했다. 스포츠 마케팅에서 내재한 핵심은 바로 '**선수**'이다. 즉, 선수는 광고시장에서 매우 중요한 존재로서 부각할 수 있다.

M은 미디어에 노출된 선수 관련 키워드를 이해하기 위한 노력을 하고 있다. 단순히 미디어를 통한 정보를 수집하는 역할로서 그친다면 에이전트로서 큰 역량을 발휘하기 어렵다고 판단했기 때문이다.

즉, 정보를 수집하고 본인이 관리하는 선수에게 도움을 줄 수 있는 전략을 찾기 위해선 종합적인 분석능력을 배양해야 했다. 이 노력은 단편적인 것이 아니라 지속적인 것이다. 끊임없이 변화하는 미디어 환경을 정확히 간파하고 적응해야 하는 부분이다. 물론 선수마다 적용해야 할 전략은 공통적인 부분과 차별적인 부분으로 구분될 것이다. 이를 위해선 미디어와의 관계설정을 위해 정보 수집 계획을 수립해야 한다. 순서를 보면 다음과 같다.

첫째, **미디어 종류**에 따라 정보 수집 계획을 수립한다. 미디어 종류는 ① 인쇄매체신문, 잡지, ② 방송 매체라디오, TV, ③ 인터넷 매체온라인, 모바일, SNS이다.

둘째, **미디어 특성**에 따라 정보 수집 계획을 수립한다. 미디어 특성은 ① 공공성, ② 역동성, ③ 일시성, ④ 동질성, ⑤ 대량성, ⑥ 익명성, ⑦ 일방성이 있다.

셋째, 종합하여 **문서화**한다.

넷째, **전략**을 수립한다.

다섯째, 수립된 전략을 **문서화**한다.

마지막으로 **전략자료**를 보관한다.

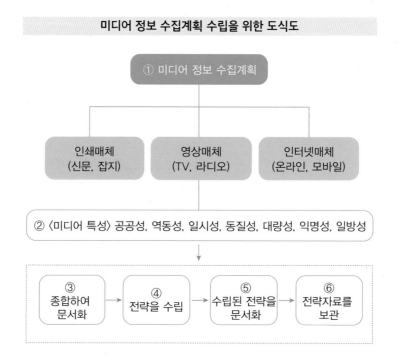

미디어 정보 수집계획 수립을 위한 도식도

CHAPTER 02 미디어 교육을 받게 하자

1. 미디어를 선별하고 정보를 해석하자

스포츠 스타의 이미지는 **전문성**Expertise, **신뢰성**Trustworthiness, **매력성**Attractiveness 으로 구분한다Ohanian, 1990.

전문성은 선수 경기력의 원천으로 지식, 능력, 기술 등을 의미한다. **신뢰성**은 선수 와 팬과의 관계를 유지하는 중요한 요인이다. **매력성**은 선수만이 갖는 특성으로 팬이 느끼는 자기만족Self-satisfaction과 관련한 요인이다. 이 세 가지 요인은 스포츠 스타의 광고모델 속성으로 작용할 수 있다. 즉, 제품의 이미지와 일치해야 가장 큰 광고효과 가 있다는 것이다.

스포츠 스타의 이미지는 반드시 경기력만 출중해서 이뤄질 수 없다. 올림픽 메달 리스트는 유명한 선수는 될 수 있어도 대중성을 겸비한 스포츠 스타가 된다는 보장은 없다. 대중성을 확산하는 데 결정적인 역할을 하는 메커니즘은 바로 미디어라 할 수 있다. 미디어를 통한 선수 이미지 보급으로 평범한 선수가 스타가 되고, 유명한 선수 가 하루아침에 구설수에 오르게 하는 핵심 구조로 작용한다.

스포츠 에이전트 M은 선수 A, 선수 B와 선수 C의 이미지 관리를 위한 미디어 선 정에 심혈을 기울이고 있다. 앞서 언급한 것처럼 M은 선수 A의 지루함, 선수 B의 말실 수에 대해 항상 신경을 쓰고 있다. 더불어 선수 C는 전문가처럼 말을 잘 하는 타입이어 서 큰 걱정은 안하지만, 소소한 부상을 달고 다녀 선수병동이란 수식어가 붙어 있다.

M은 선수 모두가 동일한 미디어를 통해 이미지 관리를 해야 한다고 생각하지 않 는다. 선수별로 다른 미디어를 원한다. 효과적으로 선수 이미지를 관리하기 위해선 선 수 이미지에 맞는 홍보 수단을 사용해야 하기 때문이다.

여기서 광고와 홍보의 차이를 명확히 이해할 필요가 있다. **광고**는 대가를 지불하 고 방송, 인쇄물 등의 매체Media를 통해 정보를 전달하는 수단이다. 짧은 시간 안에 많 은 소비자에게 전달될 수 있어 커뮤니케이션이 강한 장점이 있지만, 비용이 비싸다. **홍**

보는 광고와 비슷하지만 비용을 지불하지 않거나 저렴하다. 반면 다양한 매체를 활용해서 폭넓은 관심을 유발하게 하는 별도의 노력과 관심으로 경쟁이 심화될 수도 있다.

광고는 10장에서 언급할 선수광고 관심기업을 발굴하고, 협상하는 과정에서 매우 중요한 촉진Promotion 수단이다. 즉, 기업의 상품광고로 기업제품과 서비스뿐만 아니라 선수 이미지를 향상시킬 수 있는 효과가 있다. 또한 특정 선수에 대해 비용을 지불하는 광고를 통해서라도 선수 이미지를 높일만한 가치가 있다면 에이전시회사 차원에서 고려할 수도 있다.

에이전트 M은 인쇄매체를 통해 선수 A의 훈련 과정을 심층적으로 다룰 예정이다. 비록 대화 혹은 인터뷰 도중 지루함으로 비춰질 수 있는 약점도 있으나, 선수 A의 최대 장점인 성실함을 부각하기 위함이다.

경기력 향상을 위해 노력하는 선수 A의 모습을 소개하는 내용과 고등학교 때 선수 A를 지도했던 코치를 섭외해서 인터뷰 내용을 병행하고자 한다. 프로 무대에 막 진입한 선수를 알리기 위해 큰 비용을 들이지 않고, 기획 보도자료 형식으로 정보를 남기는 전략이다. 물론 인터넷 매체와 병행해서 정보가 확산되는 효과를 기대할 것이다.

반면 홍보는 M이 관리하고 있는 선수들에게 항상 필요한 촉진수단이다. 돈을 거의 들이지 않거나 저렴하게 선수 이미지 관리를 할 수 있어 많이 애용한다. 선수 B, 선수 D, 선수 E는 누리소통망서비스SNS를 통해 자신들의 소소한 일상을 올리는 것을 좋아한다.

이런 측면에서 에이전트 M은 적극적으로 누리소통망서비스SNS를 통한 홍보 전략을 세울 계획이다. M은 선수 B의 말실수가 연장돼 소셜 미디어를 통해 구설수에 오를 수도 있는 글쓰기를 자제시킬 생각이다. 무조건 통제만을 할 수 없지만 선수를 대상으로 한 미디어 관계 교육이 필요한 부분이다. 또한 유명세를 타는 선수이므로 정제된 내용만 게시하게끔 유도할 계획이다.

M은 선수 D의 우직하고 평소 선행하기를 좋아하는 이미지를 살릴 계획이다. 특히 선수 자발적으로 했던 활동과 회사차원에서 계획적으로 실행하고자 하는 사회공헌 활동에 초점을 맞추고자 한다. 즉, 선수 D의 활동에 대한 메시지의 차별화와 독창성을 잘 살리고 대중들에게 강한 인식을 남길 수 있는 구체적인 전략이 필요한 사안이다.

선수 E는 계약 6개월 차의 신입이지만 세련된 이미지와 수려한 외모로 팬 층이 이미 형성돼 있다. M은 선수 E의 퍼블리시티Publicity에 적합한 이미지를 구축할 생각이다.

퍼블리시티권Right of Publicity은 일반적으로 성명, 초상 등이 갖는 경제적 가치를 상업적으로 사용하는 것에 대해 통제하거나 배타적으로 지배하는 권리를 뜻한다. 이는 11장에서 자세히 언급할 것이다. 에이전트 M은 선수 E에 대한 소위 '이름값'을 타인이 함부로 사용하지 못하도록 체계적인 관리 전략을 세울 것이다.

이러한 경우 공중公衆의 신뢰도가 높은 미디어를 추가로 선정하여 메시지를 정확히 전달할 필요도 있다. 비용을 들여 인쇄매체와 방송매체의 특집기사 형식으로 적극적이면서 예방적 차원의 메시지 전달이 요구된다.

M은 대학야구 출신 선수 F가 평소 즐기던 누리소통망서비스SNS를 활용해보라고 조언하고자 한다. 매체 인터뷰를 통해 자존감이 낮아진 모습이 비춰질 수 있어 직접적 노출을 자제시키고 있지만, 자신감 회복 차원에서도 간접적으로 자신을 알릴 수 있는 방안을 병행하고자 하는 것이다. 한국 대학야구 선수의 진로 문제를 공감하게 하고, 대안으로 중국 진출을 모색하는 과정을 전달하는 방식이다. 중국어 배우기, 중국 아이들과 즐길 수 있는 야구 가르치기 등과 엮어 일상을 담을 계획이다. M은 국내 프로리그 진출에서 좌절된 대학야구 선수들과의 공감을 통해 비즈니스의 확장을 기대할 수 있다고 판단했다.

각각의 선수와 미디어 간의 관계설정에 필요한 매체Media를 선정했다면 다양한 정보를 해석해야 한다. 물론 다음 챕터에 다룰 선수에게 미디어를 통해 대중과 소통하는 방법, 누리소통망서비스SNS의 편리함과 위험성 등에 대한 교육을 병행해야 한다.

미디어 정보를 해석하는 순서는 다음과 같다.

첫째, 선수 이미지 관리를 위해 미디어에 노출된 **선수의 말과 행동을 해석**한다. 에이전트 M의 계획대로 선수 D가 좋은 뜻으로 사회공헌활동을 한다고 해도 가식적인 태도가 언론에 노출됐다면 바로 잡기 위한 노력을 해야 한다. 즉, 선수의 말과 행동이 플러스 요인인지 혹은 마이너스 요인인지를 평가할 수 있는 표를 작성해야 한다. 성공적인 스포츠 에이전트의 기본자세는 바로 **문서화 작업환경**에 익숙해야 한다.

둘째, 선수 이미지 관리를 위해 미디어에 노출된 **선수의 성적을 해석**한다. 성적이라 하면 선수별 미디어 노출 횟수, 긍정적 혹은 부정적인 평가에 대한 구분 등 다양한 변수를 활용해 분류·정리할 수 있어야 한다.

셋째, 선수 이미지 관리를 위해 **언론사별 기사화 실적 평가**를 구체화한다. 선수 이미지 관련 보도 자료 기사화 건수, 대중에게 알려진 선수에 대한 뉴스, 선수 이미지 관련 기사의 성격과 규모 등을 평가할 수 있어야 한다. 특히 선수 이미지에 타격을 줄 수 있는 위해성 기사화 건수를 분류·정리해야 한다.

넷째, 선수 언론 홍보 활동에 대한 **종합 평가지를 작성**한다. 미디어에 노출된 선수의 언행, 성적, 기사 반영률, 위해성 기사 등을 종합·분석하여 정리한다. 이는 언론 대응에 관한 선수 교육에 기초자료가 될 수 있다.

또한 **피드백**Feedback을 통한 개선점을 찾는 노력은 추후에 다른 선수 이미지 관리 계획에 반영할 수 있는 중요한 데이터가 될 수 있다. 지속적으로 언급하지만 **문서화** 작업에 충실해야 한다. 이러한 과정은 속도를 더해 시간을 매우 효율적으로 활용하면서 많은 선수들을 관리할 수 있게 하는 직무능력과 연관된다.

여기서 잠깐! / 언론관계의 중요성에 대한 에이전트의 관점 ★

■ **이동준 - 박항서 감독의 에이전트**

'스포츠 비즈니스는 **콘텐츠 사업**이다. 매체 중심이 신문에서 스마트폰으로 넘어갔다. 사람들은 항상 스포츠와 연예계 소식을 접하고 산다. 미디어와 디바이스가 핵심인 시대다. K-POP 한류에 따른 한국의 브랜드와 이미지는 박항서 감독처럼 **스토리**와 **콘텐츠**와 합쳐지면서 새로운 문화상품이 된다.'

→ 에이전트는 선수나 감독의 계약을 대리하는 것에 그치지 않고, **확장성**을 의식하여 큰 그림을 그리고 이해하는 역량을 키워야 함

→ 선수의 언론노출 빈도는 자신만이 갖는 **스토리**를 어떻게 매력적으로 전달하느냐의 문제와도 연관돼 있음

■ **레이 스타인버그 - 헐리웃 영화 제리 맥과이어(톰 크루즈 역)의 실제 주인공이었던 에이전트**

'미식축구 쿼터백인 스포츠 스타 스티브 바트코우스키와 친분을 쌓고, 스타인버그가 25살 때 공식적으로 에이전트 계약을 맺었다. 선수들을 위한 우수한 협상 외에도 선수들에게 수입의 일부를 고등학교, 대학교에 기부할 것으로 제안하며 초창기 정직한 에이전트로 평판을 구축하였다. 이후 알코올 중독, 음주운전 등에 따른 구설수로 옛 명성에 미치지 못하지만 2013년 NFL 에이전트로 재등록했다.'

→ 선수에게 **기부문화**의 취지를 전달하고, 언론관계를 통해 긍정적 이미지를 구축하는 것은 선수의 외적활동에서 매우 중요함

→ 에이전트도 선수와 마찬가지로 명성을 얻고 난 후, **평판관리**에 신경을 써야 함

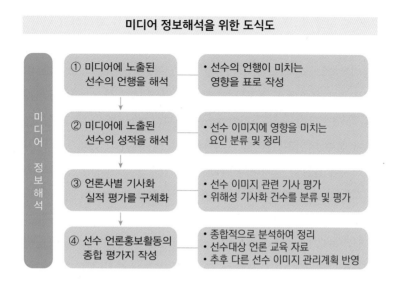

미디어 정보해석을 위한 도식도

미디어 정보해석		
	① 미디어에 노출된 선수의 언행을 해석	• 선수의 언행이 미치는 영향을 표로 작성
	② 미디어에 노출된 선수의 성적을 해석	• 선수 이미지에 영향을 미치는 요인 분류 및 정리
	③ 언론사별 기사화 실적 평가를 구체화	• 선수 이미지 관련 기사 평가 • 위해성 기사화 건수를 분류 및 평가
	④ 선수 언론홍보활동의 종합 평가지 작성	• 종합적으로 분석하여 정리 • 선수대상 언론 교육 자료 • 추후 다른 선수 이미지 관리계획 반영

2. 선수를 대상으로 미디어 교육을 실시하자

체계적인 **선수 대상 미디어 교육**은 미디어 관계 관리에서 핵심이라 할 수 있다. 아무리 스포츠 에이전트개인 혹은 에이전시조직 차원에서 관리를 잘 한다고 해도 선수로부터 유발된 큰 실수가 미디어로 전파된다면 막을 길이 없다. 최근 누리소통망서비스SNS를 통해 급속히 확산되는 뉴스가 사실 관계를 따지기 이전에 흥미유발을 전제로 위력을 발휘하는 것을 자주 목격하고 있다.

선수의 이미지와 평판 등을 전략적으로 관리하기 위해선 네트워크를 잘 파악하고 친밀한 관계를 유지해야 한다. 스포츠 에이전트 M은 평소 잘 알고 있던 기자가 다른 부서를 이동하게 돼 안타까워하고 있다. 선수에 대해 우호적인 기사를 잘 써준 우군友軍이었기 때문에 더욱 그렇다. 이와 같은 미디어 관계 환경의 변화를 염두에 두어 에이전트는 항상 출입 기자와의 돈독한 관계를 지속적으로 유지하기 위한 노력을 해야 한다.

평소 사이가 좋거나 혹은 안 좋은 기자와의 관계가 단절됐다고 해서 M이 관리하는 선수들의 이미지 확산이 중단되는 것은 아니다. 기자 사이의 구전口傳에 따라 내용이 얼마든지 전달될 수 있기 때문에 알고 지냈던 기자와의 관계를 잘 유지해야 한다.

M은 기자의 성향 및 호감에 따른 대상으로 네트워크를 관리하고 있다. 게이트 키퍼Gate Keeper는 뉴스나 정보의 유출을 통제하는 사람을 말한다. M은 언론과의 유대강화를 위해 게이트 키퍼의 역할을 이해하려 하고, 좋은 정보를 주고 좋은 평가를 받는 **친분 관계**Give & Take 유지에 노력한다. 출입 기자와의 관계 형성을 위해 기자단의 세미나 등 정기적 행사에 관심을 갖고 참여하기도 한다.

이와 같이 선수 이미지 관리를 위한 네트워크가 구축이 됐다면 전략적으로 선수 홍보를 위해 **미디어 일정**을 설계해야 한다. M이 선수 A, B, C, D, E, F의 홍보 전략을 짜기 위해 선택한 미디어 해당 기자와의 충분한 **교감**이 필요하다. 홍보 전략이 선수마다 다르기 때문에 보도의 필요성과 게재 시점이 상이할 것이다.

기자는 선수별로 기사화 여부를 검토하고, 직접 취재한 기사를 검토하는 과정이 필요하기 때문에 많은 시간이 요구된다. 즉, M은 호감에 따른 대상으로 선별된 기자와의 사전 협의내용과 충분한 **시간적 조건**을 충족시키는 역할을 해야 한다. 바쁜 일정을 소화하는 기자가 알아서 특정 선수에 대한 **홍보성 기사**를 내는 여력이 크지 않기 때문이다.

또한 M은 인쇄매체 일정, 방송매체 일정, 인터넷 매체 일정 등을 사전 기획에 따라 하나씩 적용시켜야 한다. **인쇄매체**는 기자 미팅과 설득, 기사 검토 및 작성, 데스크 통과 등 최소한의 시간을 필요로 한다. **방송매체**에선 인쇄매체보다 더 많은 시간과 준비가 필요하다. **인터넷 매체**는 속보성 뉴스를 주로 다루기 때문에 취재 후 곧바로 기사화된다. 빠른 전파의 속성과 오류에 따른 위험성의 속성이 상존함을 인지해야 한다.

M은 어느 날 본인이 할 수 있는 미디어 선별, 정보 파악, 네트워크 구축 등의 조건을 어느 정도 충족됐다고 판단을 했다. 그는 선수 A, B, C, D, E, F를 대상으로 본격적인 **미디어 교육**을 실시하고자 계획하고 있다.

우선 에이전트와 선수 간의 **미션**Mission과 **비전**Vision을 공유하고자 한다. 모든 교육의 시작은 교육자와 피교육자 간의 공통된 개념과 목표 의식이 기본이다. 미션이란 조직의 **현재적 가치**로서 존재 목적과 기본 철학을 제시하는 개념이다. 비전이란 조직의 **미래적 가치**로서 앞으로 달성하고자 하는 모습이다.

에이전트와 선수와의 작은 테두리는 하나의 조직이다. 개별적 소小조직을 묶어 대규모 스포츠 조직인 **에이전시**가 된다. 즉, 미션은 선수 이미지와 평판을 좋게 하기 위해 사전 교육과 대응 전략을 짜면서 실행하는 사명이다. 비전은 **긍정적 선수 평판**을 유지하는 국내 최고의 에이전트와 소속 선수가 되고자 하는 목표라 할 수 있다.

이를 위한 수행방법은 다음과 같다. 크게 언론 **인터뷰 교육, 기자 간담회 교육, 소셜 미디어 대응 교육**으로 구분할 수 있다.

첫째, **선수를 대상**으로 기자와의 관계를 어떻게 관리하고, 미디어별로 **인터뷰 방법**은 어떻게 하는지를 교육한다. 이를 위해 우선 선수가 기자에 대한 신뢰가 있다는 의지를 보여주는 방법에 대해 교육한다.

인터뷰 자세로서 몇 가지 제시하면 다음과 같다. 우선 기자의 질문에 대해 답변을 할 때 기자의 눈을 조금 미소 띤 표정으로 응시하는 것이 좋다. 허공과 바닥으로 시선을 피하거나 카메라를 직접 보는 행위는 피해야 한다. 질문을 던진 기자를 바라보며 차분하게 답을 하면 기자 입장에선 인터뷰하기에 편안한 선수라는 인식을 갖게 된다. 이런 식의 인터뷰가 반복하면 신뢰가 쌓이고 객관적 보도로 이어질 수 있다. 물론 인터뷰 내용에는 진실성이 담보돼야 한다.

선수 인터뷰

기자는 선수에게 답변하기 곤란한 어려운 질문을 던질 수 있다. 이러한 경우 노코멘트No Comment를 할 수 있다. 하지만 어떠한 언급 없이 입을 다물거나 인상을 쓰면 곤란하다. 자연스럽게 답을 회피하거나 재치 있게 다음 질문으로 넘기는 요령이 필요하다. 또는 이 인터뷰에선 답을 드리는 것이 적절하지 못하다는 표현으로 정중하게 거절할 수 있어야 한다.

선수가 말을 많이 하다 보면 기록에 남기지 않는 비공식 발언 즉, 오프더레코드 Off-the-record 용어를 난무亂舞할 수 있다. 가급적 삼가도록 교육해야 한다. 선수는 개인적 차원에서 활동하는 것이 아니고, 소속 구단 및 에이전시의 **공식적 구성원**이란 사실을 항상 상기시켜야 한다.

다시 말해 **언론 인터뷰 대응 교육**은 간결하고 정확한 메시지만을 전달하게 해야 한다. 오해를 불러일으킬 수 있는 발언은 사전에 차단해야 한다. 이를 위해선 인터뷰 목적에 부합하는 한 가지 주제에 집중하고, 정확하고 인상적인 의사전달을 할 수 있도록 교육해야 한다.

여기서 잠깐! ┃▷ / 선수 인터뷰 교육의 중요성에 대한 에이전트의 관점 ★

■ **김양희 - 농구선수 출신의 에이전트**

'선수에게 인터뷰의 중요성을 강조한다. 일종의 **선수 가치**를 높일 수 있는 마케팅 수단이다. 자만하거나 기자들을 무시하는 태도는 안 된다. 조금 유명해졌다고 팬들의 사인 요청과 사진 찍히는 것을 귀찮아해서도 안 된다.'

→ 인터뷰는 직접적으로 **선수 이미지**를 보여줄 수 있는 마케팅 영역임
→ 선수의 일관된 태도와 남을 **배려**하는 이미지가 매우 중요함

■ **이예랑 - 박병호, 강정호, 김현수 미국행을 담당한 에이전트**

'선수 **사생활 보호**가 우선이다. 방송 출연이나 인터뷰도 운동에 방해된다고 판단되면 응하지 않는다. 선수는 에이전트를 믿고 말을 하고 행동한다. 실수가 있더라도 에이전트가 욕을 먹으면 된다는 심정으로 일을 한다.'

→ 선수에게는 **운동**에만 집중할 수 있게 해야 함
→ 선수를 둘러싼 여러 가지 변수에 휘둘리지 않도록 **보호**를 해야 함

■ **드류 로젠하우스 - 미식축구 선수 테렐 오웬스의 에이전트**

'테렐 오웬스의 징계처분에 대한 기자 질문에 **답변**을 계속 회피하고, 다음 질문(Next Question?)이란 답변으로 일관하였다. 이 사례는 에이전트가 선수를 위해 최선을 다하지 않은 최악의 사례로 인식하고 있다.'

→ 에이전트가 선수대상의 인터뷰 교육도 중요하지만, 에이전트 자신도 **인터뷰**에 신경을 써야 함

→ **이미지** 하락은 선수와 에이전트 동반으로 하락할 수 있음

→ 실제로 에이전트 산업에 대한 인식 중에 '금전적 이익을 위해서라면 기꺼이 윤리와 동료들을 저버릴 사람들로 구성된 산업(Shropshire et al., 2016)'이라는 부정적 견해도 강함

둘째, **기자 간담회 방법**을 교육한다. 기자 간담회는 일반 인터뷰와 다르다. 우선 간담회 내용이 기사화되지 않는 것이 원칙이다. 즉, 선수와 기자들 사이의 교류와 이해를 높이는 것이 주요 목적이므로 특정 주제 없이 자유롭게 의견을 교환하는 장소라 할 수 있다.

평소 선수의 관심사, 가치관 등 폭넓은 테마를 다룰 수 있기 때문에 대비를 해야 한다. 선수의 **평판**과 **이미지**는 기본적으로 **경기력**과 관련돼 있다. 경기력을 끌어올리기 위한 노력, 성실성 등을 보여주는 것이 중요하다. **전문성, 신뢰성** 외에도 선수만의 **매력성**을 전달할 수 있는 요인을 찾아야 한다.

기자 간담회

셋째, **소셜 미디어 대응방법**을 교육한다. 선수의 일상과 사회공헌활동을 전달하는 수단으로서 소셜 미디어를 활용하는 것은 좋다. 하지만 갈등, 오해 등과 같은 부정적 이슈까지 게재되는 것은 고려해야 한다. 또한 팬을 가장해서 올리는 댓글 등에 즉각적인 반응을 자제하게 해야 한다.

　　선수층이 대체로 젊기 때문에 자신 혹은 주변 사람을 비난하면 감정을 곧바로 전달하기 쉽다. 이럴 경우 개인적 대응은 삼가고, 에이전시^{회사} 차원에서 대응하는 전략이 효과적이라는 사실을 서로 공감해야 할 것이다.

　　에이전트는 선수와 대언론 관계에서 언론대응의 **일원화 원칙**을 선수와 공유해야 한다. 다시 말해 선수에 관한 메시지는 신중하고 일관되게 나아야 한다. 어떤 일이 일어나도 즉각 대응하지 않도록 하고, 언론에 어떻게 대응할지 방침을 세우고 행동하게 해야 한다. 에이전트는 항상 선수의 대변자 역할을 해야 한다.

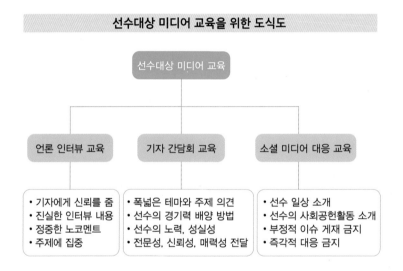

선수대상 미디어 교육을 위한 도식도

CHAPTER 03 미디어와의 관계를 잘 맺자

1. 선수 홍보환경을 분석하고 정보를 교류하자

선수의 홍보 전략을 수립하기 위해선 **환경 분석**을 해야 한다. 대표적인 환경 분석 방법으로 스왓SWOT 분석이 있다. SWOT 분석은 내부의 **강점**Strength과 **약점**Weakness이 있고, 외부의 **기회**Opportunity와 **위협**Threat으로 분류한다.

우선 국내 **스포츠 마케팅 시장**에 대한 SWOT 분석을 해 보자. 국내 스포츠 산업용품·시설·서비스 시장은 이미 78조 670억 원2018년 기준을 넘는 규모다. 정부2019년 1월 발표는 '제3차 스포츠 산업 중장기 발전계획2019~2023'을 통해 마지막 해에는 95조 원까지 성장시키기 위한 노력을 했다. 비록 뜻하지 않았던 코로나19로 인해 예상치를 밑돌지만 **스포츠 산업은 지속적인 성장**을 할 것이다. 스포츠 산업 내에서 이뤄지는 마케팅 관련 매출 규모는 나날이 성장하고 있다. 이 시점에서 국내 스포츠 마케팅의 SWOT 분석에 대해 몇 가지 제시하면 다음과 같다.

첫째, 국내 스포츠 마케팅 시장에 영향을 미칠 수 있는 **내부로부터의 강점**은 다음과 같다.
① 스포츠는 **광고효과**가 크다.
② 스포츠는 다른 홍보수단에 비해 **대중적**이다.
둘째, 국내 스포츠 마케팅 시장에 영향을 미칠 수 있는 **내부로부터의 약점**은 다음과 같다.
① 불황기 등 악재가 겹쳐 소비자 지출이 줄어들 수 있다.
② 메르스, 코로나19 등 신종바이러스 출현으로 경기장에 가려고 하지 않을 수 있다.

셋째, 국내 스포츠 마케팅 시장에 영향을 미칠 수 있는 **외부로부터의 기회요인**은 다음과 같다.

① 여가문화의 확산, 주 5일 근무 정착은 좋은 기회다.

② 스포츠 활동 인구가 꾸준히 늘어나는 현상은 좋은 기회다.

넷째, 국내 스포츠 마케팅 시장에 영향을 미칠 수 있는 **외부로부디의 위협요인**은 다음과 같다.

① 세계 프로 스포츠 시장에 국내 소비자의 관심이 높아지고 있다.

② 글로벌 스포츠 마케팅 시장이 치열해지고 있다.

스포츠 에이전트 M은 큰 그림에서 환경 분석을 이해한 후, 자신이 관리하는 선수들이 처해있는 환경^{내부·외부}을 객관적인 관점으로 파악하고자 한다. M이 관리하는 선수들에 대해 홍보 전략을 적용한다고 해서 과연 효과를 볼 수 있을까? 선수들이 갖고 있는 장점과 외부의 기회를 잘 활용할 수 있을까? 약점을 보완하고 기회를 활용할 수 있을까? 위협을 회피하고 장점을 극대화할 수 있을까? 위협을 회피하고 약점을 최소화할 수 있을까? 등의 다양한 경우의 수를 상정하고 각각의 대응전략이 필요한 것이다.

에이전트는 **스포츠 선수 시장**^{Athlete Market}의 현황을 항상 예의주시하는 자세를 가져야 한다. 스포츠 마케팅이 존재하는 가장 큰 이유가 **선수**이기 때문이다. 선수를 둘러싼 내부 환경은 선수가 사용하거나 홍보하는 제품과 브랜드를 뜻한다. 이는 선수용품 협찬기업^{9장}, 선수광고 관심기업^{10장}과의 관계 속에서 이뤄지는 내부적 환경요인이다. 선수를 둘러싼 외부 환경은 용품을 협찬하거나 광고계약을 맺은 기업이 처한 환경을 의미한다.

선수 홍보환경을 SWOT 분석으로 하나씩 살펴보기로 하자.

첫째, 선수의 제품이나 브랜드에 대한 커뮤니케이션의 **강점**은 다음과 같다.

① 가격 경쟁력이 높다.

② 제품 경쟁력이 높다.

③ 브랜드 가치가 높다.

④ 긍정적인 기업 이미지가 높다.

⑤ 넓은 판매망으로 구입하기가 편리하다.

둘째, 선수의 제품이나 브랜드에 대한 커뮤니케이션의 **약점**은 다음과 같다.

① 가격 경쟁력이 낮다.

② 제품 경쟁력이 낮다.

③ 브랜드 가치가 낮다.

④ 긍정적인 기업 이미지가 낮다.

⑤ 지엽적인 판매망으로 구입하기가 불편하다.

셋째, 기업 환경과 관련된 커뮤니케이션의 **기회**는 다음과 같다.

① 변화와 혁신에 민감하고 잘 대처한다.

② 정부의 정책을 잘 이해하고 상황을 살핀다.

③ 시대 트렌드를 항상 분석하고 적용한다.

④ 선수를 활용한 홍보효과에 대해 관심이 높다.

⑤ 기업과 에이전시 간에 교류가 잘 된다.

넷째, 기업 환경과 관련된 커뮤니케이션의 **위협**은 다음과 같다.

① 관료적인 조직 분위기다.

② 대중들로부터 기업제품과 서비스에 대한 관심도가 낮다.

③ 선수의 신뢰도가 하락하는 경우가 발생한다.

④ 불경기 등으로 소비심리가 위축돼 기업의 홍보비 지출을 줄인다.

⑤ 소비자 단체의 기업 민원사례가 증가한다.

표5.1 **SWOT 분석을 통한 마케팅 전략**

내부 〳 외부	기회(Opportunity)	위협(Threat)
강점 (Strength)	S - O전략: 공격전략 • 기회와 강점을 적극 활용하라	S - T전략: 다각화 전략 • 위협을 회피하고 강점을 활용하라
약점 (Weakness)	W - O전략: 안정전략 • 약점을 극복하고 기회를 활용하라	W - T전략: 방어전략 • 위협을 회피하고 약점을 최소화하라

스포츠 에이전트 M은 효과적으로 **미디어와의 정보 교류**를 위해 홍보 환경을 분석했다. 홍보 전략 수립의 첫 단계로 중요하다. M이 관리하고 있는 선수들에게 유용할 정보를 미디어에 제공하기 위해 미디어 활용과 관리방법을 이해하고자 한다.

수행 순서는 다음과 같다.

첫째, 선수의 홍보 목적을 세워야 한다. 왜 선수 홍보를 하는지? 선수 A, B, C, D, E, F의 홍보 목적은 각각 무엇인지? M은 선수별 홍보 목적을 정리했다.

① 선수 A의 홍보 목적은 6개월 이내에 연간 3천만 원 상당의 용품을 협찬해 줄 수 있는 기업을 찾는 것이다.

② 선수 B의 홍보 목적은 1년 이내에 1개 기업의 상품 광고를 찍는 것이다.

③ 선수 C의 홍보 목적은 다른 팀으로의 이적을 2년 이내에 마무리하는 것이다.

④ 선수 D의 홍보 목적은 1년 후에 있을 연봉 협상에서 최소 30% 인상을 하는 것이다.

⑤ 선수 E의 홍보 목적은 2백 명 규모의 팬클럽 모임을 정례화하는 것이다.

⑥ 선수 F의 홍보 목적은 1년 이내에 중국 프로리그 진출을 위한 공중관계PR, Public Relations에 치중하는 것이다.

목표는 구체적으로 **수치화**하는 것이 중요하다. **기간, 협상내용, 계약내용, 인상률** 등 에이전트와 선수 간의 확실한 목표의식의 수행의지를 공유해야 한다.

둘째, 선수의 홍보 목적에 맞는 **미디어를 파악**해야 한다. M은 앞서 미디어인쇄, 방송, 인터넷를 분류하고 특성을 파악했다. 이어 선수 홍보 목적과 취지에 맞게 잘 운용된 매체선정 사례를 찾아야 한다. 반면 선수 홍보와는 무관하게 효과를 보지 못했던 사례를 찾고 비교 분석을 할 필요가 있다. 물론 홍보환경 분석으로 선수가 갖는 강점과 약점, 외부의 기회와 위협요인에 관한 충분한 데이터를 정리한 후, 미디어 정보를 교류할 홍보 수단을 찾는 것이다.

셋째, 선수에게 맞는 **미디어를 선정**한다. 미디어인쇄, 방송, 인터넷를 선정할 때 몇 가지 사항을 고려해야 한다. M이 관리하는 선수들 개개인의 홍보목적을 충실히 수행할 수 있는 미디어인지? 기업 이미지 전략을 고려하여 미디어를 선정했는지? 법적인 문제를 고려하여 미디어를 선정했는지? 이러한 과정을 통해 본격적인 미디어와의 관계 설정을 위한 환경을 만드는 데 주력해야 한다.

2. 선수홍보 미디어와의 통합적 관계를 맺자

스포츠 에이전트 M은 선수의 긍정적인 활동을 대중에게 전달하기 위해선 언론이 필수라는 사실을 잘 알고 있다. 언론사의 주요 기능은 보도 기능으로 보도의 주권을 가진 사람은 기자다. 홍보를 잘 하기 위해선 복잡한 미디어를 구분하고, 특징을 이해해야 원하는 방식대로 언론사를 선택하고 활용할 수 있다.

M이 출입 기자와의 관계를 돈독히 하는 이유는 기자를 통하지 않고 **뉴스 보도**가 이뤄지지 않는다는 사실을 잘 알기 때문이다. 평소 프로 스포츠계의 좋은 정보를 기자에게 주고, M이 관리하는 선수에게 유익한 정보를 받는다. 서로 교감이 있어야 가능한 일이다.

M이 틈날 때마다 하는 작업은 **언론사별, 기자별 리스트**를 작성하는 일이다. 리스트 작성방법은 '가, 나, 다' 순이거나 혹은 알게 된 시점부터 본인의 노력과 노하우로 정리하면 된다. 또한 많은 사람들과 짧은 시간 내에 연결하다 보면 이름, 얼굴, 특성 등이 잘 매치가 안 되는 경우가 발생한다. 이럴 경우 선수에게 호의적인지, 다소 깐깐하게 기사를 쓰고자 하는지, 에이전시회사에 대한 구체적 내용을 보다 더 필요로 한다거나, 업계의 동향에 대해 특히 관심이 많은 부류인지 등에 대한 내용을 수시로 **업데이트** 할 필요가 있다.

좋은 관계를 유지하기 위해 아무리 노력해도 뜻하지 않게 부정적 기사가 보도된다고 해도 어쩔 도리가 없다. 그럼에도 불구하고 가급적 모든 미디어 기자들과의 왕래를 소홀히 하면 아니 된다. 물론 악의적 보도에는 즉각적으로 **대응하는 체계**강력한 유감표명, 사과요구, 법적 대응 보도 등가 있어야 한다. 항상 선수 입장에서 모든 일을 생각해야 하는 에이전트는 언론사와의 유대 관계는 매우 중요한 징치다. 선수가 위기에 빠졌을 때 도움을 줄 수 있는 언론사와 기자를 찾기 위해선 **미디어 네트워크 구축**을 충실히 해야 한다.

M은 리스트 작성 외에도 언론사의 조직개편, 출입기자 발령, 보고체계의 담당자 변경 등 시간 날 때마다 파악하고 재정리한다. 에이전시 내 홍보부서에서 알아서 하는 일이니까 신경을 쓰지 않아도 된다고 생각하면 오산이다. 해당부서는 회사의 홍보를 위해 각자의 직무가 있기 때문에 기초적 자료는 받아볼 수 있지만, 구체적으로 변동되는 자료는 알아서 챙겨야 한다.

미디어와 **통합적 관계설정**을 위한 수행순서는 다음과 같다.

첫째, 언론사별로 엑셀Excel에 **정리**한다. 언론사의 종류는 다음과 같다. ① 종합일간지, ② 경제지, ③ 스포츠지, ④ 방송사, ⑤ 통신사, ⑥ 인터넷지, ⑦ 전문지, ⑧ 외신, ⑨ 시사지, ⑩ 케이블 방송 등이 있다.

둘째, **출입기자 목록**을 엑셀Excel에 정리한다. 해당 언론사의 조직도를 별도로 정리하고, 소속 부서를 표기한다. 물론 언론사의 조직 개편도 염두에 두어야 한다.

셋째, 출입기자의 **성향, 느낌** 등을 간단하게 메모해 보자. 에이전트 M이 관리하는 선수 A, B, C, D, E, F 중 유달리 A에 대한 시선이 유독 부정적인 뉘앙스로 느낄 수 있고, 선수 C에 대해선 호의적일 수도 있다. 업계 동향을 살피면서 다른 에이전시 소속 선수의 정보를 찾을 수도 있다. 좋은 정보를 주고받는 '기브 앤 테이크Give & Take'가 중요한 이유다.

미디어 통합적 관계 설정 도식도

미디어 통합적 관계 설정

- 언론사별 리스트 정리
- 출입기자별 리스트 정리
- 출입기자별 성향 정리

〈예시〉

연번	언론	기자	소속	연락처(e-mail)	성향	비고
1	K○○	K○○	보도국		• 선수 C에 관심 많음	방송사
2	중○일보	이○○	편집국		• 선수 이적설 관심	종합일간지
3	일○스포츠	박○○			• 다소 부정적 기사 냈음	스포츠지
4	한○경제	문○○			• 선수 B 사생활 물음	경제지
5		송○○				
⋮						

야구지도

팬 사인회

PART

06

사회공헌활동을
전략적으로 하자

CHAPTER 01 사회공헌 프로그램을 계획하자

1. 사회공헌활동의 의미를 이해하자

선수를 보유한 프로 스포츠 구단, 에이전시와 같은 스포츠 조직은 **사회공헌활동**에 관심이 많다. 기업과 사회 상호 간의 이익을 추구하는 활동의 일환으로 사회공헌활동을 추진하고 있다. 법에 의해 규정된 행동이 아닌 **윤리적 가치**에 기반을 둔 자발적인 행동이다.

기업의 사회적 책임을 의미하는 **CSR**Corporate Social Responsibility로 지칭되기도 한다. 이윤만을 추구하는 기업 환경에서 벗어나 사회 구성원 누구나 공감할 수 있는 사회적, 윤리적 책임의식이 부각되고 있다. 기업 입장에선 중요한 마케팅 활동으로 긍정적인 이미지를 전달할 수 있는 효율적인 홍보 수단이다. 많은 학자들은 사회공헌활동을 **공익적 활동**Public Activities, **자선적 활동**Charitable Activities, **사회적 활동**Social Activities으로 구분하기도 한다.

최근에는 **ESG**Environment, Social, and Corporate Governance 경영이 화두로 떠올랐다. 환경, 사회 및 기업의 지배구조는 기업에 대한 투자 지속 가능성과 사회에 미치는 영향을 측정하는 핵심 요소가 됐다. 이와 같이 기업의 비즈니스 가치를 어디에 두느냐는 사회적 공감대 형성과 지지에 중요한 변수가 된 것이다.

스포츠 에이전트 M은 평소 선행하기를 좋아하는 선수 D의 사회공헌활동에 초점을 맞춰 **선수 이미지**를 높이고 있다. 선수의 자발적인 행동과 회사 차원의 전략적 계획이 맞닿아 있다면 금상첨화가 된다. 이런 경우 선수에겐 사회공헌활동의 동기부여가 이미 형성됐기 때문이다.

M은 앞서 자신이 관리하는 선수들의 이미지를 고려하여 선수 개별적인 **미디어 전략**을 짰다. 모든 선수들에게 똑같은 매체를 적용하는 것은 효과가 크지 않다는 사실을 알기 때문이다. 선수마다 다른 특이점을 찾고 **사회공헌활동**과 연계할 수 있다. 선수의 어려운 성장과 극복과정 등을 담아 연속적으로 스토리를 엮을 수도 있다.

선수 마케팅 활동의 전략적인 관리로서 앞서 제시했던 것처럼 **선수정보 파악**4장과 **미디어 관계설정**5장을 해야 한다. 이와 연계해 다양한 매체를 통해 대중에게 널리 알릴 수 있는 선행활동을 해야 한다. 사회공헌활동은 이러한 측면에서 매우 효과적인 **마케팅** 수단이다. 적극적인 사회공헌활동을 통해 평가를 하고 개선사항을 도출하기 위해선 체계적인 계획을 먼저 수립해야 한다.

스포츠 지도

프로그램

2. 사회공헌활동에 대한 정보를 파악하자

선수가 참여할 수 있는 사회공헌활동은 크게 세 가지가 있다.

첫째, 선수는 외부의 비영리기관이 주관하는 '**공익사업활동**'에 참여할 수 있다. 일반적으로 기업이 전담부서를 통해 주도적으로 기획하고 추진하는 활동이다. 기업은 **공익 연계 마케팅**CRM, Cause-related Marketing의 형식으로 판매수입에 대한 일정비율을 비영리기관에 지원하고, 각종 홍보에 활용함으로써 효과를 기대하고 있다.

스포츠 분야에선 스포츠 스타의 이름을 내세우고 홍보 전담부서의 체계적 계획 하에 진행하기도 한다. 광고수입의 일정부분을 복지재단에 기부하는 활동 등 다양하다.

둘째, 선수는 현금, 현물, 재능 등을 전달하는 '**기부협찬활동**'에 참여할 수 있다. 기업은 현금, 현물, 시설제공, 무료 서비스, 인재파견, 경영 노하우 전수 등을 기부함으로써 긍정적인 이미지 제고에 힘쓴다. 특히 유소년을 대상으로 선수 특기종목의 기술을 가르치고, 사인회 및 프로그램 제공 등 다양한 형식의 이벤트로 대중과의 친밀감을 높인다.

셋째, 선수가 가장 많이 선호하는 '**자원봉사활동**'이 있다. 정규 시즌이 끝나고 비수기 때 수행하고 있는 운동종목과 관계없이 자선단체 등과 연계해 활동을 한다. 구단 혹은 에이전시 차원에서 기획 추진을 하기도 하지만, 자발적으로 하는 경우도 많다.

이러한 활동을 통해 대중적 호감도와 이미지 상승에 큰 영향을 미친다. 하지만 봉사현장에서 진정성이 없거나 잘못된 행동을 하게 되면 오히려 역효과가 나기 쉽다. 앞서 언급한 미디어 관계 관리5장와 관련한 사전 교육이 필요하다.

스포츠 에이전트 M은 선수 A, B, C, D, E, F의 사회공헌활동에 대해 고민하고 있다. 선수의 능력을 최대로 활용할 수 있는 사회공헌활동에는 무엇이 있는지? 장·단점은 무엇인지? 선수 이미지와 연관성이 있는지? 전략적으로 매체를 활용할 수 있는지? 효과는 예측한 만큼 나타날 것인지? 등을 고려하고 있다.

M은 고교시설부터의 유명세로 광고수입이 있는 선수 B의 경우 공익사업활동에 보다 초점을 두고 있다. **기업 인지도**와 **상품 이미지**를 높이기 위해 투자하는 기업 입장에서도 사회적 인식이 좋은 공익연계마케팅을 선호하기 마련이다.

선수 B 자신도 언론 인터뷰, 소셜 미디어 등을 통해 종종 말실수를 하는 단점을 극복할 필요가 있다는 사실을 잘 알고 있다. 광고수입의 일정률을 기부함으로써 광고시장에서도 광고주기업의 관심을 유도하는 효과를 기대하고 있다.

M은 이러한 효과로 향후 스포츠 스타 반열에 오르게 되면 선수 B의 이름을 내세워 비영리 재단을 설립할 계획도 선수에게 제안하려고 한다. 축구는 유소년 시절부터 쉽게 접할 수 있는 종목이므로 무료 축구교실, 장학사업 등으로 확대할 수 있을 것으로 기대하고 있다.

선수 E는 신입이지만 수려한 외모와 말투로 대중적인 이미지를 갖고 있다. 이미 팬을 거느리고 있어 기량만 꾸준히 향상된다면 흥행 상품이 될 것으로 기대하고 있다. 용품협찬과 광고시장에서도 충분히 어필할 수 있을 것으로 판단한다.

M은 선수 E의 종목과 이미지를 살려 기부협찬활동에 초점을 두고자 한다. 배드민턴 종목은 남녀와 상관없이 쉽게 배울 수 있다는 장점이 있다. 기초 동작을 배우고 사인회, 선수와의 사진 촬영 등의 행사를 지속적으로 유치할 생각이다.

M은 평소 선행에 관심이 많은 선수 D의 장점을 살려 자원봉사활동에 초점을 맞추고 있다. 자발적인 활동에서 시작된 사회공헌활동을 자선단체와 연계해 계획적으로 추진할 것이다. 물론 M이 평소 알고 지내는 매체 기자에게 사전에 연락을 취하고자 한다. 혹여 스케줄이 맞지 않을 때는 충분한 사진파일과 보도자료를 기자에게 미리 전달할 계획도 갖고 있다.

선수 F는 평소 즐기는 소셜 미디어를 통해 중국 아이들을 대상으로 야구를 배울 수 있는 콘텐츠를 알릴 계획이다. 간단한 중국어를 습득하면서 중국 프로리그 진출의 의지를 지속적으로 보여주고자 한다. 최근 선수 F는 유튜브에 영상을 올리고 편집할 수 있는 기능까지 습득해 어렵지 않게 자신의 장기를 보여줄 수 있게 됐다. M은 1년 내에 중국에 안착시킬 준비 과정에서 선수가 직접 올린 콘텐츠가 구단에 소개할 수 있는 유용한 자료가 될 것으로 확신하고 있다.

사회공헌활동에 대한 정보파악 수행순서는 다음과 같다.

첫째, 사회공헌활동에 대한 일반적 정보를 파악해야 한다.

① 사회공헌활동의 **정의, 분류, 특징** 등을 정리한다.

② 최근 일반 **기업**의 성공적 사회공헌활동을 탐색한다.

③ 최근 **스포츠 조직**^{구단, 에이전시 등}의 성공적 사회공헌활동을 탐색한다.

둘째, 선수별 사례를 통해 자신이 관리하는 선수와의 **적합도**를 비교한다.

① 선수가 할 수 있는 **사회공헌활동**^{공익사업활동, 기부협찬활동, 자원봉사활동}을 파악한다.

② 선수별 사회공헌활동에 따른 **장점**과 **단점**을 분석한다.

셋째, 정보를 파악하고 분석한 내용을 **문서화**한다. 문서화 작업은 역량이 축적될수록 핵심내용으로 간결하면서도 인상적으로 정리하는 습관을 갖는 게 좋다.

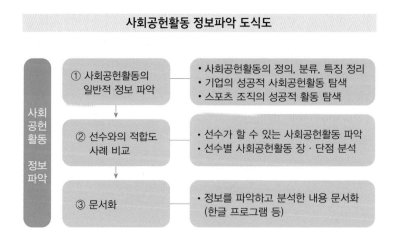

사회공헌활동 정보파악 도식도

사회공헌활동 정보파악

① 사회공헌활동의 일반적 정보 파악
- 사회공헌활동의 정의, 분류, 특징 정리
- 기업의 성공적 사회공헌활동 탐색
- 스포츠 조직의 성공적 활동 탐색

② 선수와의 적합도 사례 비교
- 선수가 할 수 있는 사회공헌활동 파악
- 선수별 사회공헌활동 장·단점 분석

③ 문서화
- 정보를 파악하고 분석한 내용 문서화 (한글 프로그램 등)

3. 사회공헌활동 계획을 치밀하게 짜자

스포츠 에이전트 M은 배드민턴 선수 D의 기부협찬활동으로 대중적 이미지를 높일 기회로 여겼다. 계약을 맺은 지 6개월 된 아마추어 종목 선수이지만, 팬 층을 어느 정도 확보한 상태이기 때문에 어떤 행사이든 공감대를 형성할 수 있다고 판단했다.

M은 사회적 관심과 정부 정책 등을 고려하며 행사의 성격을 고민했다. 이에 **장애인자선단체**와 연결하여 장애인 대상 좌식 배드민턴을 가르치는 프로그램을 구상했다. **대한장애인체육회**와의 사전 교감을 통해 공익성 행사로 인정받고, 평소 친분이 있던 출입 기자를 불러 **보도 자료** 형식으로 대중에 알리기로 계획했다.

선수 D의 사회공헌활동과 관련한 **이해관계자**는 장애인자선단체, 대한장애인체육회, 언론사, 용품협찬 회사, 전문대행사 등이 있다.

장애인자선단체는 이 행사로 체육복지 사각지대에 놓인 장애인을 대상으로 좌식 배드민턴 강의를 무료로 제공할 수 있게 됐다. **대한장애인체육회**는 설립 취지에 부합하는 의미 깊은 새로운 행사를 지원할 수 있는 명분을 얻었다. 체육회 내 홍보담당 기자가 참여하면서 즉각적인 보도 자료를 송출할 수 있는 구조로서 이를 잘 활용할 수 있었다. **언론사**는 M으로부터 사전에 이 행사에 대한 정보를 듣고 선수홍보 미디어 환경을 주도할 수 있게 됐다. **용품협찬 회사** 입장에선 선수가 착용하는 자사의 용품유니폼, 라켓, 손목밴드 등을 행사를 통해 알릴 수 있는 계기를 마련했다. 용품협찬 기업에 대해선 9

장에서 자세히 다룰 것이다. 또한 **전문대행사**는 사업예산이 책정될 경우 일부 운용예산을 받고 사업추진을 지원하는 중재자 역할을 하게 된다.

파트너십 이미지

사회공헌활동을 위한 이해관계자와의 파트너십 구축은 매우 중요하다. 성공적인 파트너십 구축을 위해선 5가지 요인이 필요하다.

① **공감대 형성**
② **차이점 인정**
③ **소통강화**
④ **중재자 활용**
⑤ **상호 윈윈**Win-Win

구체적인 내용을 살펴보면 다음과 같다.

첫째, **공감대를 형성**해야 한다. 행사를 왜 하는지에 대한 **미션**Mission이 동일해야 한다. 미션이란 사업의 존재 목적으로 현재적인 가치를 의미한다. 이 행사를 통해서 어떤 비전Vision을 갖게 되는지에 대해서도 공감을 해야 한다. 비전이란 앞으로 어떤 사업이 되고, 이 사업을 통해 어떤 미래적인 가치가 형성될 것인가라는 문제로서 매우 중요하다.

둘째, **차이점을 인정**해야 한다. 아무리 동일한 미션과 비전을 갖기 위해 노력을 한다고 해도 이해 관계자마다 설립 취지와 목적이 다르면 차이가 발생한다. 차이를 인정하지 않고 한 쪽 주장만 펼치다보면 갈등이 생기게 마련이다. 서로가 다르다는 사실을 이해하고 포용해야 한다.

셋째, **소통을 강화**해야 한다. 공식적인 **문서화**^{내부 결재, 공문 등} 작업을 통해 사업이 진행되는 것은 당연하다. 이해 관계자가 많을수록 더욱 신경 써야 하는 부분이다. 하지만 문서만 주고받고 각자가 알아서 할 거라고 생각을 하다보면 본인과 관련된 일 외에는 놓치기 쉽다. 단독적으로 수행되는 사업이 아니라 여러 이해 관계자들과 얽혀 있기 때문에 한 쪽에서 문제가 생기면 다른 한 쪽에서도 반드시 조치를 취할 수 있어야 한다. 공식적, 비공식적인 회의와 만남을 통해 소통을 강화해야 한다.

넷째, **중재자를 활용**해야 한다. 이해 관계자 사이의 공통된 업무 추진을 위해 **전문 대행사**가 필요하다. 대행사를 두지 않고 사회공헌활동 프로그램이 치러지기도 하지만, 대형행사일수록 이해 관계자 간의 목표달성 의식과 사업구조가 복잡해진다. 에이전시, 비영리단체, 정부기관 등의 일하는 방식이 다르기 때문에 경험 많은 중재자가 필요하다.

마지막으로 **상호 윈윈**^{Win-Win} 모델을 창출해야 한다. 아무리 취지가 좋은 사업일지라도 한 쪽에만 도움이 되거나 오히려 사회비판적 요소가 언론을 통해 전달된다면 행사의 생명력이 짧을 수밖에 없다. 생색내기 단발성 행사가 아닌 서로 도움이 되는 **지속가능한 행사**가 가장 의미가 있는 것이다.

M은 선수 6명을 관리하고 있어 선수 개별적 행사와 공통 행사를 추진할 수 있도록 세부계획을 수립하고자 한다. M은 기본계획 구상, 세부계획 수립 등의 절차를 철저하게 밟기 위해 노력하고 있다. 그 절차의 기본은 **문서화** 작업이다. 누차 언급했듯이 문서화 작업은 매우 중요하다. 기록을 남기고 보완점을 찾는 열쇠가 될 수 있다. 관리할 선수가 갑자기 많아져도 기존에 했던 문서화 작업으로 축적된 역량을 발휘할 수 있게 한다.

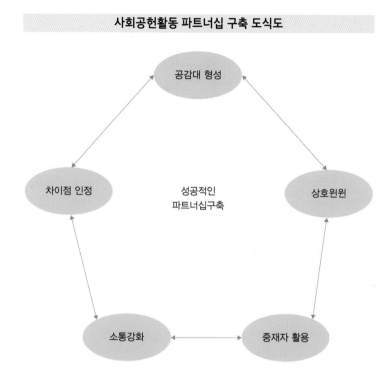

계획을 수립하면서 병행해야 할 작업은 이해 관계자들과의 사업에 대한 공감대 형성과 실행이다. 계획수립의 큰 틀은 ① **기본계획**, ② **실행계획**, ③ **관리계획**이다.

기본계획은 행사의 큰 그림을 그리는 것이다. 앞서 제시했던 왜Why, 무엇What, 누가Who, 언제When, 어디서Where, 어떻게How 즉, **5W1H**를 대략적으로 구상하고 관계자들과 협의한다.

실행계획은 일정, 방법, 프로그램, 동선, 예산, 기대효과 등 포함시킬만한 모든 세부계획을 넣는다. 말 그대로 실제 행동에 옮기는 모든 사안을 포함시킨다. 개인별로 습득해야 할 행사 매뉴얼이 요구된다.

관리계획은 행사개최가 확정된 후, 관리적 측면에서 넣어야 할 사항보험, 안전, 행사 후 지속방안 등을 담는다. 일정에 쫓겨 관리계획을 생략하는 경우도 많다. 다만, 평가와 개선점을 도출한 후 결과보고에 관련 내용을 반드시 넣어 단발성 행사가 아닌 지속성 행사를 위한 지향점을 찾아야 한다.

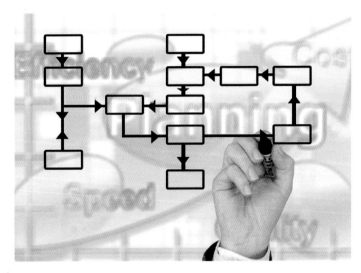

계획 이미지

여기서 잠깐! 📢▷ / 원 페이지 프로포절(One Page Proposal) 개념

선수 사회공헌활동의 계획을 한 장에 넣고자 한다. 어떤 내용이 들어갈 수 있을까? 분량이 얼마 안 되니까 쉬워 보일 수도 있으나 결코 그렇지 않다. 한 장의 내용으로 상대방을 충분히 이해시키고 설득을 유도해야 하기 때문이다. **서론, 본론, 결론**의 구조로 다음과 같이 기술을 하다보면 3~4장으로 늘어갈 수도 있다. 점차 줄이는 노력을 통해 **핵심적 내용**만을 들어갈 수 있도록 한다. 공식적인 문서화 작업을 하다보면 체득을 통해 어렵지 않게 자신만의 계획서가 완성된다.

① 제목
  - 강렬하면서도 말이 되는 제목을 사용한다.
  - 호기심을 자극할만한 제목을 사용한다.
② 서론
  - 사업의 목적, 추진배경, 취지 등을 언급한다.
  - 이 사업을 왜 해야 하는지를 담는다.

③ **본론**
- 사업의 개요에 대해 웬만하면 5W1H(누가, 무엇을, 언제, 어디서, 왜, 어떻게)를 담는다.
- 이미지가 필요하면 적정 크기로 삽입한다.

④ **결론**
- 예산이 필요하면 소요예산을 넣는다.
- 칸이 남으면 기대효과도 1줄 정도 쓴다.

사회공헌활동 계획의 수행 순서는 다음과 같다.

첫째, **기본계획**을 수립한다. 선수에 적합한 사회공헌활동 프로그램을 구상한다. M은 문서화 작업을 통해 간단명료하게 정리하고자 한다. 선수 1명당 기본계획 내용을 A4 용지 1장을 넘기지 않기 위해 핵심내용으로 축약하는 습관을 갖고자 한다.

선수 A부터 F는 개별행사 1회, 공통행사 2회로 총 3회의 연간행사로 구성할 계획이다. 기본계획에 넣은 구상이어서 이해 관계자와의 협의와 자선단체의 요청 등에 따라 변수가 있을 수 있다. 이런 경우 선수별 세부계획을 수립할 때 변경된 사항을 삽입하려고 한다.

	선수	사회공헌활동	프로그램(개별행사 1회)	비고
A	야구, 계약 1년차	자원봉사활동	• 재난 피해 복구지원	
B	축구, 계약 2년차	공익사업활동	• 광고수익의 1% 소아병동 지원 • 복지사각지대(장애인, 노인 등)방문 행사 - 관계자와 단계별 확대 논의	
C	농구, 계약 3년차	기부협찬활동	• 어린이 농구행사 재능기부	공통행사 연 2회 (상반기, 하반기)
D	배구, 계약만료시점	자원봉사활동	• 연탄 1,000장 기부 • 연탄 나르기 행사	
E	배드민턴, 계약 6개월차	기부협찬활동	• 장애인 대상 좌식 배드민턴 무료강좌 • 사인회, 사진촬영 행사 병행	
F	대학 야구, 계약 예정(졸업 직후)	자원봉사	• 야구 베팅 배우기, 야구 공 던지기 행사 • 한국 내 중국어린이 대상 (간단한 중국어로 진행)	

둘째, **실행계획**을 수립한다. 선수별로 실제로 행동할 사회공헌활동의 세부적 계획을 수립한다. 선수별 행사의 구체적인 사항을 정리하는 것이다.

M은 관리하는 선수 6명에 대한 사회공헌활동에 대해 매해 초에 기본계획을 수립했다면, 행사일이 도래할 2개월 전에 선수별 세부계획을 세운다. 이 단계에서 행사명, 주최, 주관, 프로그램, 예산집행계획 등 세세한 부분을 계획한다. 대행사를 둘 경우 이해 관계자 사이의 완벽한 공감대 형성을 통해 각자의 역할을 인지하게끔 한다.

셋째, **관리계획**을 수립한다. 행사일 1개월 전에 그동안 논의됐던 부분을 모두 포함시킨다. 예를 들어 행사 중에 발생할 수 있는 안전사고 대책은 관리계획에선 매우 구체적인 내용으로 포함된다. 연락처, 담당자, 이동 동선, 차량 등 모든 사항을 기재한다. 아나운서가 필요할 경우 순서, 멘트, 무대효과 등에 이르기까지 세세하게 내용을 넣는다.

또한 행사준비과정에서 변동된 사항을 넣어 소폭 수정을 하기도 한다. 혹여 중요한 사항임에도 불구하고 실수 혹은 상황변동 등에 따라 빼놓은 내용도 포함시킨다. 즉, 최종 점검 과정이라 생각하면 될 것이다. 마지막으로 지속적 혹은 연례적으로 행사를 개최할 수 있는 방안 등을 담는다.

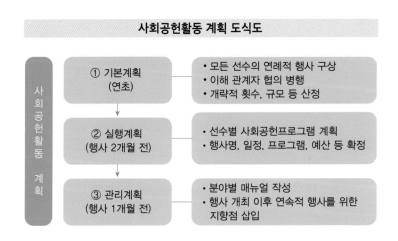

사회공헌활동 계획 도식도

사회공헌활동 계획

① 기본계획 (연초)
• 모든 선수의 연례적 행사 구상
• 이해 관계자 협의 병행
• 개략적 횟수, 규모 등 산정

② 실행계획 (행사 2개월 전)
• 선수별 사회공헌프로그램 계획
• 행사명, 일정, 프로그램, 예산 등 확정

③ 관리계획 (행사 1개월 전)
• 분야별 매뉴얼 작성
• 행사 개최 이후 연속적 행사를 위한 지향점 삽입

CHAPTER 02 · 사회공헌활동을 추진하자

1. 이해 관계자와의 충분한 논의 후에 협약하자

성공적인 **사회공헌활동**을 하기 위해선 이해 관계자와의 충분한 논의가 중요하다. 협의 이후의 중요한 과제는 바로 협약이다. **협약**協約은 협상하여 조약을 맺는 것이다. 이해 당사자 간에 충분한 논의가 된 후, 업무를 위탁하고자 할 때 협약을 맺는다.

참고로 **계약**契約은 「국가를 당사자로 하는 계약에 관한 법률」에 근거하여 체결하는 약속이다. 경쟁방법은 일반경쟁입찰, 제한경쟁입찰, 지명경쟁입찰이 있다.

일반경쟁입찰은 계약이행 수준, 이행실적, 기술능력, 재무상태 등의 입찰 참가자격을 사전에 심사하고, 적격자만을 입찰에 참가하는 방식이다. 또한 경쟁에 부치는 경우 계약의 목적, 성질, 규모 등을 고려하여 참가자의 자격을 제한할 수 있는 방식은 **제한경쟁입찰**이고, 참가자를 지명指名하여 경쟁에 부치는 방식은 **지명경쟁입찰**이다. 경쟁방법 외에 **수의계약**隨意契約이 있다. 경쟁방법에 따르지 않고 상대방을 임의로 골라 계약을 체결하는 방식이다. 대행사가 국가 공모사업에 입찰할 때 참가하는 방식이다.

계약서 샘플

스포츠 에이전트 M은 사회공헌활동에 관한 협약서에 회사 날인捺印을 하기 전에 아무리 바쁘더라도 조항을 꼼꼼히 살핀다. 충실한 협약이행과 효과를 극대화하기 위해서다.

차질 없는 협약을 위한 수행 순서는 나음과 같다.

첫째, 사회공헌활동을 추진할 이해 관계자와 **충분한 논의**를 한다. 협약을 맺기 전 매우 중요한 단계다. 이해 관계자 사이의 복잡한 사업구조에는 앞서 언급했던 것처럼 중재자대행사역할이 필요하다.

각각의 스케줄로 시간을 갖고 세세한 부분까지 협의하지 못할 경우 협약이 늦어질 수 있다. 이럴 경우 모든 일정에 차질이 불가피할 수 있다. 대행사는 시간을 단축하게 할 수 있도록 노력해야 한다.

둘째, **법률자문**을 구한다. 제4부에서 다룰 선수의 법률문제에 거론될 내용이다. M은 법제처www.moleg.go.kr를 통해 틈틈이 관련법을 들여다본다. 그는 우리나라의 인터넷 홈페이지에 대해 딱딱한 법 조항을 생활밀착형으로 잘 만들어놓은 시스템이라고 생각한다. 키워드만 입력하면 법 조항을 검색하고, 판례 등도 찾아볼 수 있어 매우 편리하다.

또한 에이전시와 협약을 통해 자문을 구할 수 있는 로펌의 담당 변호사를 활용할 수도 있다. 작은 규모의 에이전시 소속이라면 에이전트 개인별로 친분이 있는 변호사에게 자문을 구하고 비용을 지불한다. 이러한 법률자문 과정은 시행 초기에만 필요한 경우가 많다. 물론 규모가 큰 에이전시에는 담당 변호가가 있거나 외부의 로펌과 협업 체계를 이루고 있다.

이해관계자로부터 특이한 요구사항 등이 생기지 않는 한, 유사한 사회공헌활동 형식으로 치러지므로 첫 행사 때만 법률자문을 받아놓을 필요가 있다. 협약 내용에 큰 무리가 없다고 연락을 받으면 다음 단계를 이행한다.

셋째, **이해 관계자**와 협약을 맺는다. 각 조직의 업무 프로세스를 거쳐 회사 날인을 한다. 협약 주요 내용은 행사 내용, 일시, 장소, 프로그램 내용, 관리사항 등을 비롯하여 주최기관 역할, 에이전시 역할, 선수 역할, 대행사 역할, 예산책정, 수수료 등을 포함한다.

협약의 기본은 상호 간 신뢰를 바탕으로 해야 한다. 눈앞의 이익만을 추구하다 보면 큰 것을 잃기 마련이다. 애써 정교한 계획을 수립했는데 신뢰를 잃으면 지속적인 행사가 될 수 없을 것이다.

선수의 사회공헌활동은 어디까지나 선수 마케팅 활동 관리 측면에서 이해해야할 것이다. 이를 통해 축적된 이미지와 활동 범위를 넓혀 본격적으로 수익이 창출되는 분야^{이적·연봉, 용품협찬, 광고시장}의 기초적 자산으로 활용해야 한다.

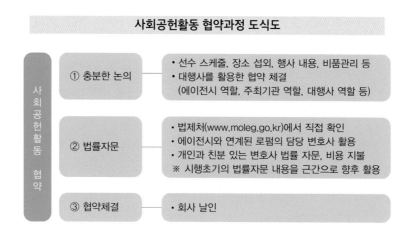

2. 사회공헌활동을 적극 홍보하자

스포츠 에이전트 M은 사회공헌활동을 홍보하기 위해 활동내용을 정확히 전달할 수 있는 방법을 선택하려고 한다. 선수 개인별로 매체를 선별해 전략을 수립해야 하듯이 사회공헌활동의 특성에 맞게 홍보방법을 차별화하고자 한다.

사회공헌활동을 홍보하기 위한 수행순서는 다음과 같다.

첫째, 사회공헌활동을 홍보할 수 있는 **방법을 탐색**해야 한다. 홍보매체에 자료를 올리기 위해 필요한 기초자료는 사진 혹은 영상촬영 자료이다. 홍보는 온라인, 출판, 언론사를 통할 수 있다. 특히 온라인을 통한 홍보방식의 진화와 속도변화에는 매우 빠르게 대처해야 한다.

현대 마케팅 현장은 디지털 시장이다. 소셜 미디어를 통한 강력한 커뮤니케이션은 필수적 삶의 방식이 됐다. 사람의 입에서 입으로 전달됐던 오프라인 상의 구전□傳에서 온라인 구전으로 바뀌었다. 즉, 입말에서 글말로 정보를 주고받는다.

온라인상에선 **바이럴 마케팅**Viral Marketing 즉, 바이러스처럼 급속히 전파되는 새로운 차원의 소통 공간을 잘 활용해야 한다. 디지털 마케팅 시장에선 사람들 사이의 연결성에 근거해 자신이 속한 온라인상 커뮤니티의 의견을 따르는 경향이 강하다. 가짜뉴스Fake News가 양산되고 유통되는 속성도 이에 부흥하므로 경계를 해야 한다.

둘째, 사회공헌활동 **홍보의 목적과 취지**를 정확히 인지해야 한다. 여러 차례 언급했지만 구성원과 이해 관계자 간의 미션Mission을 공유하는 일은 매우 중요하다. 사회공헌활동을 왜 하는지에 대해 정확한 공감대 속에 행사를 치르고 홍보를 해야 한다. 에이전트와 선수, 에이전시, 주최·주관기관, 언론사 및 대행사 간의 동일한 미션을 인지해야 한다.

셋째, 사회공헌활동을 **적극적으로 홍보**해야 한다. 누리소통망서비스SNS, 모바일, 인터넷, 출판, 언론사, 방송 등의 홍보방법을 총체적으로 가동한다. 선수 개인, 에이전트, 에이전시, 구단이 계정한 모든 온라인상의 매체를 활용해야 한다.

또한 최근 '**스토리두잉**Story-doing'을 잘 활용할 줄 알아야 한다. 스토리두잉은 브랜드 마케팅 회사 코:콜렉티브co:collective의 창업자 타이 몬태규Ty Montague가 제시한 개념으로 알려지고 있다. 없던 이야기를 만들거나 보다 확대해서 사람들에게 관심을 끄는 이야기로 재탄생시켰던 '스토리텔링Story-telling' 시대에서 변화된 개념이다.

인터넷이 발달하고 실시간으로 소통할 수 있는 창구가 확장되면서 공감을 불러일으키는 스토리텔링이 형성됐다면 지금은 소비자가 직접 콘텐츠를 갖고 활용하는 시대로 발전한 것이다. 자신의 블로그, 홈페이지, 유튜브, 페이스북 등에 자신이 활동했던 경험을 사진과 영상을 찍고 공유한다. 앞서 언급한 **디지털 마케팅 시장**의 특성으로 **소셜 미디어 커뮤니티**에서 남의 의견을 적극 수용하고, 자신의 의견을 적극 개진해 정보를 공유하려고 한다.

이러한 맥락에서 선수의 사회공헌활동 장면을 팬 층에서 적극적으로 활용하도록 유도할 필요가 있다.

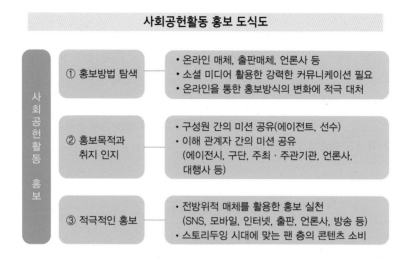

여기서 잠깐! / 에이전트의 역량을 쌓기 위해 필요한 관점 ★

■ 김동욱 - 제리 맥과이어 영화와 마크 맥코맥 책을 통해 진로를 결정한 에이전트

'에이전트는 **법률 지식**도 중요하지만 **경험**과 **열정**이 더 중요하다. 스포츠에 대해 박사급으로 알 필요는 없지만 전반적으로 이해하기 위해 스폰서십, 선수 관리의 경험이 필요하다.'

→ 남의 지식을 경험과 열정을 통해 체득하게 되면 **진정한 지식**이 될 수 있음

→ 인터넷 클릭으로 지식을 모두 얻을 수 있다고 착각하면 안 되고, 직접 **현장**에서 부딪혀야 진정한 지식과 자신만의 노하우가 쌓임

■ 이예랑 - 박병호, 강정호, 김현수 미국행을 담당한 에이전트

'에이전트는 **사람의 마음**을 얻는 노력을 해야 한다. 실력이 출중한 선수들도 돈을 손에 쥐려면 10년이 족히 걸린다. 대형선수를 보며 '내 선수다'라고 할 수 있을 때까지 **노력**과 **시간**을 들여야 한다. 그래야 상황을 냉철하게 바라보는 **통찰력**이 생긴다.'

→ 에이전트의 자세는 기본적으로 **끈기**가 필요함

→ 선수이거나 에이전트이든 한 분야에서 10년 정도해야 자신만이 주도할 **안목**이 생기는 것임

■ 김양희 - 농구선수 출신의 에이전트

'에이전트는 선수보다 돋보이면 안 된다. 선수의 정신상태와 태도를 붙잡아 주는 **멘토** (Mentor, 경험과 지식을 바탕으로 다른 사람을 지도하고 조언해 주는 사람)이다. 선수에게 돈을 벌게 해주는 것도 중요하지만, 무엇보다 **행복**하게 해줘야 한다. 선수와 꿈, 목표, 비전을 **공유**해야 한다. 생각보다 허드렛일도 많고 전국을 돌아다니다 보면 개인 시간도 없는 경우가 많다. 에이전트의 역량은 주입식 교육에 의해 제득되는 것이 아니라 **자기 주도 학습**에 따라 형성된다.'

→ 선수이거나 에이전트이든 **심리적**으로 강해야 하고 **일관된 자세**를 견지해야 함
→ 에이전트는 **선수우선주의**에 입각해서 업무를 추진해야 함

■ 윤기영 - 한국스포츠 에이전트협회(KSAA) 2대 회장

'간단한 생활영어를 넘어 문서를 정확히 읽어내고 파악하는 외국어 실력이 필수이다.'

→ 국제 언어로서 영어 소통 능력을 크게 배양해야 함
→ 유럽, 남미, 아시아 등의 관계자들도 네이티브가 아니지만 영어 소통을 당연하게 생각하므로 현장 용어(특히 계약 관련) 중심으로 영어 말하기, 읽기, 해석 능력을 향상시켜야 함

■ 스콧 보라스 - 세계의 영향력 1위를 차지한 에이전트(2015년 경제지 포브스)

'성공적인 에이전트가 되기 위해서는 **성실**해야 한다. 아주 개인적인 **서비스 직종**이란 사실을 잊어서는 안 된다.'

→ 원론적인 얘기지만 끈기를 갖고 추진하는 **성실함**을 갖춰야 함
→ 선수를 단순한 고객(Customer) 이상으로 여기고 **의뢰인**을 위해(for Client) 일을 해야 함

CHAPTER 03 사회공헌활동을 평가 · 개선하자

1. 사회공헌활동의 효과를 냉철히 분석하자

에이전시가 선수를 활용하여 사회공헌활동으로 얻는 효과는 **기업 인지도**와 **상품 이미지** 개선이다. 즉, 기업 인지도 제고에서 그치는 것이 아니다. 소비자와의 지속적인 커뮤니케이션을 통해 새로운 상품에 대한 긍정적인 이미지로의 전이효과다. 후광효과 Halo Effect와 일출효과Spillover Effect와도 연계된다. 다시 말해 어떤 대상·사람에 대한 견해가 구체적인 특성을 평가하는 데 영향을 미치거나Halo Effect, 물이 넘쳐흘러 인근의 메마른 논까지 혜택이 전해지듯Spillover Effect 회사 이미지는 곧 선수 이미지로 이어지게 마련이다.

회사의 상품은 **선수**다. 고등학교 선수생활 시절에는 특정종목을 꽤 잘 수행하는 제품으로서 가치를 지녔다. **제품**Product에 다양한 **서비스**Services가 가미되면서 **상품** Goods으로 발전하는 것이다. 다양한 서비스라 하면 선수의 경기력 외에도 대중적 이미지, 호감도 등을 불러 일으킬만한 이벤트가 대표적이다. 회사의 적극적인 사회공헌 활동 및 다양한 행사로 상품으로서 가치를 갖추게 된다. 회사 이미지가 좋아지면 소속 선수 이미지도 자연히 상승하게 된다.

스포츠 에이전트 M은 1년 동안 선수가 수행했던 **사회공헌활동**의 효과를 냉철하게 **분석**하고자 한다. 강력한 피드백을 통해 보완점을 찾고 다음연도 행사 때 개선사항을 추가할 계획이다. M은 사회공헌활동 **평가지표**과정지표, 성과지표를 활용할 것이다. 물론 선수가 수행했던 개별행사와 모든 선수가 참여했던 공통행사를 구분하여 분석하고자 한다.

여러 차례 언급했지만 **문서화** 작업은 매우 중요하다. 앞서 언급했듯이 선수 마케팅 활동 관리 측면에서 이뤄지는 과정이므로 당장의 눈앞에 이익이 보이지 않아 귀찮을 수도 있는 작업이다. 냉철한 평가와 보완점 도출로 다음 연도에 보다 품질 높은 행사로 이어질 수 있다.

사회공헌활동의 효과를 분석하기 위한 수행순서는 다음과 같다.

첫째, 선수들이 1년 간 수행했던 **사회공헌활동 내역**을 정리해야 한다. 선수별로 그동안 치렀던 **행사 결과보고서**를 꼼꼼히 들여다봐야 한다. 앞서 언급한 사회공헌활동 계획 수립과정을 살펴보면 기본계획, 실행계획, 관리계획 순서다.

큰 그림을 그리는 **기본계획**, 실제적 행동에 옮겨야 할 세부적 **실행계획**, 분야별 매뉴얼과 사후관리 방안을 제시하는 **관리계획**이 있다. 행사 종료 후 실행세획과 관리계획을 바탕으로 결과보고서를 작성하게 된다.

특히 관리계획에 제시된 사후관리 방안에 중점을 두어 앞으로 고민해야 할 **시사점**과 추진해야 할 **지향점**을 제시한다. 사회공헌활동 효과를 분석하기 위한 기초적 자료로서 가치가 있다.

둘째, 사회공헌활동에 대한 **평가 설문지 자료**를 확보해야 한다. 사회공헌활동 효과 분석기간을 1년으로 잡았지만, 행사가 끝날 때마다 평가 설문지를 활용하여 기초자료를 지속 보관하고 있어야 한다. 매 순간 느꼈던 인식수준이 객관적인 평가에 반영되기 때문이다. 에이전트 업무의 복잡성으로 중요한 자료를 매사에 정리 보관하는 습관을 길러야 하는 이유다.

설문지 대상은 **업무 대상자, 이해 관계자 조직의 담당자, 프로그램 담당자, 외부 전문가, 일반인**참여자, 참관인 등이 될 수 있다. 행사가 종료된 후에 설문지를 배포하고 수거하는 작업이 여간 힘든 것이 아니다. 별도로 사전에 교육을 받은 설문요원들을 배치하여 행사 종료 시점부터 설문을 돌리도록 집중시켜야 한다.

평가 설문지의 지표는 과정지표와 성과지표 2가지로 분류한다.

표6.1 평가 설문지 지표

구분		내용
과정 지표	프로그램 기획	사전조사 이행여부 평가, 구체적 기획여부 평가
	프로그램 실행	업무 이행여부 평가, 파트너십 평가
성과 지표	선수의 가치	선수홍보 이행여부 평가
	사회적 가치	사회적 편익 창출여부 평가, 사회적 문제 해결여부 평가

(1) 과정지표는 프로그램 기획과 프로그램 실행으로 나눈다.

① **프로그램 기획**은 사전조사가 충분히 이뤄졌는지를 평가한다. 예를 들어 다른 에이전시 소속 선수가 행한 비슷한 프로그램과의 중복 여부, 이해 관계자가 그간 관심을 가졌던 행사 성격과 파트너 현황 등을 평가할 수 있다. 또한 구체적으로 기획됐는지를 평가한다. 이해 관계자 간의 역할 협의 및 문서화 여부 등을 평가할 수 있다.

② **프로그램 실행**은 업무가 충실히 이행됐는지를 평가한다. 담당자별 프로그램 수행여부, 타 부서와의 협조 여부 등을 평가할 수 있다. 또한 이해 관계자와의 파트너십이 잘 이뤄졌는지를 평가할 수 있다. 상호 간의 커뮤니케이션 만족도, 업무 역할 충실도 등을 평가할 수 있다.

(2) 성과지표는 선수의 가치와 사회적 가치로 나눈다.

① **선수의 가치**는 선수 홍보가 적극적으로 이뤄졌는지를 평가한다. 언론매체 노출 빈도 등을 평가할 수 있다.

② **사회적 가치**는 프로그램이 사회적 편익을 창출했는지를 평가한다. 프로그램 기획 목표 달성율 등을 평가할 수 있다. 또한 프로그램이 사회적 문제 해결에 도움이 됐는지를 평가한다. 현장 및 담당자의 문제 해결 역량 강화 기여도 등을 평가할 수 있다.

셋째, **사회공헌활동을 분석**해야 한다. 설문지는 흔히 사용하는 5점 척도 혹은 7점 척도를 사용해도 되고, 관련된 느낌을 직접 기재하게끔 해도 된다. 양적 연구논문처럼 최소 200명 이상을 대상으로 하는 인식도 조사의 형식처럼 복잡하게 생각할 필요는 없다. 단지 선수가 행한 사회공헌활동이 다음 연도에 어떻게 반영해서 개선점을 찾을지를 도출하면 되는 것이다. 다시 말해 에이전트 각자가 편한 방법을 찾아 기초 자료를 확보해야 한다.

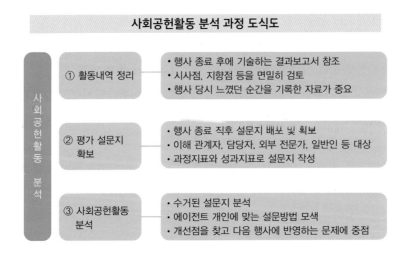

2. 사회공헌활동의 개선점을 도출하고 반영하자

스포츠 에이전트 M의 사회공헌활동에 대한 전반적 과정을 살펴보면 다음과 같다. M은 종목이 다른 선수 5명을 관리하다 보니 매월 1회 정도 행사가 있다. 그는 문서화 작업이 습관화되다 보니 속도가 붙어 정해진 양식에 맞춰 행사 때마다 내용을 조금 수정하면 된다. 또한 행정당국의 정책 자료처럼 많은 분량이 필요로 하지 않기에 가능하면 핵심내용만을 넣고 추진하고 있다.

기본계획은 3장 이상 넘긴 적이 없고, 한 장의 기획서One Page Proposal를 선호한다. 행사 2개월 전에 완료하는 **실행계획**은 10장 미만을 목표로 한다. 행사 1개월 전에 완료하는 **관리계획**은 5장 수준이다. 물론 분야별 매뉴얼이 포함되면 좀 더 늘어나기도 한다. 결과보고서는 행사 종료 후 7일 이내로 완성한다. 행사의 규모마다 혹은 계획서를 작성하는 사람마다 다른 기준일 것이다. 자신만의 기술과 노하우를 넣을 수 있는 분량을 점차 찾아가야 한다.

결과보고서 작성을 하기 전에 M은 수거된 설문지를 간단명료하게 분석한다. 이 내용을 결과보고에 넣는다. 이상 마무리가 되면 바로 다음 행사를 위한 과정에 돌입한다. 연중 모든 행사가 끝나면 사회공헌활동의 개선점을 도출하기 위한 작업 모드에 들어간다.

그가 우선적으로 살펴보는 것은 행사 종료 직후에 마무리 지었던 **결과보고서**를 찾아본다. 회사 내에서 결재를 받기 위해 작성됐던 **기안문**을 찾는 것이라 할 수 있다. 보고자와 결재자의 공감대가 형성된 공식화된 문서이므로 개선점을 찾는 데 기본이 되는 내용이기 때문이다. 또한 그 당시 느꼈던 소회와 향후 고쳐 나가야 할 사항도 담겨있다. 고민해야 할 시사점과 추진해야 할 지향점 등이 언급이 돼있고, 설문지 분석 자료도 간단하게나마 삽입돼 있다. 이러한 기초 자료를 근거로 피드백을 하게 된다.

M은 다시 한 번 설문지 분석 자료엑셀 혹은 SPSS를 다시 살펴본다. 설문 대상자가 기술한 주관적 기재사항에서 공통적인 부분과 특이점 등을 재정리한다. 분석된 자료를 객관적인 관점에서 평가한다.

선수 A는 주로 재난 피해 복구지원에 자원봉사활동을 했다. 대중들에게 잘 알려지지 않은 신인 선수이기에 스포트라이트를 크게 받지는 못했지만, 자선단체에서의 만족도가 매우 컸다. 성실한 이미지와 호감도를 주는 인상은 선수 A에겐 큰 자산이다.

M은 언론사를 통해 이 내용을 별도의 인터뷰로 다루면 어떨까하고 고민하고 있다. 선수 A와 만족도가 높았던 자선단체 관계자와의 동반 인터뷰 형식으로 기획 보도 자료를 배포하면 선수도 알리고, 매년 행사를 치를 수 있는 여건이 마련될 듯싶기 때문이다.

반면 선수 D는 에이전시와의 계약만료시점이 도래했던 탓인지 소외된 이웃돕기 행사 취지를 잘 살리지 못했다는 인상을 받았다. 평소 자발적인 선행을 선호하는 타입이지만 선수 스스로가 마음의 갈피를 못 잡을 수도 있다고 생각했다. 다른 에이전시에서 관심이 있다는 소식도 알고 있던 M은 원래 잡혀 있던 행사이기에 취소를 하지 못한 채 무난히 행사가 끝나길 기원했다.

설문지를 분석해 본 결과 예상대로 다른 자원봉사자들과 어울리지 못하는 행동이 나타났다. 선수 D 입장을 고려했을 때 사회공헌활동보다는 본인의 진로와 관련한 논의에 집중할 필요가 있었다. 이럴 경우 행사 1개월 전에 검토해야 할 관리계획에서 내용을 담고 주변의 우려를 불식시키는 방향에 초점을 맞출 필요도 있다.

선수 E는 장애인 대상 좌식 배드민턴 무료강좌를 집중적으로 했는데 반응이 매우 좋았다. 재능기부 형식으로 포토타임, 사인회, 다과 파티 등 다양한 이벤트를 병행했다. 장애인 관련 단체, 가족, 언론사 등이 포함돼 행사 목적과 취지가 좋았다는 의견이 많았다.

　대학야구 선수 F는 졸업 전이라 본격적인 사회공헌활동 프로그램에 동참을 하지 못하고 있지만, 한국 내에 거주하는 다문화 가정특히 중국의 어린이를 대상으로 야구 배우기 코너를 소셜 미디어에 올리는 과정을 지속하고 있다. 아직 실험 중이라 눈앞에 보이는 효과가 미미하지만, 앞으로 중국리그에 진출할 때 유용한 자료가 될 것으로 기대하고 있다. 만약 중국 프로그리그에 진출해도 어렵지 않게 어린이 대상의 사회공헌활동을 할 수 있을 것이다.

　M은 다음 연도부터 상반기, 하반기로 구분하여 행사를 확대할 계획을 갖고 있다. 현역에서 은퇴한 올림픽 메달리스트를 섭외하여 행사를 더욱 알차게 꾸밀 생각도 했다. 사전에 이해 관계자와의 협의를 집중적으로 할 생각이다.

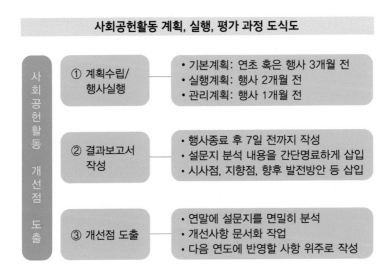

사회공헌활동 계획, 실행, 평가 과정 도식도

사회공헌활동 개선점 도출

① 계획수립/ 행사실행
- 기본계획: 연초 혹은 행사 3개월 전
- 실행계획: 행사 2개월 전
- 관리계획: 행사 1개월 전

② 결과보고서 작성
- 행사종료 후 7일 전까지 작성
- 설문지 분석 내용을 간단명료하게 삽입
- 시사점, 지향점, 향후 발전방안 등 삽입

③ 개선점 도출
- 연말에 설문지를 면밀히 분석
- 개선사항 문서화 작업
- 다음 연도에 반영할 사항 위주로 작성

III 선수계약을 정교하게
대리하자

선수이적 협상 및 계약	선수 경쟁력 분석	선수의 경쟁력 의미
		선수의 경쟁력 평가
	선수이적 팀 탐색	선수이적 팀 탐색의 의미
		선수이적 팀 파악
	선수이적 협상·계약	선수이적 협상과 계약의 의미
		이적 협상 및 계약
선수연봉 협상 및 계약	선수 경기실적 분석	선수의 경쟁실적 의미
		선수의 가치 지표화
	선수연봉 협상	연봉협상 사전준비
		연봉협상 진행
	선수연봉 계약·관리	연봉계약 사전준비
		연봉계약 체결
선수용품 협찬 기업 협상 및 계약	선수용품 협찬의 가치 분석	선수의 가치 평가
		용품협찬 선수가치평가 수행순서
	선수용품 협찬기업 탐색	선수용품 협찬의 필요성
		선수용품 협찬기업 탐색활동
	선수용품 협찬계약	선수용품 협찬계약 위반사항
		합의점 도출 및 계약
선수광고 관심 기업 협상 및 계약	선수광고의 가치 분석	선수 브랜드
		광고출연 선수가치 평가 수행순서
	선수광고 기업 탐색	선수보증광고 의미
		선수광고 관심기업 탐색활동
	선수광고 기업계약	광고출연 계약 전후 유의사항
		선수광고 기업 계약체결

협상계약

PART

07

선수이적 협상과
계약을 정교하게
하자

CHAPTER 01 선수의 경쟁력을 분석하자

1. 선수 경쟁력의 의미를 이해하자

스포츠 에이전트 M은 축구선수 B의 이적을 타진하고 있다. 물론 선수 B와 충분한 얘기를 나눴다. M은 애초에 선수 B를 섭외할 때부터 해외 시장을 고려했었다. 고등학교 졸업을 하자마자 이적을 타진했으나 추진이 결렬돼 국내 리그에서 2년째 뛰고 있다.

이적의 가장 적정기인 18~20세 사이를 살짝 넘길 수 있는 시점이다. 선수의 기량과 유명세가 절정에 달했을 때 더 늦기 전에 추진해야 할 것이다. 여름과 겨울 두 차례의 축구 이적기간을 잘 활용해야 한다. M은 돌아오는 겨울에 본격적으로 추진할 계획을 갖고 있다.

원 소속 구단에서 다른 구단으로의 이적을 하기 위한 첫 번째 검토사항은 무엇일까. 바로 선수의 경쟁력이다. M은 선수 B가 과연 다른 구단에서도 호감을 가질 만한 경쟁력이 있는지를 검토하기로 했다. 경쟁력을 분석하고 객관적인 평가를 위해선 누구나 공감할 수 있는 결과치가 있어야 한다. 대표적으로 **지표화 작업**이 필요하다.

특히 대학야구 선수 F와 같은 경우, 국내뿐만 아니라 해외에서도 한 살이라도 어린 선수를 선호하고 있어 이를 극복하기 위한 **경쟁력**을 분석해야 한다. 선수 가치를 객관적으로 지표화하기 위해 대학 야구 경기 실적과 팀 내 기여도 등을 최대한 수집하면서 **평가자료**를 확보해야 한다.

선수의 모든 기록과 실적에 대해 수치화하는 작업이 가능하다면 모든 이해 관계자들을 설득하기가 쉬워질 것이다. 이해 관계자라고 하면 이적을 타진하고 있거나 원하는 구단 관계자뿐만 아니라 선수와 선수 부모도 해당될 수 있다.

M은 선수 B과 F의 운동능력, 신체조건과 같은 물리적 특성 외에도 잠재적인 능력을 발휘할 가능성에 대해 **객관적 평가**를 시도하고자 한다. **경기력**과 **경기 외적인 요소**를 포함한 지표화 작업은 매우 중요하다. 이를 위해선 **구단 기록, 영상분석, 통계분석** 등의 다양한 기법을 사용해야 한다.

육상 경쟁력

영상분석

2. 선수의 경쟁력을 객관적으로 평가하자

선수의 경쟁력을 분석, 평가하기 위한 수행 순서는 다음과 같다.

첫째, **선수의 경기력 요소**를 분석하고 평가해야 한다. 경기력 평가를 하기 위한 가장 효과적인 방법은 **영상분석**이다. 과거엔 에이전트가 직접 현장에서 경기를 보거나 영상을 촬영하여 분석을 했지만, 기술적 한계와 고가의 분석 프로그램이 걸림돌이 됐다. 따라서 최근엔 시간적 효용성, 분석의 효과성 등을 감안하여 **영상분석업체**에 의뢰하는 방법을 선호한다.

경기력과 관련된 요소는 어떤 것이 있을까?

(1) **선수의 체력적인 요소**를 분석하고 평가할 수 있다. 기초체력인 점프력, 단거리 달리기, 중·장거리 달리기, 기타 필요한 체력적인 요소를 측정해야 한다.

(2) **선수의 심리적 요소**를 분석하고 평가할 수 있다. 팀 종목은 개인 기량 외에도 리더십, 판단력, 책임감, 성실성 등 다각도로 분석해야 한다.

(3) **선수의 포지션과 기술**을 분석하고 평가할 수 있다. 축구에선 패스기술, 슛의 정확도, 드리블 기술 등을 분석해야 한다. 야구는 정확성 검사, 히팅 검사, 러닝 검사 등 분석이 필요하다. 농구에선 패스기술, 슈팅기술, 드리블 기술 등이 분석대상이다. 이 외에도 선수만의 테크닉, 스피드, 두뇌활용 수준 등을 특성화해서 제시할 수 있다.

에이전트는 종목별 측정평가 요소를 별도의 전문서적을 통해 기준을 마련해야 한다. 전문업체에 의뢰하더라도 구체적 기준이 갖는 의미를 이해해야 보완점을 찾고, 필요한 데이터를 좀 더 확보할 수 있을 것이다.

(4) **종목의 전술에 대한 이해도**를 분석하고 평가해야 한다. 에이전트는 종목별 전술의 개괄적인 이해도를 높이기 위해 노력해야 한다.

둘째, **선수의 경기력 평가 결과**를 지표화해야 한다. 경기력 요소를 분석하고 평가한 후 **지표화**하는 작업을 해야 한다. 야구선수의 예를 들면 타율, 경기, 타석, 타수, 득점, 안타, 2루타, 3루타, 홈런, 타점, 희생번트, 희생플레이 등의 지표를 **수치화**해야 한다.

M은 평상 시 야구선수 A의 경기력 평가결과를 지표화할 때 포지션이 겹치고 유사한 기술을 구사하는 다른 구단 소속선수들과 비교 분석하고 있다. 에이전트는 종목별 경기력 지표화 작업을 별도의 전문서적을 통해 마련해야 한다.

셋째, **선수의 경기외적인 요소**를 분석하고 평가해야 한다. 선수의 인기는 경기력으로만 이해할 수 없다. 대중의 호감도, 선호도, 이미지, 카리스마, 언행, 사회공헌활동 등 다양한 요인에 의해 형성된다.

구단 입장에선 팬을 몰고 다니는 인기 있는 선수를 선호할 수밖에 없다. '**스포츠의 마케팅**Marketing of Sports' 주체인 구단은 경기장에 많은 관객을 유도하고, 번외의 다양한 이벤트로 부수적 이익을 창출해야 한다. 이러한 결과를 불러오는 주체는 **선수**이다.

에이전트는 선수의 경기외적인 경쟁력을 파악하기 위해 **설문지법, 면접법, 투표** 등의 방법을 사용할 수 있다. 대중이 해당 선수를 어떻게 생각하는지를 분석하는 항목으로는 **선수 이미지, 선수 호감도, 선수 매력성** 등 몇 가지를 개발할 수 있다.

선수이적협상에 임하기 위해 필요한 기초자료로서 에이전트가 판단할 시 선수 경쟁력 분석에 도움이 되는 항목을 고민해야 한다. 이를 바탕으로 구단입장에서 바라보는 선수의 **마케팅적 가치**를 제시할 수 있어야 한다.

M은 프로축구 선수 B가 갖는 유명세를 적극 활용할 계획이다. 고교시절부터 좋은 성적을 유지해 언론의 관심이 많은 타입이란 사실을 더욱 부각할 것이다. 배드민턴 선수 D의 경우 이미 대중적인 인기가 있으므로 경기외적인 요소를 특화시킬 매우 중요한 자산이라 판단하고 있다.

선수 경쟁력 분석과정 도식도

선 수 경 쟁 력 분 석

① 선수의 경기력 요소
- 영상분석업체 의뢰
- 선수의 체력적인 요소 분석 및 평가
- 선수의 심리적인 요소 분석 및 평가
- 선수의 포지션과 기술 분석 및 평가
- 종목의 전술에 대한 이해도 분석 및 평가

② 선수의 경기력 평가결과 지표화
- 경기력 요소 분석 및 평가결과의 지표화 작업
- 항목별 객관적 수치화
- 유사 포지션, 유사 기술의 타구단 소속 선수 비교분석

③ 선수의 경기 외적인 요소
- 대중의 호감도, 선호도, 매력성 등 평가
- 선수의 마케팅적 가치 제시자료

선수이적 팀을 찾아보자

1. 선수이적 팀 탐색의 의미를 이해하자

스포츠 에이전트 M이 축구선수 B의 이적을 추진하면서 **연봉, 팀의 애정도, 출전 횟수, 팀 훈련 수준과 방법** 등을 병행해서 고려하고 있다. 우선 M은 선수 경쟁력에 대해 **객관화된 지표**를 제시할 만한 리그와 구단을 탐색하고 있다. 이적시장이 활발한 겨울이 오기 전에 진행해야 한다. 본격적인 협상을 진행하기 위해 사전 작업으로 매우 큰 의미를 갖는다.

물론 선수 B에게 적합한지의 문제는 중요하다. 선수가 가고 싶다고 갈 수 있는 문제도 아니고, 구단이 원한다고 해서 무조건 추진할 문제도 아니다. 에이전트나 구단 입장에선 선수의 **경기력**과 선수의 **내적 심리 상태**를 매우 중요시하게 여긴다. 특히 **선수의 경쟁력** 외에도 성향, 의지, 적응능력 등도 다양한 변수로 작용할 수 있다.

소위 내공이 탄탄한 선수는 실패를 하더라도 자신에게서 원인을 찾는다. 개인훈련, 팀훈련, 자기관리Self-management를 통해 극복하기 위한 목표를 설정해 추진한다. 이적 팀을 물색하면서도 선수가 가진 다양한 측면의 가능성을 고려하며 선수의지를 정확히 타진해야 한다.

선수검색

농구선수

2. 선수이적 팀을 면밀히 파악하자

선수 이적을 파악하기 위한 수행 순서는 다음과 같다.

첫째, 현재 소속된 선수의 상황을 냉정하게 **평가**해야 한다. 즉, 현재 선수가 속한 구단에서 선수를 필요로 하는지 혹은 이적을 원하는지 등을 파악할 수 있다. 이를 위해 몇 가지 사항을 평가해야 한다.

① 선수의 **경기 공헌도** 파악경기당 득점, 어시스트 등

② 선수의 **관리 공헌도** 파악주장, 코치 겸 선수 등 구단 내 역할

③ 선수의 **출전 횟수** 파악수치화

둘째, **선수 이적의 당위성**에 대해 현재 소속 구단을 설득할 수 있어야 한다. 구단을 대상으로 이적대상 구단의 운영현황을 제시할 수 있다. 이를 위해 몇 가지 사항을 면밀히 분석하여 제시해야 한다. 이 과정을 거치며 구단으로부터 **이적동의**를 받아야 한다.

① 이적대상 구단이 원하는 필요요소를 **선수의 경쟁력**으로 해결할 수 있는 요인

② 이적할 경우 어느 정도 수준의 **경기력이 향상**될 수 있을 지의 여부

③ **선수 계약요소**의 조정 및 조정가능성이 있는지의 여부

셋째, 이적할 만한 **리그를 탐색**해야 한다. 일반적인 리그 분석은 인터넷상의 다양한 정보를 통해서도 이해할 수 있다. 하지만 좀 더 전문적인 분석 자료가 필요하다면 저서 출간, 칼럼 게재, 해설가 활동 등으로 해당종목 분야에서 잘 알려진 **해외리그 전문 분석가**의 자문을 구하는 것도 중요하다. 이를 위해 몇 가지 사항을 면밀히 분석해야 한다.

① 선수의 **현재 경기력**과 부합하는지 여부

② 향후 **경기력 향상**에 도움이 되는지 여부

③ 선수의 **체력향상, 경력** 등에 도움이 되는지 여부

④ 리그의 현재 이슈를 잘 이해하고, **적응**할 수 있는지 여부

넷째, 이적할만한 **구단을 탐색하고 최종 선정**해야 한다. 리그 탐색이 완료되면 선수에게 적합한 리그를 찾을 수 있다. 이를 위해 몇 가지 사항을 종합 분석하며 구단을 최종적으로 선정한다.

① 팀 내에서 뛰고 있는 기존 선수와 포**지션 중복**이 안 되는지 여부

② 선수 이적 및 연봉 조건 등 **요구사항**에 부합되는지 여부

③ 이후 선수가 이적할 때 **고려사항**

④ **경기력 유지** 및 **향상** 예측

⑤ 선수 **마케팅적 가치**를 높일 수 있는지 여부

여기서 잠깐! / 선수이적 구단 탐색의 중요성에 대한 에이전트의 관점 ★

■ **김양희 - 농구선수 출신의 에이전트**

'선수가 이적을 요구할 때가 있다. 하지만 현재 팀 내에서 **경쟁력**을 더 키우고 이적구단 을 탐색해도 늦지 않다고 판단해 선수에게 현 상황에서 최선을 다하라고 제안했다. 수수 료만 생각하면 이적을 자주 추진해야 하지만, 선수의 미래를 생각하면 신중해야 한다.'

→ 아무리 좋은 선수라도 구단과 맞지 않으면 돈과 시간만 낭비할 수 있음

→ **에이전트 명성**에 흠집이 날수도 있고, 선수 미래를 엉뚱한 방향으로 이끌 수 있어 이적 시기를 잘 고려해야 함

선수이적 구단 파악과정 도식도

선
수
이
적

파
악

① 現 소속선수의
　상황 평가

- 선수 경기력 공헌도(득점, 어시스트 등)
- 선수 관리 공헌도(주장, 코치 겸 선수 등)
- 선수 출전 횟수 등

② 선수 이적
　당위성 설득

- 현재 소속구단에게 당위성 설득자료 제시
- 이적대상 구단 운영현황
- 선수 경쟁력 부합 현항
- 계약요소의 조정 및 가능성 여부
- 구단으로부터 이적 동의

③ 이적 리그 탐색

- 선수 경기력 부합 여부
- 경기력 향상 여부
- 선수의 체력향상 및 경력 등에 도움여부
- 리그 분석가 활용

④ 이적 구단
　탐색 및 선정

- 팀 내 기존선수의 포지션 중복 여부
- 선수이적 및 연봉조건
- 경기력 유지 및 향상 예측
- 선수 마케팅적 가치 제고 요인

CHAPTER 03 선수이적을 협상 · 계약하자

1. 선수이적 협상과 계약의 의미를 이해하자

스포츠 에이전트 M은 선수 B가 이적할 만한 구단을 최종 선정하고, **이적 협상준비**를 하고자 한다. 각 종목의 협회 혹은 연맹은 구단과 선수 간의 이적 관련 규정을 갖고 있다. 예를 들어 **샐러리캡**과 **웨이버 공시** 등과 관련해 이적에 관한 내용과 맞물려 있다. 에이전트는 이러한 규정을 면밀히 살펴보는 것은 기본이고, 변호사를 통해 **법률 자문**을 받는 것이 중요하다. 협상의 기본은 상대방에게 신뢰를 주는 것이다. M은 신뢰 없이 한두 차례 성과를 얻었다고 해서 영원할 거라고 생각하지 않는다.

한 직업군의 시장은 그리 넓지 않기 때문에 좋은 이미지를 유지할 필요가 있다. 중요한 협상일수록 사전 준비가 매우 필요하다. 협상 시 의제로 올릴만한 모든 사안을 검토하고 임해야 한다. M은 에이전시, 선수, 부모 간에 형성한 **공감대**의 기준을 준수하기로 했다.

성공적인 협상을 하기 위해선 **커뮤니케이션** 능력이 뛰어나야 한다. 타고날 수도 있고, 계발될 수도 있는 분야이다. 상호 간의 교감을 확인하는 방법은 **회의록**을 작성하고 서로 **공유**하는 것이다.

회의록은 **합의된 부분**과 **합의되지 않은 부분**으로 구분할 수 있다. 합의되지 않은 부분은 다음 협상 테이블의 의제로 올릴 것을 기록한다. 여러 차례 언급했지만 **문서화** 작업이 필수적이고 커뮤니케이션의 기본이다. 필요 시 법적 효력은 없지만 **양해각서** MOU, Memorandum of Understanding를 체결하여 서로 간에 신뢰를 확인할 수도 있다.

일방적인 주장보다는 상대방의 말을 적극적으로 **경청**해야 한다. 또한 경청하는 태도를 보이는 것이 매우 중요하다. 자신의 말만 옳다고 떠드는 경우가 부지기수다. 한두 사람씩 주변에서 떠난다는 사실을 자신만 모르는 경우를 흔히 볼 수 있다. 상대의 말을 듣고 자신의 의견을 얘기하는 과정에서 상충되는 부분은 다음 협상으로 미루고, 공통된 부분은 정리해야 한다.

국제 감각을 배양하는 노력도 게을리 하면 안 된다. 국제 통용으로 **영어**를 구사하면 더욱 좋다. 유럽 비영어권 국가의 선수영입을 책임지는 담당자들도 무난하게 영어로서 의사소통을 한다. 계약문서도 기본적으로 영어로 돼 있다. **제안서**Letter of Proposal, **가계약서**Pre-contract, **공식 계약서**Official Contract 등 협상과정에서 필요한 계약문서가 있다.

세부적인 소통이 필요하면 통역을 대동할 수도 있다. 하지만 성공적인 에이전트의 역할을 수행하기 위해선 국제어로 통용되는 영어로서 의사소통구두, 이메일과 계약문서 작성을 할 수 있을 만큼 공부할 필요가 있다. 더불어 세계 스포츠 리그의 **동향**과 향후 변화예측 등을 잘 인지할 필요가 있다.

사인

2. 이적협상을 면밀히 하고 꼼꼼하게 계약을 하자

성공적인 선수이적에 관한 **협상과 계약**을 위한 수행 순서는 다음과 같다.

첫째, **이적 구단의 요구사항**을 선수에게 전달하고 설득 혹은 공감하게 해야 한다. 연봉, 훈련참가 방식, 각종 요구사항, 선수의 현재 상황에 맞는 출전 요구 등 관련한 모든 이슈를 선수가 잘 인지하게끔 해야 한다. 해당 조건의 이점을 알기 쉽게 설명하고 선수의 특성에 맞춰 설득해야 한다.

둘째, 이적 구단에게 **객관화된 선수의 가치**를 전달하고 설득해야 한다. 선수 가치의 객관적 자료는 몇 가지가 있다.

① 앞서 언급했던 **선수 경쟁력 분석**을 통해 **수치화**된 자료가 있다. 선수의 신체, 심리, 마케팅적 요소를 담는다.

② **메디컬 테스트**를 통한 선수의 객관적 데이터가 있다. 종목마다 테스트 기준과 규정이 다르기 때문에 요구 조건에 맞게 측정한다.

셋째, 이적 구단과 선수 간의 요구사항을 정리하고 **합의점을 도출**해야 한다. 에이전트의 역할이 이 지점에서 빛을 발한다. 연봉사항은 선수와 구단과의 **공통적 의제**에 해당된다.

선수가 관심 있는 팀 내 위치와 구단이 원하는 훈련참여태도 및 이미지 관리 요청 등은 **서로 다른 의제**가 될 수 있다. 에이전트는 양쪽의 요구사항을 정리하고 합리적 관점에서 합의점을 도출해야 한다.

넷째, 합의점을 근간으로 **이적계약**을 해야 한다. 국가의 종목별 협회, 연맹의 규정을 홈페이지 등을 통해 사전에 꼼꼼하게 파악해야 한다. 필요 시 변호사의 도움을 받아야 한다.

여기서 잠깐! / 선수이적의 협상·계약의 중요성에 대한 에이전트의 관점 ★

■ 윤기영 - 한국스포츠 에이전트협회(KSAA) 2대 회장

'선수와 구단과의 계약을 함에 있어 계약 기간과 기본 급여 협상이 대리인 역할의 큰 범주에 속한다면, 각종 수당을 비롯해 항공편 제공여부와 그에 따른 좌석등급, 숙소, 차량, 통역 제공 여부 등에 이르기까지 세세하게 챙겨야 할 부분이 정말 많다.'

→ 계약서 사인으로 모든 문제가 해결되는 것이 아니라, 추가로 발생할 수 있는 문제를 사전에 확인하고 요청해야 함

→ 계약서 내용의 관리가 제대로 이행되는지 현장에서 꼼꼼하게 챙겨야 함

■ 이예랑 - 박병호, 강정호, 김현수 미국행을 담당한 에이전트

'보통 큰 계약은 어렵고 작은 계약은 쉬울 것이라고 사람들은 생각하지만, 쉬운 계약이란 없다. 중요한 것은 고객이 만족하는 계약을 해야 한다. 그래서 당사자인 선수와 **많은 대화**를 나눈다. 선수가 어떤 삶을 원하고, 어떤 방식으로 인생을 살고 싶은지 꼼꼼하게 얘기를 듣는다. 에이전트는 선수의 **인생 동반자**이다.'

→ 모든 계약은 신중히 접근해야 함

→ 에이전트와 선수는 이적·연봉 협상에 따른 수수료를 받는 관계에서 그치지 않음

→ 선수와의 충분한 대화를 통해 인생 전반의 큰 그림을 그려주는 **동반자** 역할이 돼야 함

■ 이호철 - 박지성 전 축구선수 에이전트

'히딩크 감독과의 인연으로 이적하게 된 PSV 구단에서 활동할 때 맨체스터 유나이티드의 퍼거슨 감독으로부터 미팅 제안이 왔다. 세계 최고의 무대란 희망과 함께 히딩크 감독에게 일종의 배신감을 주는 것은 아닌가하고 걱정이 돼 선수와 진중한 의견을 나누었다. 결론은 PSV 구단에 먼저 얘기를 하고 맨유와 접촉하기로 했고, 히딩크 감독도 **선수의 결정**을 존중해야 한다고 했다.'

→ 선수의 장래에 대해 방향을 제시할 수는 있지만, **최종적인 모든 결정**은 선수에게서 나옴

→ 선수가 최종 결정을 할 수 있도록 주변의 많은 관계를 어떻게 원활하게 유지하며 이끌어갈지를 조언해주고 방향을 잡아주어야 함

■ 호르헤 멘데스 - 축구스타 호날두의 에이전트

'호날두가 2003년 맨체스터 유나이티드 계약서에 최종 서명한 날, 선수와 축하파티를 벌일 만도 하지만, 다른 계약을 위해 급히 떠났다. 멘데스는 준법에 관해 강박적일 정도로 확실하다. 고객으로 둔 선수를 위해 클럽을 상대로 성심성의껏 최선을 다한다.'

→ 에이전트는 **선택**과 **집중**을 해야 함

→ 사사로운 개인감정을 공유할 필요도 있지만, 선수진로에 결정적인 **계약**과 **법률적 지원**에 관한 한 최선을 다하고 우선시해야 함

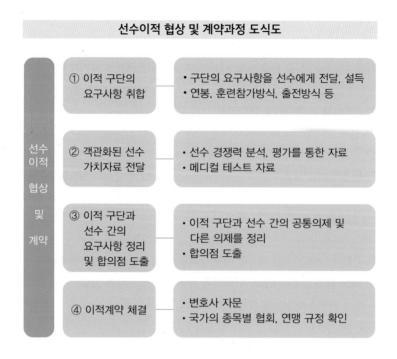

선수이적 협상 및 계약과정 도식도

선수 이적 협상 및 계약	① 이적 구단의 요구사항 취합	• 구단의 요구사항을 선수에게 전달, 설득 • 연봉, 훈련참가방식, 출전방식 등
	② 객관화된 선수 가치자료 전달	• 선수 경쟁력 분석, 평가를 통한 자료 • 메디컬 테스트 자료
	③ 이적 구단과 선수 간의 요구사항 정리 및 합의점 도출	• 이적 구단과 선수 간의 공통의제 및 다른 의제를 정리 • 합의점 도출
	④ 이적계약 체결	• 변호사 자문 • 국가의 종목별 협회, 연맹 규정 확인

국내 선수이적계약서 샘플을 참고하자. 예전처럼 '갑', '을' 관계와 표시를 지양하자. 또한 국내 프로리그 중 국내외 에이전트 시장에서 가장 활발하게 활동할 수 있는 근거가 되는 대한축구협회의 선수중개인 관리규정도 **〈여기서 잠깐!〉**에서 살펴보자.

여기서 잠깐! ▷▷ / 이적계약서 샘플(NCS 참조, 일부수정)

- 선수이적계약서 -

주식회사 ○○(이하 "회사")와 선수 ○○○(이하 "선수")는 다음과 같이 운동선수단 입단
계약서를 체결한다.

- 다 음 -

제1조(목적)

　"회사"는 운동선수단 ○○팀의 전력을 보강하기 위해 우수선수를 입단시키고 필요한
사항을 규정한다.

제2조(선수의무)

　"선수"는 "회사" 또는 "회사"가 지정한 대리인의 훈련지시사항을 성실히 이행하고, 기량
을 최대한 배양해야 한다. "선수"는 선수 상호간 신뢰와 화합으로 팀 발전에 최선을 다
하고, "선수"로서의 책임과 의무를 다해야 한다.

제3조(훈련)

　"선수"는 "회사"가 지정한 훈련시간, 일정, 프로그램 등을 준수해야 한다.

제4조(대회출전)

　"선수"는 "회사"가 지정한 대회에 "회사"의 소속팀으로 출전해야 한다.

제5조(숙소입소)

　"선수"는 "회사"가 지정해준 숙소에 기거하고, "회사" 또는 "회사"가 지정한 대리인의 지
시에 따라야 한다.

제6조(장려금 지급)

① "회사"는 필요 시 "선수"에게 장려금을 지급할 수 있다.

② "회사"가 "선수"에게 장려금을 지급할 경우 "선수"는 신체상 장애 등의 사유가 없는 한
　○년 이상 "회사" 소속팀에서 선수로 뛰어야 한다. 만약 계약을 위반할 시 "회사"는 장
　려금 전액 환수조치를 취하고, "선수"는 이에 응해야 한다.

③ 제3조(훈련)에 대해 준수가 안 될 시 "회사"는 장려금을 환수조치하고, 선수 자격 정지
　와 함께 ○○협회에 징계를 요구할 수 있다.

제7조(상벌)

① "회사"는 "선수"가 지시사항을 이행하지 않거나 팀원 간 불화합, 사회적 일탈행위, 성적 부진 등 팀 발전에 저해하는 행동을 할 경우 직권으로 계약을 해지할 수 있다.

② "선수"는 훈련을 게을리 하거나 질병으로 6개월 이상 계속 훈련이 불가능하다고 판단할 시 자진하여 사직원을 제출해야 하고, "회사"는 서면 계약해지를 할 수 있다.

③ "회사"의 사정으로 운동선수단 ○○팀의 해체 및 축소할 경우 그 발생일을 해지일로 본다.

제8조(복무)

"회사"는 "선수"에 대해 본 계약 이외의 복무사항은 자사의 복무조례를 준용한다.

제9조(어구해석)

이 계약서의 어구해석이 상호 상이할 시 "회사"의 해석에 따른다.

제10조(특약사항)

① "회사"는 동 계약서 제6조에 의거 "선수"에게 일금_____원정(₩_____)의 우수선수 장려금을 지급한다.

② "선수"는 계약과 동시에 "회사"의 팀에 입단해야 한다. 만약 이 기간에 입단하지 않거나 입단계약을 전면 이행하지 않을 시엔 본조규정1항으로 지급한 장려금의 2배를 변제해야 한다.

③ 본 계약서는 "회사"와 "선수"가 계약한 날로부터 효력이 발생한다.

위와 같이 계약을 체결하고 계약서 2부를 작성, 서명 날인 후 "회사"와 "선수"는 각 1부씩 보관한다.

200○년 ○월 ○일

주식회사 ○○   선수 ○○○

팀 사진

08

선수연봉 협상과 계약을 정교하게 하자

CHAPTER 01 선수의 경쟁실적을 분석하자

1. 선수의 경쟁실적을 이해하자

스포츠 에이전트 M은 프로농구 선수 C의 연봉협상을 계획하고 있다. 이는 선수 이적협상 및 계약7장 부분의 **선수 경쟁력 평가**내용과 유사하다. 즉, 선수에 대한 객관적 지표화 작업의 중요성을 다시 인지해야 한다. 병행해서 살펴보면 좋겠다.

운동능력과 신체조건으로 대표되는 선수로서 기본조건을 정리해야 한다. 또한 선수의 경기력과 팀 내 기여도를 평가자료에 활용해야 한다. 즉, **경기요건**과 **경기외적인 요건**까지 선수를 객관적으로 평가할 수 있는 자료를 **수치화**해서 정리해야 한다.

다른 구단으로의 이적과 연봉협상이 동시에 발생하거나 기존 팀 내에서 연봉협 상만을 하게 되는 경우가 있다. **경기실적**과 관련한 내용은 공통된 관심사로서 구단과 선수 간에 이미 내용이 공유된 상태일 것이다. 다만 경기외적인 요소로서 대중을 향한 신뢰와 그들로부터의 호감도를 끌어올리는 능력은 다분히 팀에 기여할 수 있는 요인 이라 할 수 있다. 이러한 측면을 강조하고 **마케팅 가치**를 어필할 수 있는 주체는 에이 전트가 주도적으로 해야 한다.

2. 선수의 가치 지표화 작업을 수행하자

선수연봉을 협상하는데도 **선수의 가치 지표화 작업**은 매우 중요하다. 기본적으로 체력측정 결과와 경기분석 자료가 필요하다. 선수 경기력을 지표화할 수 있는 기초 자 료는 다음과 같다.

첫째, **체력측정 결과**가 있다. **근력, 지구력, 순발력, 민첩성, 유연성, 평형성, 전신지구 력** 등을 측정할 수 있다. 종목별로 체력측정 항목이 다소 차이가 있다. M은 본인이 관 리하고 있는 6명 선수들의 체력측정 항목에 대한 차이점을 잘 인식하고 있다.

① 선수 A와 F야구 - 순발력, 민첩성, 전신지구력
② 선수 B축구 - 근지구력, 순발력, 민첩성, 전신지구력

③ 선수 C_{농구} – 근지구력, 순발력, 민첩성, 유연성, 전신지구력

④ 선수 D_{배구} – 순발력, 민첩성, 유연성

⑤ 선수 E_{배드민턴} – 순발력, 민첩성, 유연성, 전신지구력

선수 6명이 관계된 체력요소의 개념과 측정방식을 살펴보면 다음과 같다.

순발력은 제한된 시간에 많은 양의 일을 할 수 있는 능력으로 제자리멀리뛰기, 제자리높이뛰기, 25m 달리기 등으로 측정할 수 있다.

민첩성은 신체를 빠르게 움직이거나 방향을 전환시킬 수 있는 능력으로 반복해서 옆으로 뛰기, 버피테스트_{Burpee Test, 선 자세에서 손 짚고 엎드리기를 반복하는 운동}, 시간 내 왕복 달리기 등으로 측정할 수 있다.

전신지구력은 운동의 지속 능력을 의미하고 호흡기능 검사, 순환기능 검사, 최대 심폐지구력 테스트 등으로 측정할 수 있다.

근지구력은 오랫동안 지속적으로 수축하는 근육군의 능력으로 턱걸이, 팔굽혀펴기, 윗몸일으키기 등을 통해 측정할 수 있다.

유연성은 관절 가동범위의 측정치로서 앉아서 윗몸 앞으로 굽히기 등으로 측정할 수 있다. 이와 같이 종목별로 공통된 체력요소가 있는 반면 차이점도 있다. 에이전트는 해당 종목별 체력측정 항목을 이해할 필요가 있다.

둘째, **경기분석 자료**가 있다. 경기력은 기술, 전술, 체력 심리술을 통틀어 일컫는 말이다. 선수의 지난 경기와 앞으로 진행될 경기를 통해 예측 가능한 선수 경기력 자료도 포함된다. **경기분석 전문회사** 의뢰를 통해 양질의 객관적 자료 확보가 중요하다. 이는 현재의 경기결과가 앞으로 어떤 영향을 미칠지까지 분석결과에 넣을 수 있어 구단 관계자가 미처 파악하지 못한 예측치로 협상능력을 끌어올릴 수 있다.

M은 양질의 자료 축적과정을 통해 앞으로 관리하게 될 종목별 선수의 차이점과 비교할 수 있고, 개인별로 특성화할 수 있는 중요한 기초자료가 될 것으로 판단한다.

여기서 잠깐! / 선수 체력테스트의 중요성에 대한 에이전트의 관점 ★

■ 김양희 - 농구선수 출신의 에이전트

'스포츠선수는 운동 외에도 할 일이 많다. 연봉협상, 구단이적, 광고계약, 스케줄 관리, 마케팅, 운동량 관리 등 선수가 모두 감당하기 힘든 부분을 에이전트가 한다. 오로지 **경기**와 **훈련**에만 집중할 수 있도록 법정대리인 역할을 수행하는 것이다.'

→ 운동량 관리도 선수 스스로 체크할 수도 있지만, 에이전시를 통해 체계적인 시스템에 따라 관리하면 보다 효과적이 됨

→ 선수의 경기력을 높일 수 있는 가장 기본적인 토대가 선수자산의 **체력관리**임을 인지해야 함

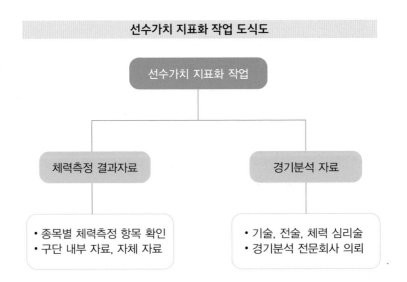

선수가치 지표화 작업 도식도

선수가치 지표화 작업

├─ 체력측정 결과자료
│   • 종목별 체력측정 항목 확인
│   • 구단 내부 자료, 자체 자료

└─ 경기분석 자료
    • 기술, 전술, 체력 심리술
    • 경기분석 전문회사 의뢰

선수체력평가

　　선수의 경쟁력을 분석, 평가하기 위한 수행 순서는 선수의 경쟁력 평가 부분7장과
유사하므로 동일한 표로 대신하겠다. 다시 앞장선수 이적 협상 및 계약을 살펴보며 전반적
인 내용을 이해하길 권장한다.

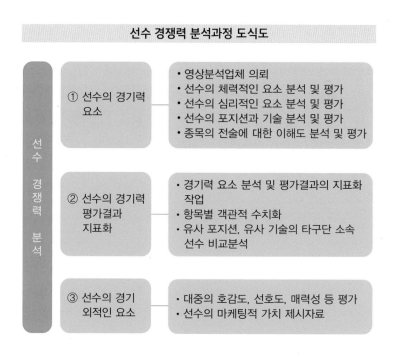

선수 경쟁력 분석과정 도식도

선수 경쟁력 분석	① 선수의 경기력 요소	• 영상분석업체 의뢰 • 선수의 체력적인 요소 분석 및 평가 • 선수의 심리적인 요소 분석 및 평가 • 선수의 포지션과 기술 분석 및 평가 • 종목의 전술에 대한 이해도 분석 및 평가
	② 선수의 경기력 평가결과 지표화	• 경기력 요소 분석 및 평가결과의 지표화 작업 • 항목별 객관적 수치화 • 유사 포지션, 유사 기술의 타구단 소속 선수 비교분석
	③ 선수의 경기 외적인 요소	• 대중의 호감도, 선호도, 매력성 등 평가 • 선수의 마케팅적 가치 제시자료

CHAPTER 02 선수연봉을 정교하게 협상하자

1. 연봉협상 사전준비의 의미를 이해하자

스포츠 에이전트 M이 농구선수 C의 연봉을 협상하기 위해 몇 가지 지식을 동원하고자 한다. 앞서 언급했던 **선수의 경쟁력**을 분석하고 종합적으로 산출할 수 있는 지식이 필요하다. 대학야구를 졸업 후 중국 프로리그를 노리는 선수 F의 연봉을 협상하는 과정은 기준을 설정하기가 쉽지 않을 것이다. 중국 현지 법인과의 협업을 통해 중국협회 규정 등을 꼼꼼히 살펴볼 필요가 있다. M이 속한 에이전시와 중국 법인과의 협약내용에는 선수로부터의 수수료는 한국 법인이 수령하고, 중국 구단으로부터의 수수료는 중국 법인이 수령하는 등 여러 가지 옵션을 구상할 수 있다. 공신력公信力을 담보하는 법인 없이 개인이 활동할 경우 부정적인 의미의 브로커란 소리를 듣고, 좋지 않은 이미지가 본의 아니게 남길 수 있다는 점도 명심해야 한다.

또한 연봉 규정과 해당 국가의 계약에 관한 법률을 정확히 인지해야 한다. 종목마다 해당 협회 및 연맹의 연봉 관련 규정이 다르다. 국가마다 법률이 다르기 때문에 해당국가 **전문 법률인**의 자문이 필요할 것이다.

마지막으로 **협상기술에 대한 지식**이 요구된다. 타고난 협상가라면 유리하겠지만 일반적으로 많은 경험을 통해 협상의 노하우를 갖게 된다. 성공적인 협상기술에 대한 이론적 지식과 태도를 사전에 습득하고자 하는 노력은 에이전트의 역량을 갖추기 위한 중요한 덕목이라 할 수 있다.

연봉협상

2. 연봉협상을 면밀히 하자

성공적으로 **연봉 협상**을 진행하는 수행 순서는 다음과 같다.

첫째, 현재 소속된 선수의 상황을 냉정하게 **평가**해야 한다. 즉, 현재 구단이 선수를 어떻게 평가하는지, 구단에 기여를 하고 있는 선수로 인식하는지 등을 파악할 수 있다. 이를 위해 몇 가지 사항을 평가해야 한다. 이는 선수이적을 준비할 때도 필요한 동일한 내용이다.

① 선수의 **경기 공헌도** 파악경기당 득점, 어시스트 등

② 선수의 **관리 공헌도** 파악주장, 코치 겸 선수 등 구단 내 역할

③ 선수의 **출전 횟수** 파악수치화

둘째, 선수의 **실적**과 **경쟁력**을 종합하여 준비해야 한다. 선수의 체력측정 평가와 경기분석 자료를 바탕으로 객관적 평가 자료를 준비한다. 이 외에도 앞서 언급한 선수의 공헌도, 수상내역, 득점, 도움순위 등의 **경기 기록**과 **선수의 마케팅적 가치** 등을 추가로 준비한다.

셋째, 합리적 근거의 연봉을 산정하고, 구단의 연봉지급능력을 파악해야 한다. 물론 선수가 생각하는 희망연봉과의 괴리가 있는지를 알기 위해선 연봉 산정 후 **상담**을 해야 한다.

에이전트와 선수 간의 연봉산정의 **공감대 형성**은 매우 중요하다. 더불어 구단의 재정상태를 분석할 필요가 있다. 금융감독원이 운영하는 전자공시시스템을 통해 상장법인 등이 제출한 재무상태, 주요 경영정보 등 인터넷에 게재된 각종 공시자료를 찾아볼 수 있다.

선수 F의 중국 프로리그 진출을 위해 현지 법인을 통해 구단의 재정상태를 파악할 필요가 있다. 정확한 정보를 얻기가 쉽지 않기 때문이다. 2002년 중국야구리그CBL가 출범해서 20여 년의 역사를 지녔지만, 자국 내에서도 인기가 높지 않아 객관적인 리그 현황을 파악하기가 쉽지 않다. 그럼에도 M과 선수 F에게는 기회가 될 수 있으므로 초기 정착을 위한 심도 있는 전략이 필요하다.

이 외에도 공식적인 보도자료나 언론을 통해 알려진 구단의 스폰서십 확보 및 중계료로 재정상태를 분석하면 연봉 산정에 중요한 기초 자료가 될 수 있다.

넷째, 선수의 **성장가능성**을 총체적으로 고려해야 한다. 선수 연봉계약 시 선수의 경제적 이익을 우선적으로 고려한다. 또한 향후 연봉을 하향조정하면서 이적을 할 가능성도 염두에 둘 필요가 있다.

선수는 구단과 에이전시의 대표적인 **제품**Product과 **서비스**Service를 대변한다. 에이전트는 항상 최고 기량만을 선보이는 선수를 관리하고 싶겠지만 선수는 슬럼프, 부상, 일탈행위 등 악재를 동반할 수 있는 여지가 항상 있을 것이다.

상품Goods은 **제품**Product에 **서비스**Service가 포함된 개념이다. 해당종목에서 자기 포지션을 곧잘 소화하는 수준의 선수는 제품이다. 에이전시는 선수에게 **지원, 상담, 교육** 등을 제공하며 관리한다. 매체를 통해 언론에 알리고 경기력을 향상시키는 과정 등은 서비스에 해당된다. 선수의 가치가 올라가고 이적 및 연봉협상에 유리한 고지에 오르면 거래가 가능한 상품이 된다.

스포츠 제품의 **라이프사이클**PLC, Product Life Cycle에 선수를 대입해 살펴보면 다음과 같다.

① **도입기**Introduction Stage는 스포츠 제품이 처음 시장에 나오는 단계다. 고등학교를 막 졸업한 선수는 제품이라 할 수 있다. 특정 종목의 포지션에서 본인 역할을 수행하는 제품인 것이다. 잠재적인 팬 층에는 잘 알려져 있지 않아 구단에선 선수를 알리기 위한 촉진 비용이 많이 든다.

② **성장기**Growth Stage는 수요가 증가하고 이익이 발생하는 단계다. 구단에서 많은 비용을 들이며 서비스를 가미하면서 좋은 상품으로 탄생한다. 전문적 기술이 보강되고 각종 팬 서비스 등이 있다. 치열한 경쟁이 있는 만큼 경쟁제품 즉, 타 구단에서 중복된 포지션과 유사한 기술을 구사하는 선수들이 등장한다.

③ **성숙기**Maturity Stage는 수요의 신장이 둔화되거나 멈추는 단계다. 한창 잘 나갈 것 같았던 좋은 상품인 선수가 기량과 인기가 정점을 찍은 순간이기도 하다. 잘 유지하는 것이 선수관리의 핵심일 수 있다.

④ **쇠퇴기**Decline Stage는 선수를 통한 팀 내 공헌도, 대중의 인기 등이 눈에 띄게 감소하는 단계다. 궁극적으로 구단의 가치, 매출, 이미지 등의 하락요인으로 작용할 수 있다.

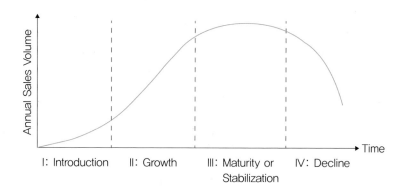

PLC

여기서 **잠깐!** / 선수 생명주기 연장의 중요성에 대한 에이전트의 관점 ★

■ **김양희 - 농구선수 출신의 에이전트**

'사람은 누구나 조금만 유명해지면 허황된 꿈을 꾸거나 게을러질 수 있다. 선수는 **책임, 의무, 권리의 균형**을 맞추는 것이 중요하다. 이 부분이 결여돼 연봉에만 초점을 맞추는 선수가 있다.'

→ 선수 스스로 허황된 꿈을 자제하고 긍정의 힘을 갖게끔 해야 함
→ 다른 직군에 비해 짧은 선수생활의 두려움을 해소하기 위해 많은 **소통**과 **공감대** 형성을 해야 함

■ **스콧 보라스 - 세계의 영향력 1위를 차지한 에이전트(2015년 경제지 포브스)**
'에이전트의 미션은 선수가 **최고의 경기**를 하도록 도와주는 것이다. 협상을 위해 준비하고 노력하는 과정에 비하면 협상자체는 정말 짧은 마지막 단계이다. 다시 말해 협상결과의 지표에 매달리기 보다는 선수의 경기력에 도움을 줄 수 있는 과정에 초점을 둬야 한다.'

→ 원론적인 얘기지만 **선수우선주의**에 기초로 협상하고 결과를 도출해야 함
→ 선수생명을 짧게 하거나 좀 더 유지시킬 수 있는 환경은 에이전트의 **협상과정**에서 이루어진다고 해도 과언이 아님

■ **선수와 에이전트 간의 시각 차이(Shropshire et al., 2016, p.85)**
"선수들은 '바로 여기, 그리고 지금 당장'의 사고방식을 갖고 있다. '지금 나에게 해줄 수 있는 일이 무엇이냐?'라는 식이다. 에이전트 관점에서는 선수의 인생에 가장 중요한 기여를 할 수 있는 방법 중 하나는 선수에게 '현재'를 뛰어넘는 시각을 제공하는 것이다."

→ 에이전트는 선수로서 생명을 연장시키기 위한 **비전**을 제시할 수 있어야 함
→ 에이전트는 선수가 이적과 연봉 등 최종 결정하기까지 충분한 비전을 제시하여 선수생활을 연장시킬 수 있는 **확신**을 주어야 함

마지막으로 조사 자료를 근간으로 **연봉 협상**을 해야 한다. 물론 협상 계획을 철저하게 수립하고 임해야 한다. 구체적인 목표 달성 단계, 협상 장소와 시기 결정, 협상 중재 및 자문법률 전문가, 통역사 등 필요여부 확인, 협상 합의 접점, 협상실패 시 차선책 등을 사전에 마련해야 한다.

선수연봉 협상과정 도식도

선수연봉 협상

① 現 소속구단 선수상황 평가	• 선수의 경기공헌도(득점, 어시스트 등) • 선수의 관리공헌도(주장, 코치 겸 선수 등) • 선수의 출전횟수
② 선수실적과 경쟁력 준비	• 선수의 체력측정 평가 자료 • 선수의 경기분석 자료 • 선수공헌도, 수상내역, 득점, 도움순위 등
③ 합리적 근거의 연봉 산정 및 구단의 연봉지급능력 파악	• 에이전트와 선수 간의 공감대 형성 • 구단의 재정상태 파악 　(금융감독원의 전자공시시스템)
④ 선수의 성장 가능성 고려	• 선수의 경제적 이익을 우선시 함 • 이적 가능성 염두
⑤ 조사자료를 근간으로 연봉 협상	• 협상계획 철저히 수립

선수연봉을 계약 · 관리하자

1. 연봉계약 사전준비의 의미를 이해하자

에이전트가 필수적으로 파악해야 할 사항은 몇 가지가 있다.

연봉협상 관련 **일정**을 놓치면 안 된다. 원 소속팀 선수들에게 구단으로부터 공표된 연봉조정 제의Offer를 하는 날짜, 연봉조정공청회 등 필요한 일정을 꼼꼼히 챙겨야 한다. 또한 종목별 각 구단이 제시한 연봉을 산정하는 **규정**을 사전에 잘 살펴야 한다.

소속선수 연봉합계가 일정액을 초과할 수 없도록 규정한 연봉 총상한제Salary Cap 등의 기준을 꼼꼼히 확인해야 한다. 각 프로 스포츠 연맹의 홈페이지에 정관 혹은 규약으로 잘 나와 있다. 스포츠 에이전트 M은 연봉 협상 진행과정을 꼼꼼히 확인하고 협상에 임했다. 그 결과 큰 이견 없이 연봉협상 체결 직전까지 가게 됐다.

이제 객관적 자료 제시, 치열한 협상, 상호 원윈Win-Win할 수 있는 수준 도달, 선수의지 최종 확인 등을 거쳐 연봉협상을 체결하는 과정만 남았다.

여기서 잠깐! / 스포츠와 관련한 가격(Price)의 종류

① **스포츠의 마케팅 구조에 관련한 가격**: 연봉(Salary), 계약금(Singing Bonus), 상금(Bonus), 포상금(Reward), 리그 가입금(Franchise Fee), 리그 참가비(League Fee), 수수료(Commission), 입찰가(Bid), 스폰서십 비용(Sponsorship Fee), 라이선싱 비용(Licensing Fee), 선수보증광고 비용(Athlete Endorsement Fee), 방송중계권료(Broadcasting Rights Fee)

② **스포츠 소비자에 관련한 가격**: 회원권(Membership Fee), 등록비(Registration Fee), 시설과 장비 대여료(Rental Fee), 입장권료(Ticket Charge), 개인좌석인증제(PSL, Personal Seat License)

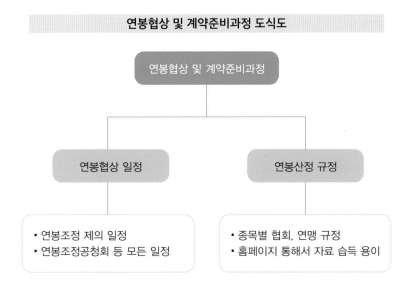

연봉협상 및 계약준비과정 도식도

연봉협상 및 계약준비과정

연봉협상 일정

연봉산정 규정

• 연봉조정 제의 일정
• 연봉조정공청회 등 모든 일정

• 종목별 협회, 연맹 규정
• 홈페이지 통해서 자료 습득 용이

계약 장면

2. 연봉계약을 꼼꼼히 하자

연봉협상 체결과 **사후관리**를 위한 수행 순서는 다음과 같다.

첫째, **연봉계약 체결**의 세세한 내용을 확인해야 한다. M은 평소 관계를 맺어왔던 로펌의 변호사에게 계약서 내용에 대한 법률 자문을 의뢰하려고 한다. 물론 구단 측에서도 법률 자문을 하게 될 것이다.

선수의 생계와 직결되는 부분이니만큼 종목별로 다른 **연봉기준**을 잘 살펴야 한
다. **고정급, 기본급, 출전수당, 승리수당** 등 선수와 팀의 성적에 따라 차이를 보일 수 있
는 부분에 대해 심도 있는 검토가 필요하다. 다소 이견異見이 있는 조항이 발생하면 부
분 재협의를 통해 최종적인 내용을 조율한다.

둘째, 연봉협상 체결 후에 확인해야 할 몇 가지 사항이 있다.

① **계약내용**이 잘 이행되고 있는지 여부
② 다음 연봉협상 때 **반영**해야 할 사항

에이전트는 협상과정과 결과의 평가를 통해 보완점을 반드시 개선하도록 노력해
야 한다. 항상 선수에게 경제적 이익을 우선시 하는 협상이 돼야 하기 때문이다. 선수
의 동기부여, 성적, 진로, 인생에 영향을 주는 과정임을 명심해야 한다. 또한 선수가 경
기력이 떨어져서 구단이 계약 해지를 통보하더라도 남은 계약기간의 급여를 보장 받
을 수 있는 조건Skills Guarantees을 삽입할 필요도 있다.

제3장에서 언급한 **수수료율**과 연봉과의 관련한 내용을 덧붙이자면 에이전트가
받는 수수료는 선수와 구단과의 **계약기간** 동안 받는 것이다. 즉, 에이전트는 매년 **선수
연봉의 일정 비율**을 받아야 한다. 12장에 제시할 선수와 에이전트 간의 **고용계약서**혹은
대리계약서, 에이전트 계약서에 정확히 명시할 필요가 있다. 만약 계약이 성사됐을 시에 한정
해서 받는 구조라면 에이전트 입장에선 구단과 협상할 때 단기계약으로 유도할 수밖
에 없을 것이다.

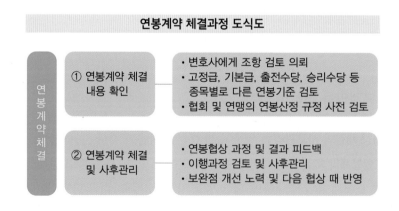

연봉계약 체결과정 도식도

연봉계약 체결	① 연봉계약 체결 내용 확인	• 변호사에게 조항 검토 의뢰 • 고정급, 기본급, 출전수당, 승리수당 등 종목별로 다른 연봉기준 검토 • 협회 및 연맹의 연봉산정 규정 사전 검토
	② 연봉계약 체결 및 사후관리	• 연봉협상 과정 및 결과 피드백 • 이행과정 검토 및 사후관리 • 보완점 개선 노력 및 다음 협상 때 반영

여기서 잠깐! 🚩▷ / 선수연봉 협상 계약체결의 중요성에 대한 에이전트의 관점 ★

■ 이예랑 - 박병호, 강정호, 김현수 미국행을 담당한 에이전트
   '김현수가 2016년 볼티모어 오리올수와 계약 이후 시즌 초반 부진으로 마이너리그행을 구단으로부터 권유받았으나 마이너리그 **거부권** 행사를 결정했다. 주변의 비난이 뒤따랐지만 결국 선수가 주전으로 거듭나며 선수 가치를 올렸다.'

→ 선수 인생이 달린 문제이므로 **책임감**과 **집중력**을 갖고 일을 추진해야 함
→ 최종결정은 선수가 하지만, 결정에 이르기까지 에이전트의 **판단력과 방향제시**가 매우 중요함

■ 김양희 - 농구선수 출신의 에이전트
   '에이전트는 **선수와 경기를 보는 안목**이 있어야 한다. 클럽, 감독, 선수마다 장단점과 스타일이 다르다. 의뢰인(Client)를 감동시키고 어필하기 위해선 철저하게 **준비**할 수밖에 없다.'

→ 이해관계자가 그 분야의 전문가인 만큼 그 위상을 뛰어넘을 수 있게 능력을 쌓아야 함
→ 구단 관계자를 설득시킬 수 있을 만큼 선수기량과 경기력과의 관련한 **통찰**을 보여줘야 함

다음 국내 선수연봉계약서 샘플^{별첨}을 참고하자. 예전처럼 '갑', '을' 관계와 표시를 지양하자.

여기서 잠깐! ⏯ / 연봉계약서 샘플(NCS 참조, 일부수정)

- 선수연봉계약서-

○○농구단(이하 "농구단")와 선수 ○○○(이하 "선수")는 다음과 같이 연봉계약직 근로계약을 체결한다.

- 다 음 -

제1조(목적)

"농구단"는 "선수"를 고용하여 보수(제3조)를 지급하고, "선수"는 "농구단"을 위해 필요한 기술과 근로의 제공 의무를 규정한다.

제2조(계약기간)

이 계약의 유효기간은 20○○년 ○○월 ○일부터 20○○년 ○월 ○일까지이다. 단, "농구단"과 "선수"는 계약만료 1개월 전까지 계약종결의사를 서면으로 통보하지 않을 경우, 본 계약은 1년씩 자동 연장된다.

제3조(보수)

① 연봉금액은 일금_____원정(₩_____)으로 한다.

② 급여는 매월 25일 통장으로 자동 이체하여 지급한다.

③ 상여금과 퇴직금은 별도의 연봉계약서에 의거하여 적용한다.

④ "농구단"은 국내법이 정하는 바에 따라 "선수"에게 지급하는 제 급여에서 제세공과를 원천징수한다.

제4조(근로조건 및 의무)

① "선수"는 근로시간 및 시업, 종업, 휴식시간, 휴일 등은 "농구단"이 정한 바에 따른다.

② "선수"는 계약기간 중 "농구단" 혹은 "농구단"의 업무를 위임받은 자로부터 모든 업무상의 정당한 지시를 따라야 한다.

③ "농구단"은 "선수"가 지시사항을 이행하지 않거나 팀원 간 불화합, 사회적 일탈행위, 성적 부진, 고의 또는 중대과실, 계약 및 사규 위반 등 "농구단" 발전에 저해하는 행동을 할 경우 직권으로 계약을 해지할 수 있다.

제5조(기타)

기타 상기에 명시되지 않는 내용은 "농구단"이 정한 별도기준을 적용한다.

위와 같이 계약을 체결하고 계약서 2부를 작성, 서명 날인 후 "농구단"과 "선수"는 각 1부씩 보관한다.

2000년 0월 0일

○○농구단	근로자
대표자 : ○○○	선수 : ○○○
주소 :	주소 :
사업자번호 :	주민등록번호 :

축구

유니폼

골프

선수용품 협찬기업을 찾고 정교하게 협상과 계약을 하자

CHAPTER 01 — 선수용품 협찬의 가치를 분석하자

1. 선수의 가치 평가를 이해하자

선수들은 용품을 필요로 한다. 물론 유니폼과 같은 공통적 개념의 용품도 있지만, 종목마다 신발, 라켓과 같이 용품의 기능과 종류는 다르다. 선수가 소모적 물품을 매번 구입하기 보다는 용품을 **협찬**해줄 수 있는 기업을 찾는 게 **재정적, 심리적**으로 유리하다. 물론 협찬해주는 기업도 분명한 성과를 도출하려고 할 것이다.

통상 **협찬**協贊과 **후원**後援을 동일개념으로 혼용해서 쓰고 있다. 엄밀히 구분하자면 협찬은 어떤 일에 동조해 재정적으로 도움을 준다는 의미다. 즉, 뒤에서 단순히 도와준다는 뜻인 후원보다는 실질적 현금과 용품을 지원하는 형태인 협찬이란 단어가좀 더 가깝다. 후원은 공신력 있는 단체의 이름을 빌려 주는 형태로서 재정적 지원은 없어도 사용할 수 있는 용어이다. 실무에선 혼용해서 사용해도 무방하다. 단, 재정적 지원이 있는 기업과 명칭만을 빌려주는 지자체공기관 등가 포함됐을 시 구분해서 표기하면 이해하기 쉬울 것이다.

한 가지 더 짚고 넘어가자면 북미권에서 주로 사용되는 **스폰서십**Sponsorship과 유럽권에서 사용되는 스폰서링Sponsoring을 종종 혼용해서 쓰기도 한다. 스폰서링은 협찬자Sponsor와 협찬 수혜자Sponsee 간의 관계를 뜻하는 스폰서십의 의미와 함께 좀 더 폭넓은 의미의 기업 커뮤니케이션을 위한 거래를 의미한다. 포괄적 개념의 스폰서링 사용을 주장하기도 하지만, 국내에선 **스폰서십**이란 용어를 주로 쓴다.

스포츠 에이전트 M은 선수들이 필요한 용품을 협찬할 수 있는 기업을 찾고자 한다. 이를 위해선 잠재적인 협찬 기업에게 **혜택**Benefit이 있어야 한다. 즉, 선수에게 용품을 지원해주면 얻을 수 있는 반대급부가 필요하다. M은 선수의 가치를 평가하고 성과를 측정할 수 있는 객관적 자료가 무엇인지를 고민하고 있다.

스포츠 제품은 유형적 특성과 무형적 특성을 나타낸다.

유형적 특성은 운동기구, 시설 등에서 나타나고, **무형적 특성**은 선수의 경기력, 이미지, 프로그램 등에서 볼 수 있다. 앞서 몇 차례 언급한 것처럼 **제품**Product에 여러 가지 **서비스**Services를 가미하면 매매의 목적으로 거래되는 **상품**Goods이 된다.

대표적인 스포츠 상품은 바로 '**선수**'라고 할 수 있는데 실체가 있는 **유형적 상품**이면서 선수 경기력, 이미지, 카리스마, 언행 등을 통해 전달되는 **무형적 상품**이기도 하다. 유형적 상품과 무형적 상품 가치가 모두 높게 나타나면 더없이 좋겠지만, 어느 한쪽에 편중된다면 부족한 측면을 보완하기 위한 노력을 해야 한다.

M이 고려하고 있는 부분이 바로 스포츠 선수의 **가치 평가**와 **성과측정**이다. 즉, 선수에 대해 유·무형의 가치를 산출하는 과정으로 화폐 단위로 표시될 수 있는 정량적인 스포츠 선수의 가치 평가를 하려고 한다. 또한 선수의 **경기력**이 향상되는 부분과 선수의 **마케팅적 요인** 등 유·무형상의 투입 요소에 대한 산출 비율로 표시할 수 있는 스포츠 선수의 성과측정을 하려고 한다.

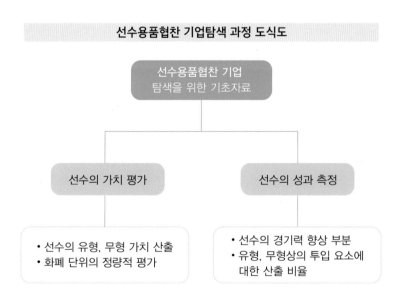

농구   육상   배구

2. 선수용품협찬 가치평가의 수행순서를 이해하자

성공적으로 **선수의 가치**를 평가하기 위한 수행 순서는 다음과 같다.

첫째, 스포츠 선수의 일반적인 자료를 **수집**하고 필요자료만을 **분류·요약**해야 한다. 선수로부터 발생하는 자료는 방대하다. 경기력과 관련된 자료와 경기력과 무관한 자료로 분류하자면 다음과 같다.

경기력과 관련된 자료는 선수의 훈련참여 및 성과, 경기실적과 공헌도 등이 있고, 경기력과 무관한 자료는 평소에 드러나는 인품과 태도, 비전, 자신감, 목표의식, 언행 등 일상생활을 통해 드러나는 요인들로 가득하다.

자료 수집은 다른 사람으로부터 전달받는 것보다 직접 현장에서 수집하는 것이 보다 왜곡되지 않고 객관적인 자료가 될 수 있다. 필수적인 요약자료 작성은 자신이 보기 위한 자료가 아니라 남이 보는 것이다. 즉, 상대가 이해하기 쉽게 전달하는 것이 목적이 된다. 이를 위해 표, 막대 차트, 그래프 등을 통해 **시각적 효과**에 집중하는 것이 좋다.

둘째, 조사 자료를 토대로 스포츠 선수의 가치를 **평가**해야 한다. 선수의 체력, 기술력, 정신력 등으로 경기력을 평가할 수 있다.

또한 선수의 기록, 현재연봉 및 연봉추이, 발전가능성, 선수로서의 집중적인 활동시기, 선수의 인지도 및 이미지 등 경기 외적인 사항을 평가할 수 있다.

셋째, 평가 자료를 토대로 **스포츠 선수의 가치**를 종합적으로 **분석**해야 한다. 선수는 특정종목의 포지션을 잘 수행하는 제품의 가치에서 멈추면 아니 된다. 종합적인 분석을 위해 다음과 같이 몇 가지 사항을 고려할 수 있다. 스스로 질문을 해 보자.

① 자신이 용품협찬 기업 **담당자**라고 입장을 바꿔 생각해보면 어떨까?

② 이 선수를 통해 자사의 용품이 **홍보**가 될까?

③ 많은 동호인들 관심을 유도할 수 있는 **매개**가 될까?

④ 선수의 매력과 자사 이미지 혹은 용품과 **조화**를 이룰 수 있을까?

다시 말해 기업은 **제품**Product으로서 선수가 아니라 거래를 위한 **상품**Goods으로서 선수를 원한다. 다시 말해 **경기력**과 **경기 외적인 부분**까지 적정 수준 이상을 유지하고 있는 선수의 이미지를 활용하고 싶어 할 것이다.

여기서 잠깐! ⬚▷▷ / 선수 가치를 높이는 것의 중요성에 대한 에이전트의 관점 ★

■ **김양희 - 농구선수 출신의 에이전트**

'필드에서 축구선수 스타일까지 신경을 쓴다. 머리 스타일, 유니폼(골기퍼) 색상 등의 코치를 통해 상대선수에게 위압적으로 보일 수 있도록 한다. 중앙수비수가 왜소해 보이면 파마를 시킨 적도 있다.'

→ 선수의 **가치**를 높이기 위해 소소한 부분까지 신경을 쓰면 좋음

→ 선수 스타일은 곧 팬으로 하여금 **이미지**로 각인되고, 경기력 향상을 통해 **브랜드**로 확장될 수 있음

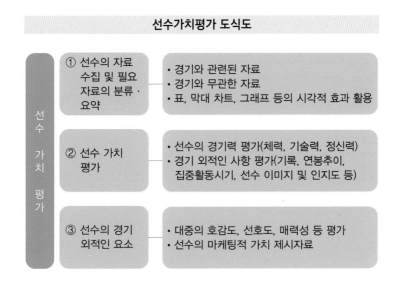

선수가치평가 도식도

선수 가치 평가

① 선수의 자료 수집 및 필요 자료의 분류·요약
- 경기와 관련된 자료
- 경기와 무관한 자료
- 표, 막대 차트, 그래프 등의 시각적 효과 활용

② 선수 가치 평가
- 선수의 경기력 평가(체력, 기술력, 정신력)
- 경기 외적인 사항 평가(기록, 연봉추이, 집중활동시기, 선수 이미지 및 인지도 등)

③ 선수의 경기 외적인 요소
- 대중의 호감도, 선호도, 매력성 등 평가
- 선수의 마케팅적 가치 제시자료

CHAPTER 02 선수용품 협찬기업을 찾아보자

1. 선수용품 협찬의 필요성을 이해하자

스포츠 에이전트 M은 용품협찬 기업을 찾고자 한다.

용품협찬은 **선수 스폰서십**Athlete Sponsorship을 의미한다. 기업은 말 그대로 선수 스포츠 용품을 협찬하기도 하지만, 대회참가 비용 등 예산을 지원하기도 한다. 즉, 현금과 현물, 용역, 서비스와 같은 기타 지원VIK, Value in Kind을 포함한 현품을 지원하고 있다.

선수 스폰서십에 참여하는 기업은 기업의 가치와 이상을 실현하기 위해 무명선수라도 협찬한다. 기업 이미지를 높이는 즉각적인 효과를 거대하지 않는 경우도 있다.

이는 10장에서 언급할 선수광고 관심기업이 주로 하는 **선수보증광고**Endorsement, 인도스먼트와는 차이가 있다. 선수보증광고는 즉각적인 효과를 기대하기 위한 마케팅 기법이다. 이 경우 단기간의 광고효과로 기업 상품의 판매량을 높이는 데 크게 기여한다. 반면, 선수 스폰서십에 비해 유명선수 선호현상이 두드러져 기업 입장에선 많은 비용을 소요해야 하는 부담과 잠재적인 위험 가능성도 갖게 된다. 예를 들어 광고에 출연한 선수가 불미스러운 일에 휘말린다면 선수는 물론 기업 상품까지 이미지가 실추될 것이다. 단기적으로 성과를 내야 하는 광고의 특성상 예기치 않는 일이 발생할 수 있다.

다시 말해 선수 스폰서십을 선호하는 용품협찬 기업들은 큰 비용을 들이지 않고, 선수를 협찬함에 따라 중·장기적인 효과를 기대할 수 있다. 또한 유망주를 발굴한다는 긍정적인 의미를 부여하기도 좋다. M은 이러한 특성을 잘 이해하고 있어 경력이 짧은 선수를 포함하여 모든 선수들의 용품협찬을 받고자 한다.

그럼에도 불구하고 M은 선수의 경기력 향상에 실질적으로 도움이 되는 용품인지를 고민할 수밖에 없다. 아무리 부족함이 없는 지원이라 할지라도 선수가 불편해 하거나 검증되지 않은 용품을 사용하기엔 부담이 따르기 때문이다.

협찬대상은 기업, 비영리 단체, 정부, 개인 등으로 다양하다. 어떤 목적으로 선수 대상 용품협찬을 하고자 하는 것인지, 과연 선수가 협찬을 받고 좋은 성과로 이어가는 데 동기부여가 될 수 있을지 등 다양한 관점에서 파악이 필요하다.

마라톤   배드민턴(패럴림픽)

2. 선수용품 협찬기업 탐색순서를 이해하자

성공적으로 **선수용품 협찬기업**을 탐색하는 수행 순서는 다음과 같다.

첫째, 선수에게 **필요한 용품**을 우선순위별로 파악해야 한다. 물론 실무에선 원하는 바대로 협찬을 못 받을 수도 있지만, 에이전트는 선수입장을 사전에 충분히 이해하고 목록을 정할 필요가 있다. 몇 가지 예를 살펴보면 다음과 같다.

① **야구선수** A와 F는 야구신발, 야구배트, 글러브 순으로 필요하다.

② **축구선수** B는 축구신발, 축구공, 정강이 보호대 순으로 필요하다.

③ **농구선수** C는 농구신발, 농구공, 아대 순으로 필요하다

④ **배구선수** D는 배구신발, 배구공, 무릎 보호대 순으로 필요하다.

⑤ **배드민턴 선수** E는 배드민턴 신발, 라켓, 셔틀콕 순으로 필요하다.

둘째, 용품을 협찬할 만한 **기업을 파악**하고 해당조직의 이미지를 분석해야 한다. 여기서 두 가지 기업으로 분류한다.

① 앞서 언급한 선수가 **우선순위별**로 필요로 하는 용품을 생산하거나 수입하는 기업

② **스포츠 용품 산업** 내에서 선수를 협찬하는 기업

용품협찬은 홍보를 목적으로 많은 기획 기사가 양산되기 때문에 온라인상에서 정보를 쉽게 찾을 수 있다. 즉, 기업의 선수 혹은 팀 협찬 사례를 통해 기업홍보 효과, 이미지 제고, 스토리텔링, 감동적 사례 등의 다양한 기사를 접하면서 간접적으로 이해해야 하는 단계라 할 수 있다.

셋째, 기업의 선수협찬 사례에 대해 양적조사와 질적조사를 실시하고, 협상 기업 리스트를 작성한다.

① **양적조사**는 노출된 매체 수, 구독률, 접속률, 시청률, 표적고객 수, 노출시간, 노출된 기사의 길이, 노출시간에 따른 이익금 등을 측정하는 방법

② **질적조사**는 기업의 스폰서십 참여 전과 참여 후의 인지도 변화, 이미지 변화 등을 측정하는 방법

마케팅 조사 전문업체에 의뢰하여 효율성을 담보하고 객관적인 자료를 확보하는 것이 필요하다. 물론 에이전트는 정확한 의뢰와 요청을 하기 위해서 마케팅 조사와 통계분석에 관한 기초적 지식을 쌓아야 한다.

여기서 잠깐! ▷ / **선수용품 확보의 중요성에 대한 에이전트의 관점**★

■ **이예랑 - 박병호, 강정호, 김현수 미국행을 담당한 에이전트**

'에이전트는 선수들이 운동에만 전념할 수 있게 해야 한다. 야구선수의 베팅장갑, 신발 등 관련 용품에 대해서도 일일이 체크한다. 선수마다 다양한 습관도 인지해야 하고, 선수 기록에 관한 데이터도 지속적으로 공부해야 성공적인 홍보가 가능하다.'

→ 선수 기량향상을 위해 가장 기본적으로 갖춰야 할 **용품협찬**을 신경 써야 함

→ 용품은 종목별, 개인별로 사용하는 **방법**과 **선호도** 등이 다르다는 것을 인식하고 준비해야 함

선수용품 협찬기업 탐색과정 도식도

선수용품 협찬기업 탐색	① 선수가 필요한 용품 우선 순위별 파악	• 야구 – 신발, 배트, 글러브 • 축구 – 신발, 축구공, 정강이 보호대 • 농구 – 신발, 농구공, 아대 • 배구 – 신발, 배구공, 무릎 보호대 • 배드민턴 – 신발, 라켓, 셔틀콕
	② 용품 협찬기업 파악 및 이미지 분석	• 용품을 생산 혹은 수입하는 기업의 선수 협찬 사례 • 산업 내 선수협찬 기업 사례 • 다양한 기획기사를 통해 간접적으로 이해
	③ 양적조사, 질적조사 및 협상기업 리스트 작성	• 기업의 선수협찬 사례에 대한 양적조사 및 질적조사 • 마케팅 조사 전문기업에 의뢰 • 협상 기업 리스트 작성

선수용품 협찬기업과 협상 · 계약을 하자

1. 선수용품 협찬계약 위반 사항을 이해하자

계약契約, Contract은 사업상 일정한 법률 효과를 목적으로 하는 당사자 간의 의사 표시 합치에 의한 법률행위다.

에이전트는 선수와 용품협찬 기업 간의 계약체결 합의까지 도달 시켰다면 계약을 잘 이행할 수 있도록 해야 한다. **선수 대리인**으로서 역할을 하기 때문에 선수가 계약사항을 잘 숙지하고 있는지, 기업도 계약을 잘 이행하고 있는지 등을 항상 확인해야 한다. 특히 대표적인 선수의 **계약 의무 위반**이 될 수 있는 사항은 네 가지로 분류할 수 있다.

첫째, 계약기간의 준수여부다. 선수는 이 기간 동안 계약조건을 충실히 이행해야 한다. 부상으로 인한 장기적 공백, 갑작스런 은퇴 등의 여러 사유로 계약 기간을 못 채우게 되면 위반이 된다.

에이전트 입장에선 어렵게 설득해서 협찬을 지원할 기업과 오랜 기간 계약을 체결·유지하고 싶겠지만, 기업 입장은 다르다. 선수는 항상 부상의 위험이 있고, 간혹 일탈행위로 구설에 오를 수도 있다. 이에 기업은 일반적으로 스포츠 스타가 아닌 한 1년 단기 계약을 선호할 수밖에 없다.

둘째, 협찬용품 착용여부다. 스폰서 계약 체결의 근본적인 목적을 어긴다는 것은 바로 계약을 위반한다는 것이다.

하지만 선수는 무심결에 다른 브랜드 유니폼을 착용한다거나 경쟁사 제품을 사용하기도 한다. 특히 훈련 중에는 문제가 없을 것이라는 생각을 갖기 쉽다. 선수 스스로도 이 부분에 대해 잘 인지해야 하고, 에이전트도 수시로 선수대상 교육을 통해 확인해야 한다.

셋째, **프로모션 행사 참여여부**다. 10장에서 언급할 기업의 특정한 제품을 홍보하기 위해 별도로 계약된 선수보증광고Endorsement에서 주인공인 선수가 현장에 없다는 것은 말이 안 된다. 스케줄 중복, 갑작스런 부상 등에 항상 대비해야 하는 이유다.

넷째, **교섭우선권 준수여부**다. 스폰서기업는 기존에 협찬계약을 맺은 선수와 계약 갱신을 통해 계속해서 협찬할 기회가 있다. 협찬을 원하는 다른 기업보다 우선적으로 계약 조건을 합의할 수 있도록 일반적으로 60일 간의 교섭우선권을 보장받는다.

하지만 이 기간 동안 좀 더 나은 조건으로 접근한 다른 브랜드와의 협상을 진행하거나 체결되면 계약상의 의무 위반이 된다.

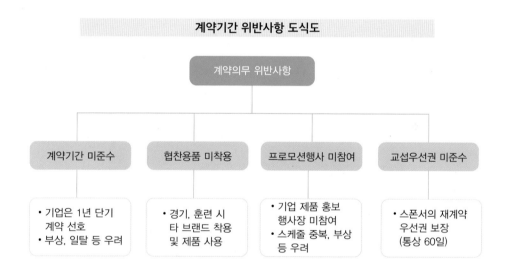

계약기간 위반사항 도식도

2. 협찬기업과 합의점을 찾고 꼼꼼하게 계약을 하자

스포츠 에이전트 M은 선수들에게 도움을 줄 수 있는 잠재적인 협찬기업 리스트를 최종 확인하고 협상에 임하려고 한다. 용품협찬 기업과의 협상 및 계약 체결을 위한 수행 순서는 다음과 같다.

첫째, 잠재적인 용품협찬 기업에게 **객관화된 선수의 가치**를 전달하고 설득해야 한다. 앞서 언급한 선수의 **가치평가 자료**와 **성과측정 자료**를 의미한다.

둘째, 용품협찬 기업의 요구사항을 정리하고 **합의점**을 도출해야 한다. 에이전트는 몇 가지를 고려할 수 있다.

① 선수에게 **필요한 용품** 여부

② 선수의 **경기력을 향상**시킬 수 있는 용품 여부

③ 선수에게 부담이 상당한 **무리한 요구**는 없는지 여부

④ 향후 다른 브랜드와의 **협상** 및 **협약**을 체결할 여지는 있는지 여부

셋째, **용품협찬 계약**을 체결한다. 몇 차례 언급했지만 최종 계약체결의 의지는 선수에게 있고, 선수를 위한 조건에서 계약을 체결해야 한다.

사이클 선수 협찬기업(저지에 로고 부착)

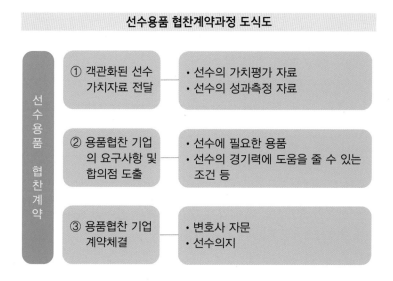

선수용품 협찬계약과정 도식도

선수용품 협찬계약

① 객관화된 선수 가치자료 전달
- 선수의 가치평가 자료
- 선수의 성과측정 자료

② 용품협찬 기업의 요구사항 및 합의점 도출
- 선수에 필요한 용품
- 선수의 경기력에 도움을 줄 수 있는 조건 등

③ 용품협찬 기업 계약체결
- 변호사 자문
- 선수의지

　　필요 시 법률 전문가의 도움을 받는다. 국내 용품협찬 계약서 샘플별첨을 참고하자. 예전처럼 '갑', '을' 관계와 표시를 지양하자.

여기서 잠깐! / 선수용품협찬계약서 샘플(NCS 참조, 일부수정)

- 선수용품협찬계약서 -

○○스포츠용품회사(이하 "회사")와 선수 ○○○(이하 "선수")는 다음과 같이 용품협찬계약을 체결한다.

- 다 음 -

제1조(목적)

"회사"는 "선수"가 출전하는 ○○경기 및 훈련장소에서 "선수"가 착용하는 ○○용품을 지급함에 따라 상호 제반 권리의무를 규정한다.

제2조(협찬기간)

이 계약의 유효기간은 20○○년 ○월 ○일부터 20○○년 ○월 ○일까지이다. 단, "회사"와 "선수"는 계약만료 1개월 전까지 계약종결의사를 서면으로 통보하지 않을 경우, 본 계약은 1년씩 자동 연장된다.

제3조(협찬품목)

① "회사"는 "선수"가 출전하는 ○○경기 및 훈련장소에 필요한 ○○용품을 지원한다.
② "회사"는 "선수"에게 ○○용품에 대한 모델명, 수량 등 제반사항을 사전에 알린다.

제4조(협찬사항)

① "선수"는 ○○경기 및 훈련장소에서 "회사"가 지원하는 ○○용품을 착용하고 출전한다.
② ○○용품에는 "회사"의 로고를 부착한다. 단, 로고의 크기 및 디자인 등은 "회사"가 정한다.
③ "회사"는 ○○용품을 착용한 "선수" 사진을 자사의 홈페이지, 카탈로그 등 홍보의 목적으로 사용할 수 있다.
④ 해외 경기 참가에 한해 "회사"는 내규에 따라 소정의 예산을 "선수"에게 지원할 수 있다.

제5조(계약해지)

① 본 계약기간 동안 "회사"가 "선수"에게 사전에 공유된 이유 없이 지원하지 않을 경우 "선수"는 본 계약을 해지할 수 있다.
② 본 계약기간 동안 "회사"의 사정으로 "선수"에게 지원할 수 없게 될 경우 상호 협의 하에 "회사"는 본 계약을 해지할 수 있다.

③ 본 계약기간 동안 "선수"가 ○○경기와 훈련장소에 ○○용품을 착용하지 않거나 기타 불미스러운 사건·사고가 발생할 시 "회사"는 본 계약을 해지할 수 있다.

제6조(분쟁해결)

본 계약과 관련하여 양 당사자 간의 분쟁이 발생한 경우 "회사"와 "선수" 상호 간의 합의에 의해 해결하고자 노력한다. 그럼에도 불구하고 해결되지 않을 경우 "회사" 주소지 관할 지방법원의 재판을 통해 해결한다.

제7조(특약사항)

→ 필요 시 선수별, 종목별 특성에 따라 회사와의 협의 하에 별도 기재 가능

위와 같이 계약을 체결하고 계약서 2부를 작성, 서명 날인 후 "회사"와 "선수"는 각 1부씩 보관한다.

20○○년 ○월 ○일

○○스포츠용품회사
대표자 : ○○○   선수 : ○○○
주소 :   주소 :
사업자번호 :   주민등록번호 :

나이키와 프로 구단

아디다스 용품

선수광고 관심기업을 찾고 정교하게 협상과 계약을 하자

CHAPTER 01 선수광고의 가치를 분석하자

1. 선수 브랜드에 대해 이해하자

선수 가치가 정점일 때는 선수 자체가 브랜드로서 자리를 잡았을 때이다. 선수 브랜드가 확고하게 되면 현역일 때는 물론이고, 은퇴를 한 이후에도 선수 가치는 여전히 공고하게 된다. 나이가 들어 의도적인 은퇴 혹은 부상에 따른 비의도적인 은퇴에 따라 선수는 '스포츠로부터의 탈사회화Desocialization from Sports'는 필수적으로 다가온다. 하지만 선수의 가치가 유지된다면 '스포츠로의 재사회화Resocialization into Sports'로 사회에 복귀할 수 있다. 감독, 코치, 트레이너와 같은 기존 영역에서 활동을 할 수도 있고, 비영리단체 대표, 방송인, 해설가, 사업가 등 다양한 분야에서 활동을 이어갈 수 있다.

브랜드 자산관리 전략 수립에 관한 권위자인 미국의 데이비드 아커Aaker, D. A., 1991는 브랜드 가치를 높이기 위한 다섯 가지 구성요소를 제시했다. 즉, 브랜드 충성도, 지각된 품질, 브랜드 연상, 브랜드 충성도 과정을 거치면서 브랜드 충성도를 유지하게 할 수 있는 브랜드 자산이 축적돼야 한다.

(1) **브랜드 인지도**Brand Awareness를 통해 고객들에게 친숙한 브랜드로 인식될 수 있게 한다.

(2) **지각된 품질**Perceived Quality을 통해 품질에 대한 상대적, 주관적인 고객들의 인식을 극복할 수 있게 한다.

(3) **브랜드 연상**Brand Association을 통해 브랜드에 대한 신념, 느낌 등을 고객들에게 충분히 제공할 수 있게 한다.

(4) **브랜드 충성도**Brand Loyalty를 통해 고객들에게 오랜 기간 동안 브랜드 선호를 유도할 수 있게 한다.

(5) **브랜드 자산**Brand Equity을 통해 고객들에게 브랜드 충성도를 유지하게 할 수 있게 한다.

표10.1 브랜드 자산 구성요소

브랜드 자산	• 브랜드의 자산적 가치를 의미 • 제품의 질보다 브랜드 차별화를 통해 경쟁우위 확보 • 고객들에게 브랜드 충성도를 유지하게 하기 위해 필요

↑

1	브랜드 인지도	• 고객들에게 친숙한 브랜드로 인식하기 위해 필요 • 브랜드 친숙, 애호, 브랜드 연상 강화
2	지각된 품질	• 고객들에게 품질에 대해 상대적이고 주관적인 인식을 극복하기 위해 필요 • 브랜드 확장, 차별성, 유리한 위치
3	브랜드 연상	• 고객들에게 브랜드에 대한 신념과 느낌 등을 풍부하게 하기 위해 필요 (브랜드 이미지, 브랜드 확장)
4	브랜드 충성도	• 고객들에게 장기간 동안 브랜드 선호를 유도하기 위해 필요 • 신규고객 인지도 구축과 재인지, 마케팅 비용 감소, 판매율 상승

선수광고에 대한 가치는 곧 선수 브랜드다. 팬들은 종목별 포지션을 대표하는 선수에 대해 브랜드 충성도를 보인다. 오랫동안 소속구단이 바뀌지 않으면 선수가 구단 브랜드와 함께 형성이 된다.

해외 프로 스포츠 리그를 보면 선수의 국적보다 소속구단 브랜드가 좀 더 알려지는 경우가 많다. 선수에서 비롯된 브랜드는 구단의 자산이 된다.

스포츠 선수의 브랜드는 자산적 가치와 인지적 가치로 분류할 수 있다.

첫째, **자산적 가치**는 말 그대로 선수를 금액으로 환산하는 가치를 뜻한다. 이는 선수의 **경기력**과 관련이 있다. 또한 **잠재적 성장 가능성, 팀 내 공헌도, 수상실적** 등을 수치화하여 객관적 자료로 가공할 수 있다.

경기 실적은 시간이 지날수록 쌓이게 된다. 동기부여, 긍정적인 마인드 유지, 슬럼프 방지, 일탈방지, 부상방지, 자기관리, 체계적인 관리 프로그램 제공 등의 다양한 요인을 적용해 좋은 실적을 유지해야 한다.

에이전트가 관리하는 선수 포지션과 기술은 반드시 다른 구단에서 포지션이 중복되거나 유사한 기술을 갖고 있는 선수가 존재하게 마련이다. 또한 잠재적인 유사 포지션과 기술을 갖춘 선수는 항상 프로 스포츠 시장에서 발굴된다. 즉, 자신이 관리하는 선수만이 갖는 차별화에 대해 항상 자료수집, 분석, 가공 등의 과정을 거치며 기록해야 한다.

둘째, **인지적 가치**는 소비자와의 커뮤니케이션 가치를 의미한다. 이는 2부에서 제시했던 전략적인 **선수 마케팅 활동**과 직결되는 부분이다.

선수정보를 파악·분석하고, 미디어와의 관계를 전략적으로 잘 수행하게끔 교육을 시키며, 사회공헌활농을 통해 좋은 이미지를 쌓는 종체적 과정이다.

자산적 가치는 타고난 실력 등과 같은 선천적 가치이지만, 인지적 가치는 전략적으로 잘 만들어지는 후천적 가치와 연관돼 있다.

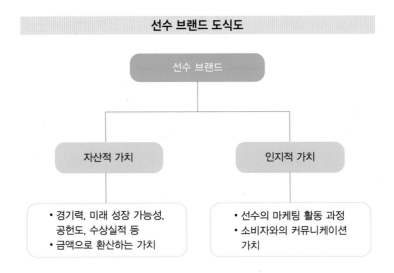

선수 브랜드 도식도

선수 브랜드

자산적 가치

인지적 가치

• 경기력, 미래 성장 가능성, 공헌도, 수상실적 등
• 금액으로 환산하는 가치

• 선수의 마케팅 활동 과정
• 소비자와의 커뮤니케이션 가치

2. 선수광고출연 가치평가의 수행순서를 이해하자

성공적으로 선수광고 관심기업과의 협상 및 계약을 위한 선수의 가치를 **평가**하기 위한 수행 순서는 다음과 같다.

첫째, **선수의 가치**를 조사해야 한다. 앞서 언급한 자산적 가치와 인지적 가치다.

선수의 **자산적 가치**를 조사하기 위해선 개인 또는 팀 우승 기여도, 메달 개수, 기업 이미지 제고, 국가 브랜드 홍보 등 금액으로 환산할 수 있는 모든 요인을 파악할 수 있다.

선수의 **인지적 가치**를 조사하기 위해선 광고 효과 조사방법을 통해 파악이 가능하다. **광고 효과 조사방법**에는 다음과 같이 몇 가지를 고려할 수 있다.

① 펜 앤 페이퍼Pen & Paper: 설문 응답자들을 특정한 장소에 모이게 해서 설문을 하는 방법이다.

② 컴퓨터를 이용한 CAPIComputer Assisted Personal Interviewing: 선수 영상을 보여주고 인지도 및 이미지에 대해 질문을 하는 방법이다.

③ 모바일 서베이: 최근 간편하게 활용되고 있는 스마트폰을 이용한 방법이다.

소요시간을 줄이고 신뢰도 있는 자료를 확보하기 위해 비용을 들이더라도 **마케팅 조사 전문업체**에 의뢰하는 것이 좋다. 앞서 언급을 했듯이 에이전트는 기초지식을 알고 있어야 외부의뢰를 거쳐 좀 더 의미가 있는 자료를 확보할 수 있다.

둘째, 선수의 **광고효과 예측자료**를 준비해야 한다. 선수광고에 관심을 갖는 회사 입장에선 무엇보다도 광고효과가 중요하다. 기업은 선수의 인지도를 활용해 기업 및 상품 이미지를 높이려고 한다. 광고효과는 선수에게도 재정적 이익과 인지도 향상 등에 영향을 준다.

광고 효과를 측정하기 위한 측정 지표를 살펴보면 몇 가지가 있다. 선수의 가치 평가와 함께 **전문회사**에 의뢰할 수 있는 분야이다.

① KPIKey Performance Indicator: 목표달성을 위해 관리해야 할 핵심적인 성과지표이다.

② ROASReturn on Ad Spend: 광고비용 대비 매출액의 비율을 의미한다. ROAS = (광고로 발생한 매출/광고비용) × 100

③ SOVShare of Voice: 특정 산업이나 분야에서 전체 광고 집행비중에서 개별기업이 차지하는 광고 점유율을 의미한다.

④ CTRClick through Rate: 광고 노출 횟수 대비 클릭 건수를 의미한다. CRT = (클릭 수/노출 수) × 100

여기서 잠깐! / 선수 광고 가치의 중요성에 대한 에이전트의 관점 ★

■ 김양희 - 농구선수 출신의 에이전트

'기업이 선수를 협찬하는 목적은 오로지 **홍보효과**를 위해 투자하는 거다. 프로선수는 혼자 인생을 즐기는 것이 아니라 팬과 함께 즐겨야 가치가 올라가고 **마케팅**적으로 성공하는 것이다.'

→ 스포츠 선수라고 하는 특수직업에 대해 에이전트와 선수 간에는 항상 공감해야 함

→ **선수가치**를 높이기 위해선 기업과 팬의 생리를 잘 파악하고 실천해야 함

■ 제레미 스나이더 - 올림픽, 패럴림픽에 출전하는 아마추어 선수 위주의 에이전트

'4주에 불과한 올림픽(패럴림픽 포함) 기간 안에 마케팅 파트너십, 홍보, 인터뷰, 출연 등 짜임새 있게 미디어 기회를 단 하나라도 놓치지 않는다. 아마추어 종목 선수의 마케팅 창구는 올림픽 경기 전후의 짧은 기간임을 명심한다. 지속 가능한 브랜드를 구축함으로써 올림픽 기간이 아닌 해에도 수익이 창출될 수 있도록 장점과 기회를 찾는다.'

→ 선택과 집중을 통해 **선수가치**를 극대치로 부각할 수 있는 요인을 찾아야 함

→ 시즌 동안의 가치 극대화가 비시즌 기간의 지속가능한 가치를 유지할 수 있음

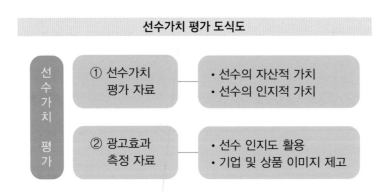

선수가치 평가 도식도

선수가치 평가

① 선수가치 평가 자료
- 선수의 자산적 가치
- 선수의 인지적 가치

② 광고효과 측정 자료
- 선수 인지도 활용
- 기업 및 상품 이미지 제고

CHAPTER 02 선수광고 기업을 찾아보자

1. 선수보증광고의 의미와 시장의 변화를 이해하자

스포츠 에이전트 M은 본격적으로 선수광고 관심기업을 찾고자 한다. M이 관리하는 선수 모두 광고시장에 진입하기는 쉽지 않을 것이다. 선수 인지도가 가장 중요한 부분이기 때문이다.

9장에서도 언급했지만 **선수 스폰서십**Athlete Sponsorship과 **선수보증광고**Endorsement는 기업으로부터 협찬을 받는 방식은 유사하지만, 각각의 목적은 다소 다르다. 특히 선수보증광고는 스포츠 스타와 같은 **유명선수**Celebrity Athlete를 활용해서 단기간에 효과를 보기 위한 것이다. 선수보증광고를 **유명인사 스폰서십**Personality Sponsorship이라 부르는 이유가 여기에 있다.

에이미 다이슨과 더글라스 터코Dyson, A., & Turco, D., 1998에 따르면 기업의 유명선수 선정 기준인 **'FRED'** 요인을 제시했다.
   (1) Familiarity친근함: 대중들이 유명선수에게 편안한 감정을 느껴야 한다.
   (2) Relevance관련성: 유명선수와 기업제품과의 연관성을 대중들이 이해해야 한다.
   (3) Esteem존경: 유명선수는 대중들로부터 높은 평가를 받아야 한다.
   (4) Differentiation차별성: 대중들은 유명선수와 다른 선수와의 차별성을 느껴야 한다.

아무리 유명한 선수라 할지라도 사회적 물의를 일으키거나 잘못된 언행으로 비호감인 경우가 종종 있다. 속칭 안티팬Anti-fan이라 불리는 계층이 생긴다면 긍정적 이미지를 바꾸려고 노력해도 잘 되지 않는다.

스포츠 마케팅을 연구하는 플러턴S. Fullerton, 2009은 유명인을 활용한 **선수보증광고**Endorsement에서 큰 문제가 언제든지 발생할 수 있음을 경계해야 한다고 했다. 예를 들어 유명선수가 범죄문제폭력, 살인, 약물, 가정학대, 동물학대 등에 연루되는 순간, 기업과 그 기업이 내세운 상품은 한순간에 부정적인 인식으로 자리한다. 계약 해지는 물론이고, 과실에 따른 손해배상을 해야 하는 등 복잡한 쟁송으로 이어질 수 있다.

또한 주인공 이미지의 지속성에 관한 문제다. 즉, 선수가치가 항상 유지돼야 하는데 얼마든지 해당선수를 대신할 **대체재**가 나오기 마련이다. 인기 있는 시장에서 문제를 일으킨 선수보다 매력적인 선수가 등장하게 되면 팬 층의 이동도 가시화된다. 다시 말해 보증광고인이 부수적인 역할에 머무를 수 없기 때문에 **선수와 광고와의 관계**는 매우 단기간에 이뤄질 수 있다는 점을 명심해야 한다. 이는 **스타의 지속성, 평판, 언변** 등 보증광고인의 이미지 유지와 커뮤니케이션 능력에 달려있어 에이전트의 역할이 매우 중요하다.

이미지의 확산은 최근 누리소통망서비스SNS상의 댓글로 더욱 가속화되고 있다. 디지털 시장이 전통적 시장과 다른 가장 큰 차이는 공신력을 무기로 언론을 통해 기획기사를 내보내도 대중이 잘 믿지 않는 경향이 있다. 마케팅 분야의 세계적 학자인 필립 코틀러Kotler, P.가 '4.0 시장4.0 Market, 2017에서 언급했듯이 예전처럼 기업의 막강한 자본에 의한 마케팅 광고를 크게 신뢰하지 않는다. 개개인이 직접 확인하고 싶어 하거나 자신이 속한 온라인상의 커뮤니티 내용을 더 신뢰하는 경향이 강해졌기 때문이다.

투명성과 **진정성**으로 무장된 가상공간의 '글말 유통'의 위력은 대단하다. 전 세계적으로 가짜뉴스Fake News가 무서운 속도로 양산되고 배포되는 현상을 통해서도 알 수 있듯이 커뮤니티 내 구성원 간의 의견을 크게 공감하는 데는 이유가 있다. **온·오프라인**이 통합된 시장4.0 Market의 소비자 성향을 알 수 있는 대목이다.

세계적 스포츠 용품 회사인 나이키Nike는 대표적으로 스포츠 스타를 활용한 이미지 광고를 해 왔다. 많은 소비자는 스포츠 스타처럼 나이키 신발을 신고 길거리 농구를 하며 자신의 이미지를 상상했다. 반면 창립한지 20여년 남짓한 미국 스포츠 브랜드 언더아머UnderArmour는 나이키와 반대의 길을 걸었다. 스포츠 스타 대신 길거리 농구장에서 흔히 볼 수 있는 일반인이나 무명선수를 광고시장으로 끌어들이며 큰 반향을 일으켰다. 많은 소비자는 자신과 비슷한 모델에 큰 공감을 갖게 됐다.

이러한 시장의 분위기에서 에이전트는 선수관리의 **본질적 기준**을 잘 이행해야 한다. M은 자신이 관리하는 모든 선수가 광고시장에 진입하는 것이 어렵다고 생각하지만 한계를 뚫어보려고 노력 중이다. 인지도가 낮은 신입 선수라 할지라도 얼마든지 시장 진입에 성공시킬 수 있을 거라 믿었다.

이를 위해 두 가지를 집중적으로 염두에 두었다.

(1) **맞춤형 선수 가치 평가**

(2) **시장의 변화 이해**

앞서 언급한 **선수 가치 평가 기준**과 **방법**을 토대로 선수 개인별 특화에 중점을 둔 선수 가치 평가가 필요하다. 비록 현재는 무명선수라 할지라도 미래 성장 가능성과 그 선수에게만 갖춘 매력 포인트 등을 잘 분석해 선수 가치 평가에 반영할 수 있다.

광고 트렌드는 **전통적 시장**과 **디지털 시장** 간의 차이를 반영하듯 매우 빠르게 변하고 있다. 필립 코틀러와 그의 동료들에 따르면 시장을 움직이는 힘이 이동하고 있다. 기존시장을 움직이는 힘은 수직적, 배타적, 개별적 힘이다.

즉, 아이디어와 상품의 창조자는 기업이다수직적 힘. 고객은 기업의 마케팅 광고를 거의 맹목적으로 신뢰했고, 지금도 그런 현상은 여전하다. 콘텐츠 검열의 주체는 기업이다배타적 힘. 또한 기업은 마케팅 커뮤니케이션을 통제하고 고객 불만을 개별적 사안에 맞춰 해결했다개별적 힘.

반면 현재시장을 움직이는 힘은 무엇인가. 코틀러Kotler, P.는 수평적, 포용적, 사회적 힘이라고 했다.

아이디어를 만드는 주체는 시장에서 담당하고, 기업은 상품을 만드는 역할에 국한하고 있다수평적 힘. 소셜 미디어는 전 세계 사람들이 연결돼 소통을 하기 때문에 기업은 고객과의 협업이 필수가 됐다포용적 힘. 마지막으로 고객은 무언가를 결정할 때 다른 사람의 의견에 좀 더 신경을 쓰게 됐고, 자신도 적극적으로 의견을 공유하는 현상이 강해졌다사회적 힘.

이러한 디지털 시장으로 대변되는 오늘날 광고시장의 특성을 이해해야 한다. 다시 말해 선수를 활용한 괜찮은 **제품**Product과 **서비스**Service는 기업이 연구해서 나오는 창조물이 아니다. 현재 스포츠 시장에서 특정 종목을 수행하는 선수로부터 좋은 아이디어가 나올 수 있다. 물론 선수를 둘러싼 소셜 미디어상의 다양한 의견이 한 몫을 할 수 있을 것이다.

이러한 정보수집과 아이디어 구상의 과정은 선수와 팬 간에 연결된 신뢰를 바탕으로 형성된다. 이러한 특성을 에이전트는 끊임없는 노력으로 성과를 얻어야 한다. 좋은 제품과 서비스가 나올 수 있는 여건을 만들어 **선수광고 관심기업**에게 제안해야 한다.

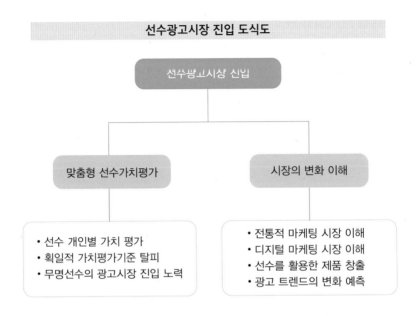

| 선수광고 | 골키퍼 | 헬스 |

2. 선수광고 출연 관심기업 탐색순서를 이해하자

성공적으로 **선수광고 출연 관심기업**을 탐색하기 위한 수행 순서는 다음과 같다.

첫째, 스포츠 선수에 맞는 **미디어를 선택**해야 한다. 5장에서 살펴본 바와 같이 미디어(인쇄, 방송, 인터넷)를 구분하고 특성을 고려할 수 있다. 비용의 문제, 효과성 여부, 시간의 효율성, 강력한 파급효과, 선택과 집중 등의 개별 특성을 갖고 있다.

둘째, 스포츠 선수에 맞는 **광고를 선택**해야 한다. 앞서 언급한 'FRED'요인을 활용할 수 있다.

① 대중이 선수에게 **친근함**Familiarity을 느끼는지 여부

② 대중이 선수와 제품과의 **관련성**Relevance이 있다고 느끼는지 여부

③ 대중이 선수를 **존경**Esteem하거나 높은 평가를 하고 있는지 여부

④ 대중이 선수에 대해 **차별성**Differentiation이 있다고 생각하는지 여부

셋째, 선수광고 **관심기업 리스트**를 작성한다. 여기서 관심기업은 두 가지로 분류한다.

① 선수광고를 선호하는 종목별 광고 사례를 찾고 미비점을 파악한다. 선수가 투입됐을 때 개선점을 제시할 자료를 준비한다.

② 선수광고시장에 처음 발을 들여놓을만한 기업을 파악한다. 선수별로 광고가치 자료와 광고효과 예측자료를 제시한다.

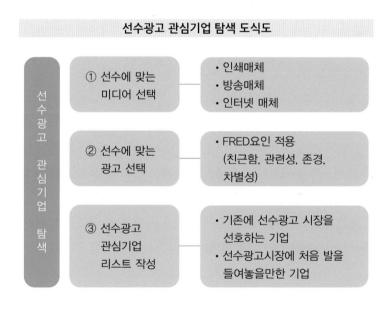

선수광고 관심기업 탐색 도식도

선수광고 관심기업 탐색	① 선수에 맞는 미디어 선택	• 인쇄매체 • 방송매체 • 인터넷 매체
	② 선수에 맞는 광고 선택	• FRED요인 적용 (친근함, 관련성, 존경, 차별성)
	③ 선수광고 관심기업 리스트 작성	• 기존에 선수광고 시장을 선호하는 기업 • 선수광고시장에 처음 발을 들여놓을만한 기업

CHAPTER 03 선수광고 기업과 협상 · 계약을 하자

1. 광고출연 계약 전후에 유의할 점을 이해하자

스포츠 에이전트 M은 선수광고출연 계약이 임박했을 때 선수와 사전에 **공감**해야 할 부분이 있는지 살펴봤다. 예를 들어 선수가 광고출연을 하기 전에 고려해야 할 부분이 있을 것으로 판단했다. 인쇄매체 광고와 다르게 방송매체 광고에서는 경우에 따라 다시 녹음을 하거나 촬영해야 하는 경우도 발생할 수 있다. 기업의 요청으로 **계약범위**에 넣을 수 있는 조항이라 할 수 있다. 즉, 선수가 훈련 혹은 경기에 지장이 없도록 스케줄을 고려해야 하고, 선수에게도 미리 공유할 필요가 있다.

또한 단기간에 기업 상품 홍보효과를 높여야 하는 **선수보증광고**의 특성상, 앞서 언급했던 것처럼 선수에게 불미스러운 일에 연루되지 않도록 각별한 주의를 줄 필요가 있다. 회사와 상품 이미지를 손상시켰을 때 막대한 배상을 할 수도 있기 때문에 선수의 언행은 그 어느 때보다 중요하다.

기업이 요청하는 **판촉행사**를 위한 내용, 장소 및 횟수 등도 꼼꼼하게 이해할 필요가 있다. 예를 들어 선수가 너무 '망가지는 이미지'로 팬과 다가가는 행사라고 한다면, 기업 입장에선 친근감을 표현하는 특별한 행사라고 인식할 수 있지만, 선수 입장에선 거부감을 느낄 수도 있다. 오히려 판촉행사가 역효과를 불러일으킬 수도 있는 것이다. 판촉행사에 대한 구체적인 내용을 계약서상에 모두 넣을 수 없으므로 사전에 그 내용을 교감할 수 있는 소통창구를 잘 마련해야 한다.

농구 배우기 행사   팬 사인

2. 광고출연 관심기업과 합의점을 찾고 꼼꼼하게 계약을 하자

스포츠 에이전트 M은 잠재적인 광고기업 리스트를 최종 확인하고 협상에 임하고자 한다. 선수광고 출연 관심기업과의 협상 및 계약체결을 위한 수행 순서는 다음과 같다.

첫째, 선수광고 관심기업에게 **객관화된 선수의 가치**를 전달하고 설득해야 한다. 앞서 언급한 선수의 **자산적 가치**와 **인지적 가치**를 의미한다. 이러한 작업과 병행해서 시장을 파악하고, 광고 트렌드의 변화 등을 사전에 분석해야 한다. 선수의 가치를 통해 시장Market의 반응을 위한 접점을 찾는 게 가장 중요하기 때문이다.

앞서 언급했던 것처럼 유명 선수가 광고시장에선 상식적으로 유리하겠지만, 모든 기업이 대규모 물량을 투입해서 선수를 활용할 수 있는 여건이 되지 않는다. 즉, 선수와 기업의 현재 상태에서 다각적인 협상 방향에 따라 상호 간에 만족할 만한 여건이 마련될 수 있다.

둘째, 선수광고 관심기업의 요구사항을 정리하고 **합의점**을 도출해야 한다. 같은 선수라도 기업 및 상품 이미지에 따라 **광고비 책정 수준**과 **광고 기간** 등이 다를 것이다. 협상의 목표를 지나치게 크게 정하면 협상이 잘 안될 때 퇴로를 찾기가 힘들 수 있다.

기업의 요구를 수용하는 방안을 사안별로 다양하게 마련해야 한다. 어떤 사안을 받아들이더라도 상호 윈윈Win-Win 하는 구조가 형성되면 성공으로 봐야 한다. 즉, 조건을 협상하는 데 가장 기본적 준비자세는 차선책을 마련해야 한다.

셋째, **선수광고 계약**을 체결한다. 계약의 기본적 방향과 내용은 상호 신뢰 하에 성실한 계약이행을 약속하는 것이다.

상호 독소조항을 배제하고 추상적인 용어대신 명확한 사항을 명시해야 한다. 필요 시 법률 전문가의 도움을 받는다.

여기서 잠깐! / 선수광고 계약의 중요성에 대하 에이전트이 관전★

■ 제레미 스나이더 - 올림픽, 패럴림픽에 출전하는 아마추어 선수 위주의 에이전트
'우리 선수와 기업과의 동일한 브랜드로 쌓아온 관계가 형성되기까지 수년이 걸렸다. 기업의 핵심전략과 목표를 배우는데 많은 시간을 투자한다. 협찬사의 목표를 이해하는데 시간을 아끼지 않고 성공적인 파트너십을 유지하기 위해 충분한 소통을 한다.'

→ 선수와 기업은 동일한 브랜드로 함께 성장할 수 있음
→ 에이전트는 협찬사 역할로서만 기업을 이해하는 것에 그치지 않고, 기업 구성원의 사명감을 이해하고자 노력해야 함

여성광고

남성광고

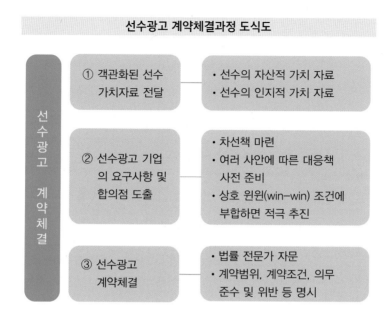

선수광고 계약체결과정 도식도

선수광고 계약체결		
	① 객관화된 선수 가치자료 전달	• 선수의 자산적 가치 자료 • 선수의 인지적 가치 자료
	② 선수광고 기업의 요구사항 및 합의점 도출	• 차선책 마련 • 여러 사안에 따른 대응책 사전 준비 • 상호 윈윈(win-win) 조건에 부합하면 적극 추진
	③ 선수광고 계약체결	• 법률 전문가 자문 • 계약범위, 계약조건, 의무 준수 및 위반 등 명시

국내 선수광고 계약서 샘플별첨을 참고하자. 예전처럼 '갑', '을', '병' 관계와 표시를 지양하자.

여기서 잠깐! / 선수광고계약서 샘플(NCS 참조, 일부수정)

- 선수광고계약서 -

○○회사(이하 "회사"), ○○에이전시(이하 "에이전시"), "에이전시" 소속모델인 ○○선수(이하 "선수") 3자 간에 다음과 같이 광고모델 출연계약을 체결한다.

- 다 음 -

제1조(목적)

"선수"는 "회사"의 광고물에 출연함에 있어 상호 간의 권리와 의무를 명시한다.

제2조(계약범위)

① "선수"는 "회사"의 ○○상품 광고를 위해 출연한다. "회사"가 기획, 요구하는 출연제품의 전파(TV, CATV, Radio), 인쇄(신문, 잡지), 특수(옥외, 극장, 지하철)광고, 홍보 영상 및 자료 등에 출연한다. "회사"의 요구 시 상호 협의 하에 재촬영 및 재녹음에 "선수"는 응한다.

② "선수"의 출연료는 일금＿＿＿＿원(₩＿＿＿＿＿, 부가세 포함)으로 한다.

③ "회사"는 "에이전시"에게 광고 방영 후 ○일 안에 전액 현금으로 지급한다.

④ "선수"는 "회사"의 ○○상품에 대한 인쇄매체 촬영은 ○회로 한다. 단, 불가피하게 추가 촬영이 발생할 시 "회사"는 "에이전시"에게 1회 마다 일금＿＿＿＿원(₩＿＿＿＿＿, 부가세 포함)을 지급한다.

⑤ "선수"는 "회사"가 요청한 ○○상품 판촉행사에 3회까지 의무 참여한다. 단, 추가참여시 "회사"는 "에이전시"에게 1회 마다 일금＿＿＿＿원(₩＿＿＿＿＿, 부가세 포함)을 지급한다.

제3조(계약조건)

① 계약기간은 본 계약서를 서명한 날로부터 제작물 사용기간까지 한다.

② 제작물의 사용기간은 광고매체 방영과 게재되는 날로부터 ○년으로 한다. 단, 후속광고물 제작기간, 소재교체기간, 추가제작기간 등에 따른 ○개월 연장기간이 발생할시 사전에 상호협의를 통해 추가 금액지원 없이 기간을 정한다.

③ 제작물 방영일은 촬영 개시일로부터 ○개월 이내로 한다. 단, 기간 내 방영되지 않을 시 촬영 개시일로부터 계약기간을 산정한다.

④ 완성된 광고물 저작권, 저작인접권(초상권 포함)은 "회사"에게 귀속되고, 계약 기간내에 편집 제작물로 활용할 권리를 갖는다.

제4조(의무준수 및 위반)

① "에이전시"와 "선수"는 "회사"의 제품 이미지 손상, 기업 활동을 저해하는 일체의 언행을 해서는 안 된다.

② "선수"는 본 계약 만료일까지 다른 회사의 동종이나 유사 제품류의 광고에 출연해선 안 된다. 만약 위반할 시 "회사"는 직권으로 본 계약을 해지할 수 있고, "에이전시"는 계약 해지 통보 후 ○일 이내에 지급액의 ○배액을 "회사"에 현금으로 반환해야 한다.

③ "선수"가 계약 기간 내에 고의 또는 과실로 "회사"에 손해를 끼쳤을 경우 "회사"는 "에이전시"에게 손해배상을 청구할 수 있고, "에이전시"는 응해야 한다.

제5조(분쟁해결)

본 계약과 관련하여 양 당사자 간의 분쟁이 발생한 경우 "회사"와 "에이전시" 상호 간의 합의에 의해 해결하고자 노력한다. 그럼에도 불구하고 해결되지 않을 경우 "회사" 주소지 관할 지방법원의 재판을 통해 해결한다.

위와 같이 계약을 체결하고 계약서 2부를 작성, 서명 날인 후 "회사"와 "선수"는 각 1부씩 보관한다.

20○○년 ○월 ○일

○○회사
주 소 :
상 호 :
대표이사 :

○○에이전시
주 소 :
상 호 :
대표이사 :

주 소 :
주민등록번호 :
성 명 :

IV

선수의 법률문제를
체계적으로 지원하자

퍼블리시티권 관리	퍼블리시티권 가치 분석 및 관리	초상권과 퍼블리시티권 차이
		퍼블리시티권 가치 분석 수행순서
	퍼블리시티권 보호	국내 프로리그 선수초상 사용의 의미
		침해사례와 보호를 위한 수행순서
	퍼블리시티권 보호조항	국내 프로리그 퍼블리시티권 이해
		퍼블리시티권 보호조항 검토
선수 관련 법률문제 지원	고용계약 법률문제	선수와 에이전트 간 분쟁사례 이해
		스포츠 에이전트 고용계약
	구단과의 고용계약	에이전트와 선수 간 계약시점 이해
		구단과의 고용계약 관리 수행순서
	상황별 법률문제	협찬 관련 법률문제 지원
		기타 법률문제 지원
선수생활 및 자산관리 지원	선수상담 생활화	선수 상담 및 심리 치료 이해
		선수 상담 및 심리 치료 수행순서
	선수 컨디션 관리	선수 자기관리
		선수 컨디션 관리 수행순서
	선수 자산관리	선수 자산투자 및 관리 이해
		선수 자산관리 수행순서

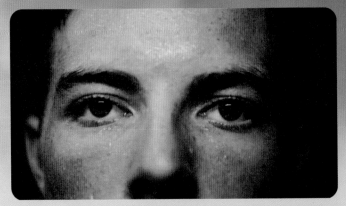

여성선수 초상

남자선수 초상

퍼블리시티권이
무엇인지 알고
체계적으로
지원하자

퍼블리시티권의 가치를 분석·관리하자

1. 초상권과 퍼블리시티권의 차이를 이해하자

퍼블리시티Publicity란 무엇인가? 사람들의 관심을 끄는 것을 뜻한다. 스포츠 스타 입장에선 이 사항을 어떻게 이해할까. 아마도 "나를 이용해서 사람들의 관심을 끌고 싶으면 돈을 내라"라고 항변할지도 모른다.

퍼블리시티권Right of Publicity은 1953년 미국 뉴욕법원의 프랭크 판사의 판결에서 시작됐다. 흔히 **재산권**Property이라 하면 자동차, 아파트 등에 대해 가지는 강한 의미의 **물권**을 뜻한다. 법원에서 재산권이라고 이름을 붙인 것은 재산상 손해배상 명령을 내린다는 것을 상징한다. 당시 프랭크 판사는 퍼블리시티권은 재산권물권은 아니라고 했다.

우리나라에선 1995년에 서울지방법원의 판결문에 처음 등장했다. 재산적 가치가 있는 유명인의 성명, 초상 등 프라이버시에 속하는 사항을 상업적으로 이용할 권리 Right of Commercial Appropriation를 뜻한다고 했다. 미국과 달리 재산권으로 봤다.

그렇다면 '**초상권**'과 '**퍼블리시티권**'의 차이는 무엇인가.

초상권은 인격적 가치를 보호하는 인격권이고, **퍼블리시티권**은 경제적 가치를 보호하는 재산권이다. 인격권은 권리자로부터 권리를 떼어낼 수 없다. 즉, 팔거나 상속할 수 없다는 의미다. 반면 재산권은 권리자로부터 권리를 떼어낼 수 있다.

다시 말해 퍼블리시티권은 초상권과 달리 남에게 팔거나 상속할 수 있다는 의미다. 다시 말해 원 소속 구단에서 선수가 다른 구단으로 이적할 시 선수 퍼블리시티권을 넘길 수 있다. 한 가지 더 구분해 보자면 '**저작권**'과 '**퍼블리시티권**'의 차이는 무엇인가. 저작권은 스포츠 스타 사진을 '찍은 사람'이 갖는 권리다. 이는 창작자의 개성이 담긴 표현을 보호한다는 의미다. 반면 퍼블리시티권은 사진을 '찍힌 사람'이 갖는 권리다. 사진이 찍힌다는 것은 무명선수보다는 스포츠 스타에 더욱 해당될 가능성이 높은데 스타의 고객 흡입력이라는 경제적 가치를 보호한다는 의미를 담고 있다.

퍼블리시티권 가치 분석의 선수 인지도는 **명성, 평판, 이름값, 유명세** 등을 의미한다. 프로축구, 프로야구 등 프로 스포츠 종목의 경우 선수의 퍼블리시티권은 **소속 구단이 보유**하고, 개인적으로 사용하길 원할 경우 **소속 구단의 동의**를 구해야 한다.

에이전트 입장에선 퍼블리시티권의 개념과 법적 보호를 충분히 이해하는 것은 매우 중요하다. 소속 구단은 물론 대중과의 마찰과 분쟁을 좀 더 면밀하게 사전에 방지할 수 있기 때문이다. 어떤 연유이든 선수를 둘러싼 쟁송爭訟이 발생하면 언론사를 통해 사회적 이슈를 양산하고 선수 이미지에는 좋지 않은 영향을 미치기 때문이다. 따라서 구단과의 계약을 할 때 대중개인, 조직 등으로부터 선수의 퍼블리시티권을 보호하기 위한 별도의 조항을 검토하고 계약서 내용에 포함하는 노력을 경우에 따라 해야 한다.

더불어 에이전시 차원에서 선수용품 협찬기업9장과 광고출연 관심기업10장과의 계약서에는 특약사항 등을 활용하여 **퍼블리시티권 보호**를 위한 조항을 변호사와 상의하며 포함시킬 필요가 있다.

마라톤

사이클

2. 퍼블리시티권 가치분석의 수행순서를 이해하자

스포츠 에이전트 M은 유명세를 타고 있는 축구선수 B와 수려한 외모로 대중성을 이미 확보한 배드민턴 선수 E의 퍼블리시티권 가치를 분석하고자 한다.

성공적으로 **퍼블리시티권**을 분석하기 위한 수행 순서는 다음과 같다.

첫째, 선수의 퍼블리시티권에 대한 **환경 분석**을 해야 한다. 미디어 관계 관리5장에서 선수 홍보환경을 분석했던 SWOT 분석으로 할 수 있다.

M은 본인이 관리하는 선수 B의 퍼블리시티권을 분석했다. **강점**Strength은 유명 선수이기 때문에 브랜드 가치와 선수로서 상품 경쟁력이 높다는 사실이다. 반면 **약점** Weakness은 연예인처럼 수려한 외모와는 다소 거리가 멀다는 것이다.

기회Opportunity는 퍼블리시티권에 대한 인식이 국내에서도 높아지고 있다는 점이다. 불필요한 법적 다툼이 최소화되는 환경을 기대하게 됐다. **위협**Threat은 타 구단에 똑같은 포지션의 선수가 최근 좋은 기량을 선보이고 있다는 사실이다. 또한 말을 조리 있게 잘하고 대중적으로 호감이 가는 외모를 지녔다.

M은 축구선수 B에 대해서 전략적인 방향을 설정했다. 기회와 강점을 적극 활용 S-O, Strength-Opportunity하기 위해선 선수용품협찬과 선수광고시장에 공격적인 전략으로 임하려고 한다. 선수 브랜드 가치를 최대한 활용하고, 시장에서 인식하는 퍼블리시티권의 중요성을 제시하면서 구단, 기업을 설득하고 협상할 계획을 구상하고 있다.

약점을 극복하고 기회를 활용W-O, Weakness-Opportunity, 위협을 회피하고 강점을 활용S-T, Strength-Threat할 수 있다. 선수 이미지는 공인으로서 좋은 경기력을 선보이고, 귀감이 되는 언행을 할수록 높아진다. 외모보다는 선수의 진정성으로 대중에게 더욱 공감을 불러일으킬 수 있다.

M은 선수 E의 퍼블리시티권 분석을 위해 SWOT 분석을 했다. 강점S은 우선 수려한 외모와 대중성을 갖추었다는 점이다. 이미 팬층을 확보한 데다 아직 신인선수라 호감도가 큰 상태다. 약점S은 계약한지 6개월밖에 안 된 신인선수여서 경기력에 대한 판단을 확신할 수 없다는 사실이다.

기회O는 앞서 언급한 퍼블리시티권에 대한 인식이 높아지는 환경을 들 수 있다. 또한 배드민턴 동호인 시장이 커지고 누구나 배울 수 있는 생활 스포츠로서 인식이 높아지고 있다. 우리나라 배드민턴 경기실력이 국제적으로 최상위권이란 점도 지속적인 기회요인이다. 위협T은 나날이 커지고 있는 프로 스포츠 시장으로 인해 아마추어 종목의 한계점을 드러낼 수 있다는 사실이다.

M이 배드민턴 선수 E에 대해 설정한 전략적인 방향은 다음과 같다. S-O 전략은 선수용품협찬과 선수광고시장에 진입하기 위해 공격적으로 협상을 전개하는 것이다. 특히 대중성을 겸비한 선수를 활용해서 생활 스포츠로서 배드민턴 종목을 특화시키기 위해 라켓, 셔틀콕 외에도 부수적 장비손목보호 아대 등를 수입 판매하는 업체를 공략하면 좋다는 판단을 했다. 틈새시장Niche Market으로 아직 유명 브랜드 기업이 선점되지

않은 분야를 신인선수로 활용하자는 구상이다.

둘째, 퍼블리시티권의 **경제적 이익** 및 **침해 범위**를 파악해야 한다. 10장에서 다룬 선수광고 계약을 통해 TV 광고가 방영된 예를 들어보자. 계약기간 중에 방영되고 2차 편집물을 추가 제작하여 홍보하는 경우는 계약을 위반한 사항이 안 된다.

하지만 계약기간이 끝난 후 방영되는 경우이거나, 다른 목적으로 선수의 동의를 받고 찍은 영상, 사진을 해당 선수 동의 없이 이용하는 경우는 명백한 퍼블리시티권의 침해가 된다. 인쇄매체 경우도 마찬가지다.

계약에서 정한 광고 기간을 넘겨 사용하거나 계약에서 정하지 않는 매체에 광고하는 경우도 침해가 된다. 에이전트 입장에선 이러한 세세한 부분에 대해 전부 파악하고 기준을 삼기가 어렵다. 지속적인 **사례**와 **판례**를 확인하는 습관을 갖고, 필요 시 **법률 전문가**변호사와의 자문을 갖는 것이 좋다.

셋째, 퍼블리시티권의 **경제적 가치**를 분석해야 한다. 이 경우 두 가지를 분석할 수 있다. **선수**의 퍼블리시티권과 **구단**의 퍼블리시티권이다. 선수와 구단의 유명도 및 인지도, 대중이 인식하는 선수와 구단의 이미지 등을 파악하는 과정을 통해 경제적 가치를 분석할 수 있다.

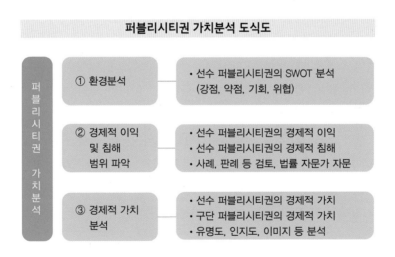

퍼블리시티권 가치분석 도식도

퍼블리시티권 가치분석		
	① 환경분석	• 선수 퍼블리시티권의 SWOT 분석 (강점, 약점, 기회, 위협)
	② 경제적 이익 및 침해 범위 파악	• 선수 퍼블리시티권의 경제적 이익 • 선수 퍼블리시티권의 경제적 침해 • 사례, 판례 등 검토, 법률 자문가 자문
	③ 경제적 가치 분석	• 선수 퍼블리시티권의 경제적 가치 • 구단 퍼블리시티권의 경제적 가치 • 유명도, 인지도, 이미지 등 분석

CHAPTER
02
퍼블리시티권을 보호하자

1. 국내 프로리그의 선수초상 사용의 의미를 이해하자

앞서 언급했지만 **초상권**과 **퍼블리시티권**에 대해 현장에선 명확하게 구분이 안 된 측면이 있다. 앞으로 이와 관련한 사회적 이슈가 많이 발생하면 점차 실무적으로 개념 정립이 될 것으로 기대하고 있다. 아직까지도 국내외 유사 사례와 그에 따른 판례가 달라 다양한 해석을 낳고 있다.

퍼블리시티권 침해에 당사자가 될 수 있는 연예계 스타와 스포츠 스타를 놓고 비교해 보자. 뮤지션은 에이전시 매니지먼트사 소속이지만, 선수는 구단 소속이다. 즉, 뮤지션에 대해선 회사 소속이어서 자체 내규를 적용하면 되지만, 선수를 둘러싼 환경은 다르다. 다시 말해 에이전트는 선수가 속한 특정 구단의 규정을 준수하며 선수를 법적으로 대리하는 위치에 놓여 있는 것이다. 퍼블리시티권 침해를 당했을 때 즉각적으로 조치를 취할 수 있느냐 혹은 퍼블리시티권을 갖고 있는 구단을 통해 간접적으로 조치를 취해야만 하느냐의 문제가 도래할 수 있다.

세계적인 스포츠 에이전시 CAA Creative Artists Agency는 미식축구, 야구, 농구, 축구, 아이스하키, 골프, 테니스 등의 스포츠 선수뿐만 아니라 영화, 음악, 공연 등 다양한 분야의 연기자, 작가, 프로듀서, 음악가 등도 법적으로 대리인의 역할을 담당하고 있다. 이와 같이 스포츠와 방송연예 매니지먼트 영역 간 융·복합 현상이 앞으로 두드러질 가능성이 있다. 기획, 제작, 유통에 이르는 마케팅 비즈니스의 동일한 영역에서 새로운 부가가치를 창출하고 시너지를 발휘할 수 있기 때문이다. 또한 앞서 언급한 퍼블리시티권 침해에 따른 직·간접 보호 장치라는 한계를 극복할 수 있는 장점을 가질 수도 있다.

국내 4대 프로 스포츠 리그에선 프로축구와 프로야구 규정·규약에서만 '**퍼블리시티권**'이란 용어가 제시돼 있다. 프로배구, 프로농구에서는 '**초상권**'으로 명시돼 있다. 앞서 초상권에 대해 인격적 가치를 보호하는 인격권으로 그 누구에게도 권리를 넘길 수 없다고 했지만, 실무에서는 초상권으로 사용하는 경우라 할 수 있다. 혹은 개념 정립이 명확하게 되지 않은 채, 유사한 개념으로 혼용된 상태일 수도 있다.

한국배구연맹KOVO의 선수 초상 등의 사용에 관한 조항에 따르면 선수계약이 종료된 후에도 1년간 선수초상 등이 부착된 재고상품의 판매권리를 구단이 갖고 있거나, 배구 광고·홍보를 위한 초상이 노출되는 활동을 무상으로 해야 한다고 규정돼 있다. 또한 추가적인 대가의 분배를 구단과 선수 간 합의로 이루어지고 있다.

프로축구와 프로야구처럼 국내 에이전트 역할의 범위를 좀 더 확장하고, 선수 권익을 위한 노력을 통해 시장Market을 확장시킬 수 있는 환경을 마련해야 할 것이다.

여기서 잠깐! / 한국배구연맹(KOVO)의 초상권에 관한 규정

KOVO 규약 제71조(선수 초상 등의 사용)

① 선수는 배구활동(연맹과 구단의 경기, 훈련, 행사) 중의 방송, 보도에 사용되는 **성명권**과 **초상권**에 대해 어떠한 권리도 갖지 않는다. 또한 연맹 사업에 사용하는 선수의 성명권과 초상권은 선수계약기간 중 **구단에 전속적으로 귀속**된다. 단, 선수계약이 종료된 후라도 그로부터 1년간 구단은 선수초상 등이 부착된 재고상품의 판매 권리를 갖는다.

② 선수는 연맹 또는 구단의 지시가 있을 경우, 배구의 보급 및 광고 홍보에 사용될 소재 제작(사진 촬영, 필름, VIDEO 촬영, 인터뷰, 녹음 등)에 **무상**으로 응하여야 한다. 다만, 교통비, 식비 등의 소요 비용은 제작단체에서 지급할 수 있다.

③ 선수는 대가를 지급 받는 방송 및 여러 가지 행사의 출연과 신문, 잡지, 인터넷의 기사게재 그리고 모든 광고활동에 대하여 **구단과 사전 협의**하여야 한다.

④ 연맹은 필요한 경우 제3항의 광고 활동 등에 대한 자료를 구단에 요구할 수 있고 구단은 이에 응하여야 한다.

⑤ 제3항의 출연, 기사게재 및 광고 활동은 연맹 또는 구단의 사업과 경쟁관계에 있는 업체의 상품이나 서비스를 위한 것은 안 된다.

⑥ 제1항의 연맹 사업과 제3항의 출연, 기사게재 및 광고활동 등으로 발생한 **대가의 분배**는 선수와 구단이 합의하여 정한다.

한국농구연맹KBL과 **한국여자농구연맹**WKBL의 선수 초상 등의 사용에 관한 조항에 따르면 선수의 사진, 이름, 서명, 초상, 영상, 캐릭터 등의 소유권은 선수계약기간 중 아예 연맹KBL, WKBL에 귀속하게 돼 있다. 또한 선수계약이 종료된 후에도 1년간 선수 초상 등이 부착된 재고상품의 판매권리를 구단이 갖고 있다. 덧붙여 농구 광고·홍보를 위한 초상이 노출되는 활동을 무상으로 해야 한다고 규정돼 있다. 다만, 한국여자농구연맹은 유상으로 응해야 한다고 차이를 두고 있다. 추가적인 대가의 분배를 선수의 의견이 반영되기 힘든 구조로서 이사회에서 결정하는 것으로 돼 있다.

2장에서 살펴본 각 연맹의 **대리인** 제도와 본장의 **초상권**에 관한 규정을 살펴보면, 국내 프로 스포츠 리그가 좀 더 발전할 수 있는 보완이 필요하다. 국내 프로배구, 프로농구, 여자프로농구 리그는 프로축구와 프로야구처럼 **국내 에이전트 시장**을 활성화시켜야 한다. 이로써 한국에서 자생적으로 성장한 훌륭한 선수들을 **해외 선진 리그**에서 체계적으로 뛸 수 있는 환경을 마련해야 한다.

무엇보다 구단 혹은 연맹이 모든 것을 주도하는 관료적 사고와 행정이 고착화된다면 여러 문제가 발생해도 세련되게 봉합하지 못할 수 있다. 연맹과 감독의 갈등, 감독과 선수의 갈등, 선수 간의 갈등, 선수와 팬과의 갈등이 야기됐을 때 제3자에 이전시, 에이전트의 개입으로 조속히 해결을 하거나, 미연에 갈등의 소지를 없애는 **관리** Management가 가능할 것이다. 방대한 조직 내에 불가피하게 일어날 수밖에 없는 갈등을 연맹 내에서 영향력이 있는 사람 혹은 세력만이 해결하려고 한다면 공감을 얻을 길이 없다.

물론 에이전트 제도의 활성화로 모든 문제를 해결하거나 사전에 방지할 수는 없다. 모든 프로 스포츠 리그의 제도가 특정한 사람선수, 감독, 에이전트, 연맹 혹은 구단 관계자 등에게 유리하게 만들고 적용할 수 없듯이, **스포츠 마케팅 시장**에서 가장 좋은 상품선수을 만드는 주체연맹와 소비자구단, 팬, 기업 등 사이에 중간자에이전시, 에이전트로서 그 역할을 일정 분담하게 하는 것이다.

여기서 잠깐! 🏳️▷▷ / KBL과 WKBL의 초상권에 관한 규정

■ **한국프로농구연맹(KBL)의 초상권에 관한 규정**

KBL 정관 제77조(선수 초상 등의 사용)

① 선수는 농구 활동 중의 사진, 이름, 서명, 초상, 영상, 캐릭터 등이 방송, 보도에 사용되는데 대해 어떠한 권리도 갖지 않는다. 또한 KBL 사업에 사용하는 선수의 사진, 이름, 서명, 초상, 영상, 캐릭터 등의 소유권은 선수계약기간 중 **KBL에 귀속**된다. 단, KBL의 사업보호를 위해 계약 종료 후 1년간 KBL은 선수초상 등이 부착된 재고상품의 판매 권리를 갖는다.

② 선수는 KBL 또는 구단의 지시가 있을 경우 농구의 보급 및 광고 선전에 사용될 소재 제작(사진 촬영, 필름, VIDEO 촬영, 인터뷰, 녹음 등)에 **무상**으로 응하여야 한다.

③ 선수는 대가를 지급받는 방송 및 각종 행사의 출연과 신문, 잡지, 인터넷의 기사 게재 그리고 모든 광고 활동에 대하여 **구단과 사전 협의**하여야 한다. 다만, 광고활동의 경우 구단은 그 결과를 총재에게 보고하여야 한다.

④ 제3항의 출연, 기사게재 및 광고 활동은 KBL 또는 구단의 사업과 경쟁관계에 있는 업체의 상품이나 서비스를 위한 것이어서는 안 된다.

⑤ 제1항의 KBL 사업과 제3항의 출연, 기사게재 및 광고 활동 등으로 발생한 **대가의 분배**는 이사회에서 정하는 바에 따른다.

■ **한국여자프로농구연맹(WKBL)의 초상권에 관한 규정**

WKBL 규약 제78조(선수의 초상 등의 사용)

① 선수는 농구 활동 중의 사진, 초상, 영상, 캐릭터 등이 방송, 보도에 사용되는데 대해 어떠한 권리도 갖지 않는다. 또한 WKBL 사업에 사용하는 선수의 사진, 이름, 서명, 초상, 영상, 캐릭터 등의 소유권은 선수계약기간 중에 **WKBL에 귀속**된다. 단, WKBL의 사업보호를 위해 계약종료 후 1년간 WKBL은 선수 초상 등이 부착된 재고상품의 판매권을 갖는다.

② 선수는 WKBL 또는 구단의 지시가 있을 경우 농구의 보급 및 광고 선전에 사용될 소재제작(사진 촬영, 필름, VIDEO 촬영, 인터뷰, 녹음 등)에 유상으로 응하는 것으로 한다.

③ 선수는 대가를 지급 받는 방송 및 각종 행사의 출연과 신문, 잡지 및 인터넷 기사 게재 그리고 모든 광고 활동에 대하여 **구단과 사전협의**하여야 하며, 총재에게 서면으로 통지하여야 한다.

④ 제1항의 WKBL사업과 제3항의 출연 등으로 발생한 **대가의 분배**는 이사회가 별도로 정한다.

2. 퍼블리시티권의 침해사례와 보호를 위한 수행순서를 이해하자

몇 해 전 공개된 어느 로스쿨 면접문제 중에 **퍼블리시티권**에 관한 질문이 있었다. 간단히 소개하자면 다음과 같다.

'대학생 A씨는 파워 블로거다. 항상 솔선수범으로 선행을 해서 사회적으로도 인정받는다. 얼마 전 하계방학 기간 중 온라인상에서 모금활동을 통해 1억을 모았다. 물론 투명한 절차를 통해 모금활동이 알려졌고 전액을 소아암 어린이 재단에 기부했다. 사회 각층에선 찬사가 쏟아졌다. 단기간 동안 큰돈을 모을 수 있었던 이유는 ○○구단 소속 ○○선수의 이미지를 활용해서였다. 마치 ○○선수가 도움을 요청하는 것처럼 연출을 했다. 물론 사전에 ○○선수의 허락은 없었다. 이 사실을 알게 된 ○○구단은 얼마 전 퍼블리시티권 보호에 관한 추가조항을 논의한 ○○에이전시에게 알렸다. 이 경우 예비 법률 전문가로서 어떤 이슈를 말할 수 있을까'

이와 유사한 사례는 얼마든지 발생할 수 있다. 다음과 같이 몇 가지 의견이 도출될 수 있을 것이다.
  (1) 법적으로 해결해야 할지 여부
  (2) 선행이라 그냥 넘어가야 할지 여부
  (3) 대학생 A씨가 금전적 이익을 취하지 않고, 사회에 기여한 부분에 대해 어떤 기준으로 봐야할지 여부
  (4) 무단이용, 부정사용, 상품이용, 상표 및 도메인 네임 이용에 해당되는 것은 아닌지 여부

앞서 언급한 에이전시가 구단과 논의할 수 있는 퍼블리시티권 보호조항은 사회적인 분쟁을 미연에 방지하기 위한 조치다. 하지만 대중으로부터 발생하는 일에 대해선 말 그대로 케이스 바이 케이스Case by Case에 따라 대응해야 하는 상황이다. 비록 그 권리에 대한 인식이 높아지고 있다 하더라도 유명인의 얼굴과 이미지를 도용해 사용하는 사례는 주변에서 흔히 보게 된다. 물론 해외 유명인도 포함되는 얘기다.

스포츠 에이전트 M이 스포츠 분야에서 **퍼블리시티권**에 관한 몇 가지 사례를 분석한 내용이다. 앞으로 사례와 판례는 계속될 것이다. 끊임없이 관심을 요하는 부분이다.

국내 판례를 바탕으로 한 **퍼블리시티권**의 침해사례는 아래와 같다.

(1) 선수 동의를 받고 찍은 광고물을 **계약기간이 종료된 후에 방영**되는 경우는 퍼블리시티권의 침해가 된다. 계약이 끝난 후 사용을 하기 위해선 **선수 동의가 필요**하다. 선수 동의의 범위를 벗어난 부정사용 사례다.

(2) 선수 동의를 받고 제작한 영상과 사진을 선수 동의 없이 원래의 목적과 달리 사용한 경우는 퍼블리시티권의 침해가 된다. **선수 동의의 범위**를 벗어난 부정사용 사례다.

(3) 선수의 인쇄매체 광고일 경우 **계약기간이 종료된 후**에 사용하거나 **계약에 명시되지 않은 매체**에 광고하는 경우는 퍼블리시티권의 침해가 된다. 선수 동의의 범위를 벗어난 무단사용 사례다.

(4) 게임을 좋아하는 사람은 쉽게 이해할 수 있는 부분이다. 스포츠 스타를 활용한 게임제작은 어떨까? 몇 가지 경우가 있다. 우선 게임 제작업체가 선수 동의 없이 선수 프로필, 기록 등의 구체적 내용을 활용해 게임을 만든 경우가 있다.

게임 제작업체가 축구 팀 내에 속해 있는 모든 선수의 동의 없이 관련 내용을 넣어 게임을 만든 경우도 있다. 또한 게임 제작업체가 선수 동의 없이 이름 대신 이니셜을 이용하여 게임을 만든 경우는 어떨까. 이 모든 경우는 퍼블리시티권의 침해가 된다. **스타의 고객흡입력을 이용**해 상품에 이용했기 때문이다.

(5) 일반 상품을 판매할 때 선수 동의 없이 컬러 브로마이드같은 특별부록을 제공하는 경우는 퍼블리시티권의 침해가 된다. 상품을 보다 잘 팔기 위해 **상업적으로 이용**될 염려가 있기 때문이다.

브로마이드

게임 이미지

반면, 퍼블리시티권의 **침해가 아닌 사례**는 아래와 같다.

(1) 우린 매체를 통해 **닮은 꼴 모델광고**를 볼 수 있다. 유명한 가수이름과 묘하게 비슷한 밤무대 모창가수를 떠올리면 쉽게 이해할 수 있을 것이다. 이 경우 퍼블리시티권 침해가 아니다. 시청자들이 닮은 꼴 모델을 통해 '**관심 끌기**'란 사실을 인시했기 때문이다.

(2) 선수 동의 없이 선수를 모델로 한 **소설**은 어떨까? 성공한 스포츠 스타를 모델로 선수의 성장과정, 활약상, 그리고 다양한 사진을 싣고 실화를 바탕으로 한 소설을 창작할 수 있다. 이 경우는 '**표현의 자유**'란 이유로 퍼블리시티권의 침해가 아니다.

모창가수

오픈 북

국내 법원에서 판결한 내용을 요약하면 다음과 같다.

(1) 스포츠 선수의 초상 이용권 즉, 퍼블리시티권을 일종의 **재산권**으로 인정했다.

(2) 선수 초상 이용권은 구단에 속한 것이 아니라 1차적으로 **선수**에게 있다.

(3) 선수 초상 이용권 침해에 대해 **손해배상액** 산정에 기준을 제시했다.

퍼블리시티권을 보호하기 위한 수행 순서는 다음과 같다.

첫째, 퍼블리시티권의 **보호**와 **침해범위**를 명확히 구분해 인지해야 한다. 국내 경우 퍼블리시티권이 명확하게 규정화되지 않아 **사안별 사례**와 **판례**를 항상 알고 있어야 한다. 스포츠 분야 외에도 연예인 등 유명인에 대한 관련 사안이 많은 만큼 충분한 숙지는 매우 도움이 될 것이다.

둘째, **퍼블리시티권 침해**에 해당되는지 파악해야 한다. 구단, 연맹, 협회 및 에이전시로부터 선수가 퍼블리시티권에 관한 이슈가 발생했다는 정보를 접한 후 바로 확인해야 한다. 침해 형태는 앞서 언급했던 것처럼 **무단이용, 부정사용, 권리 없는 자의 허락에 의한 초상사용, 상품에 이용, 상표 및 도메인 네임 사용** 등이 있다.

셋째, 퍼블리시티권의 침해 구제 수단을 파악하고 **구제활동**을 수행해야 한다. 법률 전문가를 통해 **재산적 손해배상 수단**을 파악해야 한다.

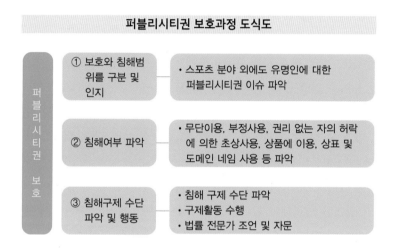

퍼블리시티권 보호과정 도식도

퍼블리시티권 보호	① 보호와 침해범위를 구분 및 인지	• 스포츠 분야 외에도 유명인에 대한 퍼블리시티권 이슈 파악
	② 침해여부 파악	• 무단이용, 부정사용, 권리 없는 자의 허락에 의한 초상사용, 상품에 이용, 상표 및 도메인 네임 사용 등 파악
	③ 침해구제 수단 파악 및 행동	• 침해 구제 수단 파악 • 구제활동 수행 • 법률 전문가 조언 및 자문

CHAPTER 03 퍼블리시티권 보호조항을 넣자

1. 국내 프로리그의 퍼블리시티권을 이해하자

앞서 **초상권**과 **퍼블리시티권**의 차이를 제시했다. 전자는 인격권으로 팔거나 상속할 수 없지만, 후자는 그 반대다. 의미와 법적인 보호는 엄밀하게 다르지만 실상은 혼용해서 사용하고 있다. 현재 국내 프로리그에서는 프로축구와 프로야구에서만 퍼블리시티권이란 용어를 연맹 규정·규약에 명시하고 있다.

국내 프로축구 리그K League의 퍼블리시티권 사용에 대한 규정을 살펴보면 '성명, **초상**, 예명, 아호, 음성 등 동일성을 식별할 수 있는 일체의 것'을 **퍼블리시티권**으로 해석하고 있다. 즉, 퍼블리시티권을 초상권보다 큰 범주로 묶어 제3자에게 권리를 부여할 수 있도록 했다. 또한 연맹차원에서 퍼블리시티권 사용에 관해 선수 혹은 구단에 요청을 하면 최대한 협조해야 한다. 에이전트는 에이전시에 소속된 선수에 대해 퍼블리시티권의 침해에 따른 선수 이미지 혹은 경제적 손해를 미연에 방지하기 위해 구체적인 법적 보호의 권한을 행사하기 위한 노력을 해야 한다.

여기서 잠깐! / 한국프로축구연맹(K League)의 퍼블리시티권에 관한 규정

K League 제5장 마케팅 제9조 선수 및 코칭스태프의 퍼블리시티권 사용
① 구단은 소속 선수 및 코칭스태프와의 계약기간 동안 선수 및 코칭스태프의 성명, 초상, 예명, 아호, 음성 등 동일성을 식별할 수 있는 일체의 것('퍼블리시티권')을 직접 사용하거나 제3자에게 이를 사용할 수 있는 권리를 부여할 수 있다. 단, 본 조에서의 '퍼블리시티권'은 경기 및 훈련, 공식행사, 팬서비스활동, 대언론활동, 홍보활동, 사회공헌활동 등 선수활동으로부터 발생하거나 이와 관련이 있는 것으로 한정된다.
② 연맹은 2개 구단 이상 또는 3명 이상의 선수 및 코칭스태프의 퍼블리시티권을 집합적으로 사용하거나 제3자에게 이를 사용할 수 있는 **권리를 부여**할 수 있다.
③ 연맹이 특정 선수 또는 코칭스태프의 퍼블리시티권을 개별적으로 사용하고자 할 경우 해당 선수 또는 코칭스태프의 **소속 구단과 사전에 협의**하여야 한다.

④ 연맹은 선수 및 코칭스태프에게 연맹의 광고 선전, 홍보, 프로모션, 단체행사 등에 출연을 요청할 수 있고, 당사자인 선수 및 코칭스태프와 소속 구단은 이에 **최대한 협조**한다.

한국프로야구위원회KBO 규약에 따르면 퍼블리시티권, 초상권, 저작권 등을 포함한 모든 권리를 구단에 귀속해야 한다고 명시돼 있다. 또한 5장에서 제시한 미디어 종류로서 인쇄매체, 방송매체, 미디어 매체에 노출되기 전 구단의 사전 승인이 필요하다.

여기서 잠깐! / 한국프로야구위원회(KBO)의 퍼블리시티권에 관한 규정

KBO 규약 제19조 [퍼블리시티권 등]
선수는 구단의 요청이 있을 경우 구단의 홍보 등을 목적으로 한 사진 촬영이나 기타 홍보물 제작에 참여하여야 하며 이에 관한 **초상권·저작권** 등의 모든 권리는 **구단에 속한다는 것을 승낙**한다. 선수가 참가활동기간 중 라디오, TV, 인터넷 방송 등 대중매체의 출연, 신문·잡지 등에 기고, 상품광고에 참여하는 등 경기활동 이외의 행위를 하고자 하는 경우에는 **구단의 사전 승인**을 받아야 하며, 참가활동 이외의 기간 중 위와 같은 행위를 하고자 하는 때에는 사전에 구단과 협의하여야 한다.

2. 퍼블리시티권 보호조항을 면밀히 검토하고 계약에 넣자

M은 선수와 구단과의 사전 협의를 하고 계약서를 작성할 때 퍼블리시티권에 관한 연맹의 정관·규정·규약 등을 다시 한 번 검토했다. 구단에 귀속된 권리에 대해 한 개 조항으로 명시된 내용을 보안할 필요를 느껴 변호사로부터 자문을 얻었다. 다음과 같은 내용을 이해하고 계약서에 포함시킬 수 있다.

첫째, **퍼블리시티권**의 주요 계약조항을 면밀히 검토해야 한다. 주요 계약조항은 몇 가지가 있다.

① 계약이 성립할 수 있는 금액과 조건조항
② 양도하는 사항과 조건조항
③ 권리의 상속에 관한 조항
④ 권리의 존속기간에 관한 조항

⑤ 권리의 침해에 관한 조항이다.

간혹 선수사망 후 퍼블리시티권 상속의 인정여부에서 구단과 유족들과의 쟁송이 있다. 이 경우 미국과 우리나라 모두에서 상속을 인정하는 판례와 부정하는 판례가 동시에 있다. 즉, 명확한 계약조항 문구를 통해 명시할 필요가 있다.

둘째, **계약을 체결**한다. 물론 법률 전문가의 자문을 받으면 좋겠다. 선수가 초기에 구단에 입단할 때, 이적을 하면서 새로운 구단에 입단할 때 선수의 퍼블리시티권 보호 조항을 충분한 이해하고, 그것을 적용을 하기 위해 노력을 해야 한다.

수영

계약

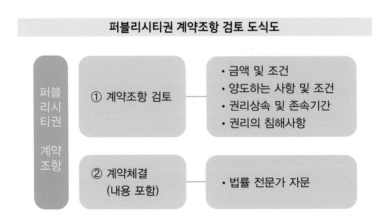

퍼블리시티권 계약조항 검토 도식도

퍼블리시티권 계약조항

① 계약조항 검토
- 금액 및 조건
- 양도하는 사항 및 조건
- 권리상속 및 존속기간
- 권리의 침해사항

② 계약체결 (내용 포함)
- 법률 전문가 자문

여기서 잠깐! 🔊▷ / 퍼블리시티권과 법적 지식에 대한 에이전트의 관점 ★

■ 이예랑 - 박병호, 강정호, 김현수 미국행을 담당한 에이전트
'LA 다저스에서 류현진과 계약할 때 그가 출연한 예능까지 보면서 분석했다고 들었다. 선수 평판 못지않게 **에이전트의 평판**도 관리해야 하는 부분이다. 강○○ 선수의 일탈 (음주운전)에 대해선 본인도 실수를 인정했고, 재교육도 필요했다. 그것도 에이전트의 몫이다. KBO가 2018년부터 허용한 공인 에이전트 선발에 절반이 변호사라고 들었다. 법적인 부분은 중요하다. 하지만 반드시 변호사만 에이전트일 필요는 없다. **법에 대한 지식**은 중요하지만, 무엇보다 선수에 대한 **애정**과 **관심**을 갖는 것이 가장 중요하다.'

→ **평판(Reputation)** 관리의 문제는 항상 중요하고, 선수와 에이전트가 함께 관리해야 할 부분임
→ 법적인 지식을 쌓되 보다 전문적인 분야는 변호사와의 협력적 관계로 해결하면 됨

■ 김동욱 - 제리 맥과이어 영화와 마크 맥코맥 책을 통해 진로를 결정한 에이전트
'일본에서 활약했던 야구의 오○○ 선수를 MLB를 진출하기에 앞서 마카오 카지노 도박문제로 구설수에 올랐다. 바로 사과하고 일을 신속히 마무리하면서 미국에 진출했다. 선수에 대한 믿음을 주기 위해서는 모든 것을 오픈해야 한다.'

→ 선수일탈에 대해 신속하게 사과하면서 기존에 쌓였던 **신뢰**와 **책임**을 보여주어야 함
→ 선수의 평판을 활용해 부당하게 이익을 보는 대상도 경계해야 하지만, 선수 자신의 평판을 관리할 수 있도록 신경을 써야 함

법정

좌절

악수

12

선수 관련
법률문제를
체계적으로
지원하자

고용계약 법률문제를 관리하자

1. 선수와 에이전트 간의 분쟁사례를 이해하자

에이전트와 선수와의 계약은 **신뢰**가 가장 중요하다. 투명한 금전거래 환경에 기초해야 한다. Shropshire et al.2016에 따르면 대리인은 계약 당사자의 자금을 소유하게 된 경우 반드시 통보해야 한다고 했다. 이와 같은 맥락으로 상호 간의 계약에는 법을 준수해야 하는 의무, 계약 당사자의 이익에 영향을 미칠 수 있는 모든 사항에 대해 고지해야 하는 의무, 계약 당사자의 동의 없이 제3자에게 위임하지 않아야 하는 의무 등이 필요하다. 대리인은 기본적으로 **충실의무**Duty of Loyalty와 **성실의무**Duty of Good Faith를 지녀야 한다고 강조했다.

스포츠 에이전트 M이 현재 관리하고 있는 6명의 선수들과 지난 몇 년간 우여곡절을 겪으며 지내왔다. 최근 에이전시와 계약만료가 가까운 배구 선수 D는 다른 에이전시로부터의 관리를 희망하고 있다. 이러한 상황으로 인해 M은 그동안 지켜봐왔던 고등학교 졸업을 앞둔 또 다른 배구 선수와의 에이전트 계약을 추진하고자 한다. 이 계기로 스포츠 에이전트 계약서를 다시 살펴보고 있다.

종종 선수와 에이전트 간의 분쟁이 발생하기도 한다. 분쟁을 사전에 방지하기 위해선 원론적인 얘기이지만 선수와 에이전트 사이에 신뢰를 토대로 하여 계약서 내용의 충분한 공유가 있어야 한다. 분쟁에 관해 대표적인 사례를 살펴보면 다음과 같다.

(1) 위약금 및 에이전트 수수료 반환 사례

고용계약서선수-에이전트상에선 선수의 광고에 대한 수수료 지급 항목이 없음에도 불구하고, 관행상 수수료를 챙겨 법적 분쟁으로 이어진 사례다. 판결내용은 위약금 및 에이전트 수수료를 반환하라고 결론이 났다. 금액이 발생할 수 있는 모든 사안은 상호 협의 하에 결정된 수수료 지급 항목을 명시해야 한다.

(2) 이중계약 분쟁 사례

이중계약 관련하여 분쟁이 일어나기도 한다. 유럽축구리그 이적협상의 독점적 권한을 갖게 된 에이전트가 업무처리가 늦어지자, 선수는 임의대로 기존 에이전트와의 계약을 해지하고 다른 에이전트에게 의뢰해 일을 추진하면서 발생했다. 이 경우 선수가 **전속계약에 정한 의무**를 위반한 것이므로 에이전트에게 배상하라고 판결했다. 선수와 에이전트 사이의 고용계약기간 상호 간 의무를 정확히 인지해야 한다.

(3) 선수 가로채기 분쟁 사례

스포츠 에이전트 업계에서 심심치 않게 발생하는 선수 가로채기 사례가 있다. 기존 에이전트와의 계약을 임의대로 파기하고 다른 에이전트와의 고용계약을 추진했던 사례다. 계약기간이 남았음에도 불구하고 이러한 사태는 선수와 기존 에이전트 사이에 충분한 대화와 신뢰가 없을 때 발생할 수 있다. 물론 고용계약서상엔 얼마든지 상대측의 과실에 따라 임의파기 조항을 넣을 수 있다. 하지만 상대측의 과실을 입증하기가 어렵다. 즉, 이에 대한 정확한 기준을 정할 필요가 있다.

(4) 에이전트의 계약 임의파기 사례

스포츠 에이전트가 기존 선수와의 계약을 임의 파기한 경우다. 동일 종목의 다른 선수가 상품성이 있다고 판단한 에이전트는 효율적이고 효과적인 관리차원에서 기존 선수와 계약을 해지했다. 이런 경우 오로지 에이전트에만 의존했던 선수 입장에선 정신적 손해배상을 청구할 수 있다. 그렇다고 임의파기를 할 때까지 선수가 에이전트에게 지불했던 수수료를 다시 돌려받을 수는 없다.

영화 제리 맥과이어

영화 드래프트 데이

2. 에이전트 계약 법률문제 지원 수행순서를 이해하자

스포츠 에이전트 계약과 관련한 법률문제를 지원하기 위한 수행 순서는 다음과 같다.

첫째, **에이전트 계약**의 의미를 파악하고 선수에게 잘 설명해야 한다. 기본적으로 선수와 에이전트의 권리와 의무를 규정하는 것을 목적으로 한다. 이 부분이 상호 간의 **신뢰**에 관한 문제로서 가장 중요하다.

선수를 대리하는 역할을 위임받은 에이전트는 모든 협상과 계약은 '**선수 우선주의**'로 해야 한다. 즉, 선수의 이익을 대변하고 보호해야 하는 의무가 있다. 또한 선수 대리인의 역할을 하는 에이전트에게 일정한 비율의 수수료 지급 내용이 포함된다. 계약에 따른 수수료 구조는 3장에서 다루었다.

둘째, 에이전트 계약의 법적 조건을 이해해야 한다. 에이전트는 선수의 역할을 위임받아 대신 일을 처리하는 개념이므로 위임계약법리민법 제681조~684조 등의 관련된 법적 조건을 충분히 인지해야 한다. 스포츠 에이전트 계약서 샘플여기서 잠깐!을 참고하자.

여기서 잠깐! 🔲▷ / 선수 대리인 계약의 중요성에 대한 에이전트의 관점 ★

■ 김양희 - 농구선수 출신의 에이전트

'선수와의 **신뢰**를 통해 에이전트 고용계약을 해야 한다. 그럼에도 불구하고 다른 유혹에 의해 선수가 다른 에이전트와 계약을 하는 과정을 겪으며 힘든 적도 있다. 그 선수가 잘 되면 괜찮지만, 성장의 시기를 놓쳐 2군에서 경기하는 장면을 보며 속상했다.'

→ 선수는 항상 유혹에 노출돼 있음

→ 신뢰를 바탕으로 구두(口頭)로만 일을 진행하게 되면 에이전트와 선수 모두 피해자가 될 수 있으므로 반드시 **서면계약**을 해야 함

→ 선수의 법적 대리인이 된다는 것은 선수 인생이 달린 문제이므로 엄중한 **책임의식**을 가져야 함

■ 이예랑 - 박병호, 강정호, 김현수 미국행을 담당한 에이전트

'어떤 선수는 <좋은 게 좋은 것>이란 식으로 계약서를 제대로 쓰지 않으려는 경우도 있

었다. 친분이 있는 사람과 계약을 한다는 것이 정서적으로 맞지 않을 수도 있다. 하지만 아무리 친한 사이라 할지라도 고객과의 약속이란 측면에서 계약서를 쓰는 것에서부터 시작해야 한다.'

→ 선수와 에이전트의 **고용계약의 원칙**을 지켜야 함
→ **계약서 내용**을 사전에 꼼꼼히 공유하고 작성해야 함

■ 김세윤 - 국내에서 꽤 많은 외국인 선수를 대리하는 축구 에이전트
'왓츠앱 같은 소셜 플랫폼을 활용하여 해외 구단 혹은 선수들과 소통을 하면서 외국인 선수와의 협상 및 계약에 이르고 있다. 지속적으로 **교류**했던 에이전트를 통해서 해외 선수를 추천받기도 한다.'

→ 선수를 발굴할 때 누리소통망서비스(SNS) 등의 다양한 소통 창구를 활용해야 함
→ 관련 업종 내에서 지속적인 **네트워크** 형성과 관리를 이어나가야 함

■ 마이클 시겔 - 미국프로농구 스포츠 에이전트
'에이전트는 선수를 대신해서 경기를 뛸 수 없고, 선수는 에이전트를 대신해 협상을 할 수 없다. 에이전트는 선수 스스로가 내린 **결정**을 번복하게 노력할 수 있지만, 선수가 그 결정을 고수한다면 존중해야 한다.'

→ 선수의 **진로**를 위해 최선의 상담을 할 수 있지만, 선수가 **생각**하는 방향을 존중해야 함
→ **충분한 대화**를 통해 얻은 결론에 대해서는 존중해야 함

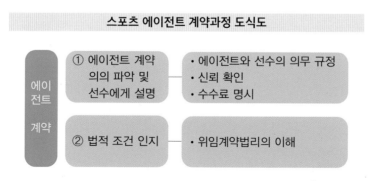

여기서 잠깐! 🔊▷ / 이해관계의 충돌(Conflicts of Interest)

Shropshire et al.(2016)에 따르면 스포츠 에이전트 활동 중에 '**이해관계의 충돌**'에 대해 고려할 만한 사항을 다음과 같이 제시했다. 즉, 앞서 언급한 **충실의무**와 **성실의무**에 반하는 상황이 도래할 수 있어 생각해 볼 여지가 있다.

① **구단의 소유 지분을 갖고 있는 에이전트가 그 구단소속 선수를 대리했을 경우**
   - NBA 규정상 '선수 대리활동을 하는 회사에 소속된 어떠한 개인도 NBA 팀의 소유 지분을 가질 수 없다.'라고 명시하고 있음
② **에이전트가 같은 리그 내 다른 팀 소속 선수를 대리했을 경우**
   - 에이전트가 모든 선수의 이익을 공평하게 생각할 수 있을지 여부에 대해 이해관계 충돌소지가 있음
③ **에이전트가 같은 포지션의 선수를 대리했을 경우**
   - 에이전트가 선수들의 이익을 동등하게 분해할 수 있을지 여부에 대해 이해관계 충돌소지가 있음
④ **에이전트가 같은 팀 내 여러 명의 선수를 대리했을 경우**
   - 에이전트가 선수를 볼모로 구단과의 협상과정에서 무리한 조건을 내세울 가능성에 대해 우려를 하게 됨
   - 구단 샐러리 캡(Salary Cap, 연봉 총 상한액) 제도에 따라 한 선수에게만 큰 혜택이 돌아갈 수 있음에 대해 이해관계 충돌소지가 있음
⑤ **에이전트가 같은 팀의 선수와 감독을 대리했을 경우**
   - 선수의 계약협상에서 감독이 팀을 대신하여 관여할 수 있는 가능성에 대해 이해관계 충돌소지가 있음

CHAPTER 02 구단과의 고용계약을 관리하자

1. 에이전트와 선수 간의 계약시점을 이해하자

앞서 제시한 스포츠 에이전트 고용계약은 선수와 에이전트 간의 계약이다. **선수 고용계약**은 단체 종목야구, 축구 등의 경우 구단과의 소속 선수계약을 말한다. 프로 스포츠 선수의 경우에는 프로단체 규약상 마련된 '**표준 선수계약서**' 양식에 의해 다년간의 계약 형태로 이루어진다. 아마추어 선수의 경우에는 '**위촉**'계약으로 1년 및 연장 계약의 형식을 띈다. 또한 개인 종목골프 등의 경우 팀에 입단할 때 고용계약의 형태가 주를 이룬다.

에이전트 입장에선 두 가지의 계약 시점을 생각할 수 있다. 첫째, **스포츠 에이전트 고용계약**선수-에이전트부터 모든 사안에 법정 대리로 나서는 경우이다. 즉, 선수가 구단에 처음 입단을 준비할 때부터 협상을 거쳐 계약체결 과정까지 모든 과정에 대해 선수를 대리하는 것이다. 둘째, 이미 **고용계약**선수-구단이 체결된 뒤에 선수와 에이전트 계약이 체결되는 경우이다. 이는 또 다시 선수가 다른 에이전트와 계약기간 종료 전까지 구단과의 고용계약서를 검토했을 수 있지만, 자신이 처음 에이전트로서 역할을 다할 수도 있다.

위와 같이 선수와 계약이 되는 시점을 고려하여 연맹에서 제공한 **표준계약서**를 근간으로 면밀히 검토해야 한다. 즉, 고용계약을 어떻게 관리하느냐가 매우 중요하다. 선수와 하루 이틀 지낼 사이도 아니고, 다년간 가족처럼 선수를 대리하는 입장에서 잘못 끼워진 단추를 바로 잡는 것이 필요하다. 고용 계약의 불공정, 유·불리 판단, 법적 분쟁의 사전 방지, 분쟁 발생 시 대응 등에 이르기까지 에이전트 역할은 매우 중요하다. 변호사와의 자문을 통해 필요 시 특약사항 등을 활용해 선수에게 유리한 내용을 넣을 수 있도록 최선을 다해야 한다. 연봉협상 영역에서 참고할 만한 국내 프로야구 표준계약서를 〈여기서 잠깐!〉에서 살펴보자.

고등학교 선수

2. 구단과의 고용계약 관리 수행순서를 이해하자

성공적인 고용계약 관리의 수행 순서는 다음과 같다.

첫째, 고용계약 체결 시 **필요한 의견**을 제공해야 한다. 에이전트는 계약서 검토과 정에서 일반적인 해석 능력을 길러야 할 것이다. 최종적 조항 검토는 **법률 전문가**에 의 뢰하면 좋겠다. 물론 계약체결 의지는 선수로부터 나와야 한다. 이러한 과정을 차분하 게 설명하는 몫은 에이전트가 해야 한다.

둘째, 고용계약이 체결된 후 **이행**과 **해석**에 관한 분쟁 발생 요인에 대해 검토해야 한다. 법령 및 판례에 대한 검색 능력도 필요한 부분이다. 에이전트는 분쟁이 발생하 면 합의 해결을 위해 **협상안**을 마련할 수 있어야 한다. 즉, 상대방을 이해시키고 선수 에게 유리한 방향으로 이끌어가야 한다.

셋째, **법률 전문가**의 협력과 지원을 통해 고용계약 관리의 법률문제를 지원해야 한다. 에이전트는 분쟁의 요소를 파악하고 해결 수단을 강구해야 한다. 본서에서 몇 차례 강조했듯이 에이전트는 **중재자 역할**을 원활히 해야 한다. 이와 같은 맥락으로 에 이전트에겐 법률 전문가를 섭외하는 능력이 요구되는 것이다. 특히 해당 분야를 잘 이 해하는 전문가가 필요하다. 이는 고용계약 체결 과정부터 필요한 조치다.

여기서 잠깐! / 선수와 구단 계약의 중요성에 대한 에이전트의 관점 ★

■ 이예랑 - 박병호, 강정호, 김현수 미국행을 담당한 에이전트

'야구 에이전트를 하고 싶어 하는 사람에게 야구 규약을 반드시 읽어볼 것을 권유한다. FA(Free Agent, 자유계약선수) 같은 규정도 숙지해야 한다.

→ 에이전트의 직무는 막연하게 선수와 구단을 중재하는 역할이 아니라 해당 리그의 **정관, 규정, 규약** 등 해당조항에 대한 숙지가 우선임

→ 에이전트를 위한 정답은 없으며 개인별 특성을 잘 살려 중재자 역할을 다할 수 있도록 노력해야 함

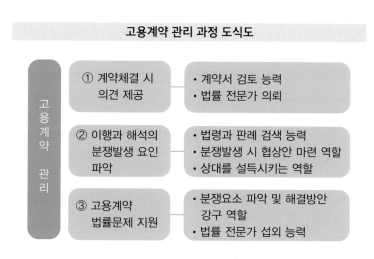

고용계약 관리 과정 도식도

고용계약 관리

① 계약체결 시 의견 제공
- 계약서 검토 능력
- 법률 전문가 의뢰

② 이행과 해석의 분쟁발생 요인 파악
- 법령과 판례 검색 능력
- 분쟁발생 시 협상안 마련 역할
- 상대를 설득시키는 역할

③ 고용계약 법률문제 지원
- 분쟁요소 파악 및 해결방안 강구 역할
- 법률 전문가 섭외 능력

여기서 잠깐! 📻▷ / 선수 노조의 기원과 개념의 이해

반독점법은 19세기말 미국에서 처음 제정됐다. 말 그대로 독과점의 폐해와 가격단합과 같은 공정한 경쟁시스템을 해치는 영업행위를 규제하기 위한 것이다. 첫 연방법을 주도한 미국 오하이오 주 상원의원인 셔먼의 이름에 따라 셔먼법(Sherman Act, 1890) 이후, 클레이턴법(Clayton Act, 1914), 연방거래위원회법(Federal Trade Commission Act, 1914) 등 추가적인 법제정이 이루어졌다. 현재는 연방공정거래 위원회(Federal Trade Commission)와 법무부(Department of Justice)가 반독점법의 집행을 담당하고 있다.

반독점법 제정의 취지에 따라 관람 스포츠 산업은 리그 **전력의 평준화**를 위해 노력해야 하는 구조를 갖는다. 소비자들에게 매력적인 상품을 시장에 내놓기 위해 관람을 위한 속성(경기진행, 우승 장면, 우승을 결정짓는 방식 등)뿐만 아니라 **지역 연고제, 연봉상한제, 드래프트, 자유계약제도** 등 다양한 제도가 포함돼야 함을 의미한다.

미국 대법원이 인정한 스포츠 리그의 특수성에 관한 판결이 있다. 풋볼에 집중적으로 투자해온 오클라호마 대학 등이 **전미대학스포츠연맹**(NCAA, National Collegiate Athletic Association)을 상대로 1970~80년대에 소송을 했다. 방송권에 관한 소송인데, 방송권을 독점관리하고 있었던 NCAA가 개별 학교당 방송될 수 있는 풋볼 경기 수를 제한하려고 하자 시작됐던 것이다. 대법원은 연맹의 방송권 장악에 따른 방송횟수의 제한은 관람 스포츠 시장경제에 해롭다는 대학들의 주장을 받아들였다. 즉, NCAA의 풋볼에 관한 독점 방송권 및 지배력이 반독점법 위반임을 판시했다.

반독점법과 함께 프로 스포츠 시장에서 이슈가 되는 **노사관계법**이 있다. 이 법은 취지와 내용 측면에서 상충된다. 프로 스포츠 리그에서 전력 평준화를 위해 만들어놓은 **연봉 상한제, 자유계약선수 신분의 제한, 신인 드래프트** 등을 놓고 봤을 때 시장 내에서 자유로운 경쟁을 막는 제도로 인식해 반독점법 소송에 노출될 수도 있다. 생산자(선수)와 수요자(팀, 리그) 간의 자유로운 거래를 저해하는 요인으로 인식할 수도 있다는 것이다. 이에 선수노조가 있는 미국의 모든 메이저 프로 스포츠리그에선 선수를 대리하여 노동환경, 보수 등에 관한 단체협약을 맺음으로써 반독점법 소송으로부터 보호하고 있다. 향후 국내 스포츠 산업 시장의 급격한 성장에 따라 프로 스포츠 리그 내의 두 축인 선수와 팀 관계자 간의 이익배분 및 제반권리에 관련된 공정거래법 상의 논쟁은 얼마든지 일어날 수 있다. 해외 사례를 바탕으로 다양한 의견을 듣고 법과 제도적 뒷받침을 하기 위한 노력이 필요하다(조성호, 2015).

출처 : 문개성(2023). 스포츠 경영 : 21세기 비즈니스 전략(개정2판). 박영사, p.158~159

CHAPTER 03 법률문제를 상황별로 관리하자

1. 협찬 관련 법률문제를 지원하고 관리하자

협찬과 관련한 법률문제는 크게 두 가지로 살펴볼 수 있다. 9장에서 제시한 **선수용품 협찬기업**과 10장의 선수광고 출연 관심기업과의 계약에 관한 문제이다. 성공적으로 선수 스폰서십 혹은 선수보증광고 계약을 위한 수행 순서는 다음과 같다.

첫째, 선수 스폰서십 혹은 선수보증광고의 분쟁사항을 파악·분석해야 한다. 통상 다음과 같은 몇 가지 사유로 분쟁이 발생한다.
① **이행지체**
② **이행불능**
③ **불완전 이행**
④ **이행거절**
계약의 이행과 해석에 관한 분쟁 발생을 분석하고 해결 가능성을 모색해야 한다. 에이전트는 기업과의 분쟁 발생 시 충분한 대화와 상호 간의 입장을 이해하는 과정을 거쳐 해결할 수 있다.

둘째, **법적 수단**을 도출해야 한다. 물론 법률 전문가를 섭외해서 계약 분쟁에 대한 논의를 해야 한다.

협찬 관련 법률문제 지원 도식도

협찬
관련

법률
문제

지원

① 계약 분쟁사항
파악 및 분서

• 선수 스폰서십 계약
• 선수보증광고 계약
• 이행시제, 이행불능, 불완
전이행, 이행거절

② 법적 수단 도출

• 법률 전문가 협업

선수보증 음료광고   선수보증 신발광고

2. 선수 관련 기타 법률문제를 지원하고 관리하자

선수를 둘러싼 법률문제는 다양하다. 앞서 제시했던 고용계약선수-에이전트/ 선수-구단을 비롯해 협찬계약선수-기업이 있다. 특히 선수와 구단과의 고용계약은 선수가 처해 있는 상황을 정확하게 인식하여 추진할 수 있어야 한다. 예를 들어 한국의 특수상황인 병역문제를 꼽을 수 있다. 또한 의도하지 않게 연루가 되는 개인적 법률다툼의 문제도 발생할 수 있다. 선수와 관련한 여러 가지 종류의 법률문제를 지원하고 관리하기 위해 다음과 같은 사항을 명심해야 할 것이다.

첫째, 선수 관련 기타 법률문제를 분류해야 한다. 학생신분을 갖고 있는 선수의 학적 관리 문제, 병역의무 이행 대상 선수 문제, 선수의 자산 및 투자 관리 문제, 선수의 명예 및 신뢰 유지·회복 문제, 미디어 대상 법적 대응 문제, 선수부상 시 보험 및 보상 문제 등이 있다.

축구선수인 경우 19~20세 사이에서 에이전트를 동반해 활발하게 이적시장을 타진하는 이유가 **대학진학, 학적관리, 병역연기 처리** 등이 집중적인 도움을 받아야 하는 시기이기 때문이다. 물론 다른 종목 선수도 이 시기에 겪는 문제로서 에이전트의 전문적인 손길이 필요한 것이다. 둘째, 관련 법령에 대한 개괄적인 이해를 해야 한다. 예를 들면 교육관계 법령, 병역법, 투자 관련 법령, 미디어 관련 법령, 보험 관련 법령 등이 해당된다.

셋째, **상황별 법률문제**를 지원하는 시스템을 마련해야 한다. 법률 전문가와의 협력과 지원을 통해 법률 업무를 지원받아야 한다.

여기서 잠깐! 〿▷ / 선수 병역문제와 의사소통에 관한 에이전트의 사례

■ **블라디미르 아브라모프 - 소련의 스타선수를 유럽리그에 연결하는 에이전트**
'김동진 축구선수가 갑자기 팀(제니트)을 떠났다. 구단 측으로부터 특별한 해명이 없었는데 확인해 보니 감독은 선수의 **몸 상태**를 고려하지 않고 무리하게 경기를 뛰게 했다. 선수는 훈련할 때 의식을 잃을 만큼 문제가 있었고, **병역 면제 문제**가 걸려있는 한국의 국가대표 경기를 위해 떠났는데 그곳에서도 또 의식을 잃었다.'

→ 어린 선수가 해외에 나가서 문화, 언어의 문제로 **소통**이 안 됐을 시 큰 문제가 생길 수 있음
→ 한국 에이전트가 현지 상황을 정확히 파악하기 힘든 한계와 해외 에이전트의 한국 상황(의사소통 문제, 병역 문제 등)을 파악하기 힘든 지점을 면밀히 검토해야 함

기타법률문제 지원 도식도

기
타
법
률
문
제

지
원

① 기타 법률문제 분류
- 학적관리, 병역의무, 자산, 투자, 보험, 보상 등

② 관련 법령의 이해
- 교육법령, 병역법, 투자법령, 미디어법령, 보험법령 등

③ 상황별 법률문제 지원 시스템 구축
- 법률 전문가 협업체계

선수부상

선수재활

여기서 잠깐! / 스포츠 에이전트 계약서 샘플

- 스포츠 에이전트 계약서 (혹은 스포츠 매니지먼트 계약서) -

선수 ○○○(이하 "선수")와 스포츠 에이전트 ○○○(이하 "에이전트")는 아래와 같이 계약을 체결한다.

- 아래 -

제1조(목적)
"에이전트"의 "선수" 관리에 대한 전반적인 업무의 위임과 수행에 관한 권리와 의무를 명확히 하는데 목적이 있다.

제2조(정의)
① "에이전트"는 "선수"를 대리하여 입단과 이적, 연봉협상, 협찬계약 등의 각종 계약을 처리하고 "선수"의 경력관리, 권익보호를 지원하는 일을 하는 자이다.
② "선수"는 "에이전트"에게 제2조①항에 관련한 업무를 위임하는 자이다.
③ "스폰서십(Sponsorship)"은 기업, 업체 등이 재화나 서비스를 제공하는 대가로 "선수"를 마케팅에 이용할 수 있는 권리를 말한다.
④ "인도스먼트(Endorsement)"는 "선수"를 활용해 특정제품을 전략적으로 촉진하기 위한 "선수" 스폰서십 방식인 선수보증광고를 말한다.
⑤ "라이선싱(Licensing)"은 기업, 업체 등이 재화나 서비스를 제공하는 대가로 "선수"가 갖는 유·무형의 자산을 활용해 마케팅에 이용할 수 있는 권리를 말한다.
⑥ "머천다이징(Merchandising)"은 기업, 업체 등이 재화나 서비스를 제공하는 대가로 "선수"가 갖는 유·무형의 자산을 활용해 스포츠와 연관이 없는 새로운 제품을 상품화할 수 있는 권리를 말한다.
⑦ "퍼블리시티권(Right of Publicity)"은 "선수"의 초상이 허락 없이 촬영되거나 공표되지 않을 권리인 초상권(Right of Likeness)의 재산권적 성격을 구체화한 것으로 성명·초상관련 경제적 이익의 사용을 통제하는 권리를 말한다.

제3조(에이전트의 권리와 의무)
① "에이전트"는 "선수"의 마케팅 활동에 대해 아래 각 호의 업무를 수행한다.
 1. 선수가치 분석: "선수" 경쟁력을 높이기 위해 필요한 경기분석, 체력측정 등의 객관적 자료수집 활동 및 활용

2. 미디어 관계: 영상매체, 인쇄매체, 인터넷매체 등을 비롯한 모든 상업적 매체를 활용한 활동

3. 사회공헌활동: 공익사업, 기부협찬, 자원봉사 등 선수가치 제고, 경력관리 등에 필요한 활동의 기획·추진

② "에이전트"는 "선수"의 이해관계자와의 협상 및 계약에 대해 아래 각 호의 업무를 수행한다.

1. 이적 협상 및 계약: 구단 입단 및 이적을 위해 구단 접촉·제안·협상·체결

2. 연봉 협상 및 계약: 연봉협상을 위해 구단 접촉·제안·협상·체결

3. 용품협찬 협상 및 계약: 선수 스폰서십, 라이선싱, 머천다이징 사업추진을 위해 기업, 업체 등 접촉·제안·협상·체결

4. 광고출연 협상 및 계약: 광고출연 및 인도스먼트 활동을 위해 기업, 업체 등 접촉·제안·협상·체결

③ "에이전트"는 "선수"의 법률지원에 대해 아래 각 호의 업무를 수행한다.

1. 고용계약 법률지원: 구단입단 절차, 선수 권익보호 및 사후관리 과정에서 발생하는 법률적 문제 지원

2. 협찬계약 법률지원: 퍼블리시티권을 활용한 수익사업 추진과정에서 발생하는 법률적 문제 지원

3. 자산관리·투자자문·기타상담 지원 : "선수'의 자산관리·투자자문 및 기타상담 등의 과정을 통해 발생하는 법률적 문제 지원

제4조(선수의 권리와 의무)

① "선수"는 제3조에 대한 업무의 최종적인 결정을 하고, 관련한 계약에 대해서 직접서명 또는 날인한다.

② "선수"는 업무권한을 "에이전트"에 독점적으로 부여하되, 필요 시 일부 업무를 "에이전트"와의 사전 공감 후, "선수'의 서면 동의하에 제3자에게 위임할 수 있다.

③ "선수"는 "에이전트"의 업무 수행에 따라 아래 각 호의 수수료를 지불해야 한다.

1. 제3조②항1호의 이적이 성사됐을 시 이적 금액의 ○○%을 일시불로 지불한다.

2. 제3조②항2호의 연봉협상이 체결됐을 시 계약금 및 연봉총액의 ○○%을 일시불로 지불한다.

3. 매년 선수연봉이 책정됐을 시 제4조③항2호에 명시된 비율의 수수료를 지불한다.

4. 단, 제4조③항2·3호는 계약금과 기본급에 관한 고정된 급여만을 대상으로 한 것으로 승리수당, 출전수당, 우승보너스, 각종 인센티브 등 경기력을 통해 추가로 얻은 "선수" 수입에 대해선 수수료를 지불하지 아니 한다.

5. 제3조②항3·4호에 따른 수익이 발생했을 시 수입금액의 ○○%을 일시불로 지불한다.

6. 제5조에서 정한 계약기간이 종료된 후에도 계약기간 중에 "에이전트"가 수행한 업무로 인한 제3조②항2호의 "선수" 수입에 한해서 계약기간 종료직전까지의 수입을 기준으로 본조에 명시한 수수료를 지불해야 한다.

제5조(계약기간)

① 본 계약의 기간은 계약체결일로부터 20○○년 ○월 ○일까지(○○개월)로 한다.

② 본 계약의 연장은 "선수"와 "에이전트"가 서면으로 합의한 경우에만 가능하다.

제6조(상호 공통 의무사항)

① "선수"와 "에이전트"는 상대방의 사전 서면 동의 없이 본 계약의 전부 혹은 일부를 제3자에게 위임·양도할 수 없다.

② "선수"와 "에이전트"는 본 계약절차를 통해 알게 된 사실을 제3자에게 누설하여서는 아니 되며 계약종료 후에도 비밀유지의무를 준수하여야 한다.

③ "선수"와 "에이전트"는 관련 경기단체의 규정, 지침 및 법령을 준수하여야 한다.

④ "선수"와 "에이전트"는 제3조와 제4조에 명시된 권리와 의무를 성공적으로 수행할 수 있도록 적극 협조하여야 한다.

⑤ "선수"와 "에이전트"는 위법행위를 통해 상호 명성에 해를 끼치는 언행을 하지 않도록 하여야 한다.

제7조(계약해지)

① "선수"와 "에이전트"는 아래 각 호의 경우 계약을 해지할 수 있다.

1. 상대측 과실로 인해 사회적 물의를 일으키거나 쟁송발생 및 징계절차로 더 이상 계약이 유지하기가 어렵다고 판단되는 경우

2. 제4조에 의한 수수료 지불을 아니 한 경우

3. 제6조 사항을 위반한 경우

② "선수"와 "에이전트"가 질병, 상해 등의 사유로 선수생활과 업무수행이 불가능할 경우상호 합의에 의해 해지할 수 있다.

제8조(분쟁해결)

① 본 계약은 대한민국의 관련 법령 및 판례를 준용한다.

② "선수"와 "에이전트"는 상호 간 분쟁발생 시 변호사 등 전문가를 섭외하여 분쟁해결을 위한 노력을 할 수 있다.

위와 같이 계약체결을 위해 "선수"와 "에이전트"는 서명날인한 후 계약서 2부를 작성하여
각자 1부씩 보관한다.

20〇〇년 〇월 〇일

선수
성명 : 〇〇〇
주소 :
주민등록번호 :

에이전트
성명(상호) : 〇〇〇
주소 :
주민등록번호(사업자번호) :

※ 선수가 미성년인 경우
미성년인 선수를 대리함
부 혹은 모 성명 : 〇〇〇
주소 :
주민등록번호 :

여기서 잠깐! / 국내 프로야구선수 표준 계약서(KBO 규약)

야구선수계약서

_____(이하 '선수')과(와)_____구단(이하 '구단')은 20_____년 _____월_____일 아래와 같이_____년도 프로야구 선수계약(이하 '본 계약')을 체결한다.

제1조 [목적] 본 계약은 선수가 자신의 능력을 최대한 발휘하여 프로 야구 경기, 훈련 등에 참여하고, 구단과 KBO(사단법인 한국야구 위원회, 이하 '위원회')의 사업에 적극적으로 협조하며, 구단이 그에 대한 대가로 선수에게 연봉 등을 지급하고, 선수가 프로야구 선수로서 활동하는 데 필요한 지원을 함에 있어서 필요한 제반 사항과 당사자의 권리 및 의무를 규율하여 상호 이익과 발전을 도모함에 그 목적이 있다.

제2조 [용어의 정의] 본 계약상 사용되는 용어는 아래와 같은 의미를 가진다.
1. '참가활동'은 경기 및 훈련 참여, 공식행사 참여, 팬서비스활동, 대언론활동, 홍보활동, 사회공헌활동을 말한다.
2. '공식행사'는 위원회, 구단이 주최, 주관하는 드래프트(선수 선발회), 시상식, 송년회 등을 말한다.
3. '팬서비스활동'은 팬사인회, 팬이벤트 등 팬을 위한 서비스 활동을 말한다.
4. '대언론활동'은 프로야구, 구단, 위원회와 관련된 기자회견, 인터뷰 등을 말한다.
5. '홍보활동'은 프로야구, 구단, 위원회의 홍보를 위한 광고촬영 등을 말한다.
6. '사회공헌활동'은 프로야구의 발전, 야구의 저변 확대, 야구 꿈나무의 육성, 팬과 연고지역 사회에 대한 보답 등을 위해 구단, 위원회가 실시하는 활동을 말한다.

제3조 [선수의 의무]
① 선수는 자신의 능력을 최대한 발휘하여 성실히 참가활동을 하여야 한다. 선수는 참가활동에 필요한 육체적·정신적 상태를 유지하기 위하여 최선의 노력을 다하여야 한다.
② 선수는 경기규칙을 비롯하여 KBO 규약(이하 '규약')과 이에 부속하는 제규정 및 리그 및 리그 운영에 관한 총재의 결정, KBO 리그 규정(이하 '리그 규정'), 구단 내부 규칙을 준수하여야 한다.
③ 선수는 계약기간 동안 KBO의 공식, 비공식경기 및 구단의 훈련을 포함한 모든 행사에 성실하게 참여하여야 한다.

④ 선수는 공식경기 또는 국제대회 기간 중 KBO와 구단이 지정한 기자회견, 미디어데이, 인터뷰 등 방송 출연에 응해야 하며, KBO와 구단이 마련한 팬사인회, 봉사활동 등 각종 행사에 참가하여야 한다. 또한, 선수는 공식경기 또는 국제대회 기간 중 KBO와 구단 이 공식 계약한 스폰서의 용품을 의무적으로 착용하여야 한다.

⑤ 선수는 세계반도핑기구(WADA)의 세계도핑방지규약(World Anti-Doping Code) 및 한국도핑방지위원회(KADA)의 프로스포츠 도핑방지 규성에 성해신 금시약불을 사용하여서는 아니 된다.

⑥ 선수는 경기장 내외를 불문하고 KBO, 구단, 리그 관계자를 비 방하거나 그들의 명예를 훼손하는 행동을 하여서는 아니 된다.

⑦ 선수는 승부조작이나 불법 스포츠 도박과 관련한 행위, 경기의 공정성을 훼손하는 부정행위, 기타 사회적으로 물의를 일으키는 행위를 하여서는 아니 된다.

⑧ 선수는 다른 선수에 대해 폭행, 상해 등 폭력 행위를 하거나 지시해서는 아니 된다.

⑨ 선수는 경기 시작 후 벤치 및 그라운드에서 휴대전화, 노트북 등 정보기기를 사용하여서는 아니 된다.

⑩ 선수는 형법, 성폭력범죄의 처벌 등에 관한 특례법, 성폭력 방지 및 피해자보호 등에 관한 법률을 비롯하여 법률상 규정된 성폭력, 성희롱을 저질러서는 아니 된다.

⑪ 선수는 참가활동 외 상근의 다른 직무를 수행해서는 아니 된다. 다만, 비상근 직무의 경우 구단의 사전 승인을 얻어 참가활동 수행 및 경기력에 지장이 없는 범위 내에서 수행할 수 있다.

⑫ 선수가 훈련 또는 비공식 경기의 참가활동에 있어 구단의 지시에 불복하고 경기에 참가할 만한 몸 상태를 구비하지 못한 경우 구단의 요구에 따라 훈련방식을 조정하여야 한다. 이에 따라 발생하는 훈련비용 중 참가활동기간 중에 발생하는 비용은 구단이 부담한다.

⑬ 선수는 규약에서 허용하는 경우 이외에 위원회에 소속하는 다른 구단의 주식을 갖거나 직접 또는 간접으로 금전적 이해관계를 갖고 있지 않으며 또한 앞으로도 갖지 않겠다는 것을 서약한다.

⑭ 선수는 구단의 의견을 존중하고 신의에 좇아 행동하여야 한다.

제4조 [구단의 의무]

① 구단은 경기규칙을 비롯하여 규약과 이에 부속하는 제규정 및 리그 운영에 관한 총재의 결정, 리그 규정, 구단 내부 규칙을 준수하여야 한다.

② 구단은 선수의 인권을 존중하고, 선수가 참가활동에 전념할 수 있도록 배려하고 지원하여야 한다.

③ 구단은 프로스포츠 선수로서의 능력 외에 인종, 국적, 출신지역, 출신학교, 외모 등의 사유로 선수를 경기, 훈련에서 배제하는 등의 차별적 행위를 하여서는 아니 된다. 구단은 구단 소속의 다른 선수, 임직원, 감독, 코치, 스태프가 이러한 차별적 행위를 하지 않도록 하여야 한다.

④ 구단은 구단 소속의 다른 선수, 임직원, 감독, 코치, 스태프가 폭행, 상해 등 폭력행위를 저지르지 않도록 노력하여야 한다.

⑤ 구단은 구단 소속의 다른 선수, 임직원, 감독, 코치, 스태프가 형법, 성폭력범죄의 처벌 등에 관한 특례법, 성폭력 방지 및 피해 자보호 등에 관한 법률을 비롯하여 법률상 규정된 성폭력, 성희롱을 저지르지 않도록 노력하여야 한다.

⑥ 구단은 선수의 의견을 존중하고 신의에 좇아 행동하여야 한다.

제5조 [계약기간] 본 계약의 계약기간은 20_____년_____월_____일부터 20_____년 11월 30일까지로 한다. 다만, 계약기간 중 참가활동기간은 2월 1일부터 11월 30일까지로 한다.

제6조 [경기, 훈련 이외의 참가활동]

① 선수는 구단이 공식행사 참여, 팬서비스활동, 대언론활동, 홍보 활동, 사회공헌활동을 요청하는 경우 부상, 질병, 경조사 등 부득 이한 사정이 없는 한 이에 적극적으로 응하여야 한다.

② 구단은 제1항의 행사, 활동의 일정과 구체적인 내용을 최소 [3일] 전에 선수에게 알리고, 선수와 협의하여야 한다. 다만, 급박한 사정 또는 사전에 이를 알리지 못할 부득이한 사유가 있는 경우는 예외로 한다.

제7조 [보수] 구단은 선수에게_____총 원의 보수를 아래와 같은 방법으로 지불한다.

① 계약금과 연봉, 지급일은 아래와 같이 정한다.

- 계 약 금: 일금_____원 (2회 분할 지급)
- 연봉: 일금_____원 (10회 분할 지급)
- 지 급 일: 매월_____일

만약 구단과 선수가 2년 이상의 다년계약을 맺을 경우 구단은 선수에게 다음과 같이 연봉을 지급한다.

계약연도:_____ 연봉:_____원

계약연도:_____ 연봉:_____원

계약연도:_____ 연봉:_____원

계약연도:_____ 연봉:_____원

② 구단은 계약금을 2회로 분할하여, 1회는 선수계약 승인 후 30일 이내에 지급하고, 나머지는 리그 종료 후 30일 이내에 지급한다.

③ 본 계약이 2월 1일 이후에 체결되었을 경우, 구단은 2월 1일부터 계약체결 전날까지 1일당 연봉의 300분의 1에 해당하는 금액을 감액한다.

④ 선수는 규약에서 허용하는 경우가 아닌 한, 명목 여하를 불문하고 본 계약에 약정된 이외의 보수를 구단으로부터 지급받을 수 없다.

⑤ 구단은 임의해지선수, 영구 실격선수에게는 잔여 연봉을 지급하지 않는다.

⑥ 계약금과 연봉에 해당하지 않는 구단과 선수 간의 특약에 따른 보수는 본 계약서 [특약 기재란]에서 합의된 금액으로 한다.

⑦ 보수에 관한 세금은 선수가 부담한다.

제8조 [공식경기의 보수] 선수가 정규시즌 종료일부터 본 계약 만료일까지의 기간에 구단의 비공식경기에 참가할 때 구단은 그 경기에 의한 순이익금의 40%를 초과하지 않는 보수를 참가인원에게 할당하며 선수는 그 분배금을 받는다.

제9조 [비용] 구단은 선수가 구단을 위해 여행할 경우 선수의 참가 활동과 관련한 교통비, 식비, 숙박비를 부담한다.

제10조 [용구, 용품]

① 야구경기에 필요한 모든 용구는 구단이 부담하고 훈련에 필요 한 배트, 글러브는 선수가 부담한다. 단, 선수는 경기 중에는 반드시 구단이 지급하는 모든 용구를 의무적으로 사용해야 한다.

② 구단 스폰서가 있는 경우, 선수는 그 스폰서의 용구, 용품을 사용하여야 한다. 선수가 개인 스폰서나, 경기력 향상 등을 이유로 구단 스폰서의 용구, 용품이 아닌 용구, 용품을 사용하고자 하는 경우 사전에 구단과 합의하여야 한다.

③ 구단은 공식행사, 팬서비스활동, 홍보활동, 사회공헌활동을 위해 필요한 경우 제1항에 따라 제공한 용구, 용품의 반환을 요청할 수 있다.

제11조 [건강진단] 선수는 참가활동에 유해한 육체적, 정신적 결함이 없다는 것을 밝히고 구단의 요구가 있으면 건강진단서를 제출할 것을 승낙한다. 또한 구단은 계약 전에 구단이 지정하는 병원에서 신체검사를 요구할 수 있으며 신체검사 후 신체적 또는 정신적 결함이 발견되거나 선수가 건강진단서 제출을 거부할 경우에도 계약을 무효화할 수 있다. 신체검사에 소요되는 비용은 구단이 부담한다.

제12조 [참가활동과 관련된 부상, 질병]

① 선수는 참가활동과 관련하여 부상을 당하거나 질병을 얻은 경우, 이를 즉시 구단에 알려야 한다. 선수와 구단은 치료가 필요한지, 어느 의료기관에서 치료를 할지, 어떠한 종류의 치료(수술, 비 수술, 약물 등)를 할지 등에 관하여 성실히 협의한다. 상호 합의된 치료를 한 경우, 그 치료에 관한 비용은 구단이 전액 부담한다.

② 제1항의 치료에도 불구하고, 선수가 계약기간 동안 경기나 훈련을 지속하기 어렵다는 치료 의사의 소견이 있는 경우 구단은 제22조의 웨이버 절차에 따라 계약을 해지할 수 있다.

③ 선수가 본 계약에 의거한 참가활동 중 직접 기인해서 사망 또 는 장해가 발생하는 경우를 예상하여 구단은 평균 보상액을 추정, 보험회사에 상해보험을 가입하여야 한다. 구단은 선수가 재해를 당하는 경우 등 보험금을 수령하여 지급하며 그 한도 내에서 구단은 책임을 면한다.

제13조 [참가활동과 관련이 없는 부상, 질병]

① 선수는 참가활동과 관련 없이 부상을 당하거나 질병을 얻은 경 우, 이를 즉시 구단에 알려야 한다. 선수와 구단은 치료가 필요한지, 어느 의료기관에서 치료를 할지, 어떠한 종류의 치료(수술, 비 수술, 약물 등)를 할지 등에 관하여 성실히 협의한다. 보다 명확히 하기 위해, 참가활동과 관련이 없는 부상은 휴가 기간 중 발생한 부상, 개인적인 일정 중 발생한 부상 등이고, 참가활동과 관련이 없는 질병은 선천적 질병, 유전적 질병, 참가활동과 관련이 없는 부상으로 인한 합병증 등이다. 치료에 관한 비용은 선수가 전액 부담한다.

② 선수가 제1항의 치료로 인하여 30일 이상 경기나 훈련이 불가 능한 경우 구단은 31일째 되는 날부터 치료 의사의 소견상 훈련이 가능한 날까지의 일수에 연봉의 300분의 1을 곱한 금액을 연봉에서 공제할 수 있다.

③ 제1항의 치료에도 불구하고, 선수가 계약기간 동안 경기나 훈련을 지속하기 어렵다는 치료 의사의 소견이 있는 경우 구단은 제22조의 웨이버 절차에 따라 본 계약을 해지할 수 있다.

제14조 [의료정보의 보호, 관리]

① 구단은 개인정보 보호법상 개인정보처리자로서 제11조 내지 제13조에 따라 제출 받거나 취득하게 되는 신체검사 결과 등의 의료정보를 관련 법령에 따라 처리하여야 한다.

② 구단은 본 계약이 종료되는 경우 의료정보를 파쇄, 삭제 등 복구 불가능한 방법으로 폐기한다. 다만, 선수와 구단이 새로운 계약을 체결하는 등으로 계약관계가 유지되는 경우에는 그러하지 아니하다.

제15조 [품위유지 등]

① 선수는 계약기간 동안 폭행, 상해, 성폭력, 성희롱, 사기, 마약, 약물복용, 간통, 불법도박, 음주운전 등 법령을 위반하거나 사회적 물의를 일으켜 프로스포츠 선수로서의 품위를 훼손하는 일체의 행위를 하여서는 아니 된다.

② 당사자는 계약기간 동안 다른 당사자의 명예나 신용을 훼손하는 발언이나 행동을 하여서는 아니 된다.

③ 구단은 계약기간 동안 구단 소속의 임직원, 감독, 코치, 스태프가 선수의 명예나 신용을 훼손하는 발언이나 행동을 하지 않도록 노력하여야 한다.

제16조 [부정행위]

① 선수는 게임, 사행행위, 도박, 복권 등 그 명칭 여하 및 적법 여부를 불문하고 경기 결과에 따라 경제적 이익이 제공되는 행위 를 하여서는 아니 된다.

② 선수는 승부조작 등 고의로 능력을 발휘하지 아니하여 경기 결과에 영향을 주는 일체의 행위를 하여서는 아니 된다.

③ 선수는 감독, 코치, 스태프, 다른 선수가 제1항과 제2항의 행위를 직접하거나 다른 사람에게 지시하는 것을 알게 되거나, 이를 의심할 정황이 있는 경우 즉시 구단에 알려야 한다. 구단은 선수가 보복 등의 걱정 없이 알릴 수 있도록 담당자 지정 등 관련 절차를 마련하고, 이를 선수에게 공지하여야 한다.

④ 선수는 야구선수로서 근면성실하게 참가활동하며 최선의 건강을 유지하고 또한 KBO 규약과 이에 따르는 제규정 및 구단의 제규칙을 준수하며, 개인행동 및 페어플레이와 스포츠맨십에 있어 한국 국민의 모범이 되도록 노력할 것을 서약한다. 또한 모든 도박, 승부조작 등과 관련하여 직·간접적으로 절대 관여하지 않을 것을 서약하고, 이에 대한 개인정보제공 동의서를 계약서와 함께 제출할 것을 승낙한다.

⑤ 선수는 제7조에 명시된 계약금과 연봉 외 어떠한 명목으로도 구단으로부터 금전 등 경제적 이익을 제공받지 않을 것을 서약하며, 이와 관련하여 개인정보제공 동의서를 작성하여 KBO에 제출할 것을 승낙한다.

제17조 [비밀유지]

선수는 경기나 훈련에 관한 정보를 구단 소속의 관련 임직원, 감독, 코치, 스태프, 다른 선수 외의 제3자에게 유출하여서는 아니 된다.

제18조 [참가활동 외 경기참가 제한]

① 선수는 규약에서 정하거나 KBO 총재(이하 '총재')가 허가한 경우가 아닌 한, 본 계약기간 중 구단 이외의 어떠한 개인이나 단체를 위한 야구경기에도 참가하여서는 아니 된다.

② 선수는 리그 이외의 프로스포츠 종목에서 참가활동 계약을 하여서는 아니 되며, 구단이 동의하지 않는 한 아마추어 스포츠의 경기에도 출장하여서는 아니 된다.

제19조 [퍼블리시티권 등] 선수는 구단의 요청이 있을 경우 구단의 홍보 등을 목적으로 한 사진 촬영이나 기타 홍보물 제작에 참여하여야 하며 이에 관한 초상권·저작권 등의 모든 권리는 구단에 속한다는 것을 승낙한다. 선수가 참가활동기간 중 라디오, TV, 인터넷방송 등 대중매체의 출연, 신문·잡지 등에 기고, 상품광고에 참여하는 등 경기활동 이외의 행위를 하고자 하는 경우에는 구단의 사전 승인을 받아야 하며, 참가활동 이외의 기간 중 위와 같은 행위를 하고자 하는 때에는 사전에 구단과 협의하여야 한다.

제20조 [진술 및 보증]
① 선수와 구단은 본 계약의 체결 및 이행을 제한하거나 금지하는 그 어떠한 법률적, 사실적 문제도 없음을 보증한다.
② 선수가 미성년자인 경우 구단은 본 계약 체결 전 선수의 법정 대리인에게 계약의 내용을 충분히 설명하였음을 보증한다.
③ 선수는 본 계약의 체결 및 이행이 제3자와의 계약을 위반하지 않는다는 점을 보증한다. 제3자가 본 계약의 체결 및 이행에 관하 여 구단을 상대로 이의 제기, 소송 등을 하는 경우 선수는 자신의 비용과 책임으로 이를 해결하여야 하고, 구단에게 손해가 발생한 경우 이를 배상하여야 한다.

제21조 [계약의 양도]
① 구단은 선수와의 협의를 거쳐 계약기간 중 다른 구단과의 양도·양수(이하 본 조에서 '트레이드') 계약에 따라 구단의 본 계약상 권리·의무를 다른 구단에 양도할 수 있다. 구단은 특별한 사정이 없는 한 본 계약보다 선수에게 불리한 조건으로 트레이드 계약을 체결하여서는 아니 된다.
② 본 계약이 트레이드 되었을 때 본 계약서 제7조에 약정된 보수는 트레이드로 인하여 변경되지는 않는다.
③ 구단은 트레이드 계약을 체결하는 즉시 선수에게 그 사실을 알리고, 트레이드 이유에 관하여 상세히 설명하여야 한다.
④ 선수는 구단으로부터 트레이드의 통지를 받은 날로부터 5일 이내에 양수구단의 사무소로 합류할 것을 동의한다. 만약 선수가 소정일까지 합류하지 못했을 때는 지체 1일당 제7조의 연봉의 300분 의 1에 해당하는 금액을 감액하는 것에 동의한다.
⑤ 선수가 트레이드를 거부하여 트레이드 계약이 무산되는 경우, 구단은 본 계약을 해

지할 수 있다.

⑥ 본 계약이 제5항에 따라 해지된 경우에는 제23조 제2항 내지 제4항을 준용한다. 이 경우 "공시"는 "해지"로 본다.

⑦ 선수가 트레이드로 인해 이사를 해야 할 경우 구단은 양수구단과 공동하여 선수에게 이사비로 [100만]원을 지급한다.

제22조 [웨이버]

① 구단이 참가활동기간 중 구단의 사정이나 선수의 부상, 질병을 이유로 본 계약을 해지하고자 할 경우 규약에 규정된 웨이버 절차를 취하여야 한다. 웨이버의 절차는 다음 각 호와 같다.

1. 구단은 총재에게 선수의 웨이버 공시를 청구해야 한다.

2. 총재로부터 전 구단에 웨이버가 공시되었을 때, 전 구단은 본 계약의 양도를 신청할 수 있다. 신청우선순위 및 계약양도금에 대해서는 규약에 따른다.

3. 총재는 웨이버가 공시된 사실을 선수에게 즉각 통고한다.

4. 선수가 제3호의 통고를 받은 뒤 7일 이내에 총재에게 반대의 의사를 통고하면 규약에 따라 본 계약은 해지된다.

5. 모든 구단이 양도를 신청하지 않을 때에는 규약에 따라 본 계약은 해지된다.

② 구단은 규약에 따라 웨이버 공시 이후의 기간에 대한 연봉을 지급하여야 한다. 다만, 선수가 제1항에 따라 웨이버 선수로 공시 되어 구단과 다른 구단 사이에 선수에 대한 양도·양수(이하 본 조에서 '이적') 계약이 체결되는 경우에는 그 이적 계약의 효력이 발생하기 전날까지의 연봉을 지급한다.

③ 선수가 제1항에 따라 웨이버 선수로 공시되었으나 구단과 다른 구단 사이에 이적 계약이 체결되지 못한 경우 본 계약은 해지된 것으로 보며, 선수는 자유계약선수가 된다.

제23조 [임의해지]

① 선수가 참가활동 또는 보류기간 중 자유의사로 본 계약의 해지 를 원하는 경우 구단에 서면으로 임의해지를 신청할 수 있다. 구단은 선수의 임의해지 신청 사실을 위원회에 통보하여야 하고, 구단이 임의해지에 동의하고, 총재가 선수를 임의해지선수로 공시하면 선수는 임의해지선수가 된다.

② 구단은 공시 이후의 기간에 대한 연봉을 지급하지 않는다.

③ 선수는 공시일로부터 1년이 경과하기 전에는 프로야구 선수로 복귀할 수 없다.

④ 선수는 공시일로부터 1년이 경과한 후에도 구단과만 선수계약을 체결하여 복귀할 수 있다.

제24조 [계약의 해지]

① 당사자는 상대방이 정당한 이유 없이 본 계약을 위반하는 경우 14일 이상의 기간을 정하여 상대방에게 그 시정을 촉구하고, 상대방이 그 기간이 지나도록 이행하지 아니하는 경우에는 계약을 해지할 수 있다. 다만, 상대방이 명백한 시정 거부의사를 표시하였거나 위반사항의 성격상 시정이 불가능하다는 것이 명백히 인정되는 경우에는 위와 같은 촉구 없이 계약을 해지할 수 있다.

② 선수는 구단이 다음 각 호에 해당하는 경우 총재의 승인을 얻어 본 계약을 즉시 해지할 수 있다.

　1. 제4조 제5항을 위반한 경우

　2. 제20조의 진술 및 보증을 위반한 경우

　3. 구단이 정당한 사유 없이 본 계약에 따른 보수, 비용, 기타 본 계약에 따라 구단이 선수에게 지급하여야 하는 일체의 금원을 [14일] 이상 미지급한 경우

　4. 구단이 정당한 사유 없이 정규시즌 경기에 연속하여 6경기 이상 불참하는 경우

③ 구단은 선수가 다음 각 호에 해당하는 경우 총재의 승인을 얻어 본 계약을 즉시 해지할 수 있다.

　1. 제20조의 진술 및 보증을 위반한 경우

　2. 제3조 제5항을 위반하여 금지약물을 사용한 경우

　3. 제3조 제10항을 위반하여 성폭력, 성희롱을 저지른 경우

　4. 제11조에 따른 신체검사 결과 선수에게 참가활동에 지장을 초래할 수 있는 중대한 신체적 또는 정신적 결함이 발견되거나 신체 검사 결과의 제출을 거부하는 경우

　5. 제15조 제1항을 위반하여 품위를 훼손하는 행위를 한 경우

　6. 제16조를 위반하여 부정행위를 저지른 경우

　7. 제17조를 위반하여 비밀을 누설한 경우

　8. 기타 선수가 본 계약을 중대하게 위반하여 본 계약의 유지가 불가능한 경우

④ 본 계약이 본 조에 따라 해지되는 경우, 구단은 다음 각 호의 구분에 따라 연봉을 지급한다.

　1. 구단의 귀책사유로 본 계약이 해지되는 경우 : 잔여 연봉 전액

　2. 선수의 귀책사유로 본 계약이 해지되는 경우 : 계약 해지일 전 최종 연봉 지급일 다음 날부터 계약 해지일까지의 일수에 연봉의 300분의 1을 곱한 금액

⑤ 본 계약에 대한 해지권의 행사는 상대방에 대한 손해배상청구권 행사에 영향을 미치지 아니한다.

⑥ 본 조에 따라 본 계약이 해지된 경우 구단은 선수를 자유계약 선수로 공시하도록 위원회에 요청하여야 하며, 선수는 공시된 날로부터 자유계약선수가 된다.

제25조 [손해배상] 당사자가 정당한 이유 없이 본 계약을 위반하는 경우, 본 계약의 종료 여부 및 종료 사유를 불문하고 그로 인하여 상대방에게 발생한 모든 손해를 배상할 책임이 있다.

제26조 [보류선수]

① 구단의 신청에 따라 총재가 공시한 보류선수 명단에 선수가 포함된 경우, 구단은 선수에 대하여 다음 연도 선수계약을 체결할 권리를 보유한다.

② 선수가 제1항의 보류선수 명단에 포함된 경우, 구단과 선수는 본 계약기간 종료일까지 다음 연도 선수계약을 체결할 수 있도록 신의에 따라 성실히 협상에 임하여야 한다. 구단과 선수 사이에 연봉 등 금전에 관한 사항이 합의되지 않는 경우, 구단 또는 선수는 규약에 따라 총재에게 연봉중재를 신청할 수 있다.

③ 선수가 제1항의 보류선수 명단에 포함되지 않은 경우, 본 계약은 당해 연도 11월 30일에 해지된 것으로 본다.

④ 선수가 제1항의 보류선수 명단에 포함되었으나 구단과 선수 사이에 계약기간 종료일까지 새로운 선수계약이 체결되지 않은 경우에는 본 조와 관련된 범위에 한하여 본 계약이 연장되어 적용된다. 이때 구단은 본 계약 제7조 제1항에서 정한 연봉의 300분의 1의 25%에 해당하는 금액에 보류일수를 곱한 금액을 2월 1일부터 11월 30일까지 매월 말일 선수에게 보류수당으로 지급하여야 한다.

⑤ 선수가 제1항의 보류선수 명단에 포함되었으나 구단과 선수 사이에 계약기간 종료일까지 새로운 선수계약이 체결되지 않은 상황에서 선수가 군에 입대하는 경우, 구단은 선수에게, 1,200만원이 초과하지 않는 범위에서, 본 계약 제7조 제1항에서 정한 연봉의 4분의 1에 해당하는 금액을 군보류수당으로 지급하여야 한다. 단, 지급은 10개월로 한다.

⑥ 구단이 제4항의 지급일로부터 14일 이내에 선수에게 보류수당을 지급하지 않는 경우 선수는 자유계약선수가 된다.

⑦ 구단이 제4항에 따라 보류수당을 지급받고 있던 선수와 선수계약을 체결하는 경우 구단은 선수에게 지급하기로 약정한 연봉에서 이미 지급한 보류수당을 공제한다.

제27조 [연봉의 증액 및 감액]

① 연봉이 5천만원 미만인 선수가 현역선수로 등록한 경우 구단은 당해 선수에게 5천만원에서 당해 선수의 연봉을 공제한 금액 300분의 1에 현역선수 등록일수를 곱한 금액을 연봉과 별도로 지급한다.

② 연봉이 3억원 이상인 선수가 소속구단의 현역선수에 등록하지 못한 경우 구단은 다음 각 호의 기준에 의하여 당해 선수의 연봉을 감액한다.

1. 경기력 저하 등 선수의 귀책사유로 현역선수에 등록하지 못한 경우에는 선수 연봉의 300분의 1의 50%에 현역선수에 등록하지 못한 일수를 곱한 금액을 연봉에서 감액한다. 이 경우 현역선수에 등록하지 못한 일수는 타자는 KBO 정규시즌 개막전부터, 투수는 KBO 정규시즌 개막전을 포함하여 7경기를 실시한 이후부터 계산한다.

2. 본 계약에 따른 참가활동 또는 참가활동을 위한 여행으로 인하여 부상, 질병 또는 사고가 발생하고, 그로 인해 현역선수에 등록하지 못한 경우에는 연봉을 감액하지 않는다. 다만, 치료 및 재활을 마친 이후에도 현역선수에 등록하지 못한 경우에는 다음 각목의 기준에 의하여 연봉을 감액한다.

   가. 선수가 치료나 재활을 마치고 KBO 퓨처스리그에 등록한 이후 일정기간이 지났음에도 불구하고 현역선수에 등록하지 못하거나, 경기력 저하 등 선수의 귀책사유로 KBO 퓨처스리그 등록이 말소되는 경우에는 연봉의 300분의 1의 50%에 현역선수에 등록하지 못한 일수를 곱한 금액을 연봉에서 감액한다. 이 경우 현역선수에 등록하지 못한 일수는 선수가 치료나 재활을 마치고 최초로 KBO 퓨처스리그에 등록한 후 15일이 지난 다음 날부터 계산한다.

   나. 선수가 KBO 퓨처스리그에 등록하였다가 부상이 재발하여 KBO 퓨처스리그 등록이 말소되는 경우에는 연봉의 300분의 1의 50%에 현역선수에 등록하지 못한 일수를 곱한 금액을 연봉에서 감액한다. 이 경우 현역선수에 등록하지 못한 일수는 재발한 부상을 치료하는데 소요되는 기간(진단서 기준)의 만료일로부터 10일 이 경과한 다음 날부터 계산한다.

③ 천재지변, 전쟁, 코로나바이러스감염증-19 등 감염병, 법령의 규정, 법원의 판결, 정부 기관 또는 지방자치단체의 명령 등과 같 은 불가항력적인 사유로 인해 선수계약을 체결할 당시 예정되었던 리그 일정이 변경되어 경기 수가 축소된 경우, 구단은 선수에게 줄어든 경기 수에 비례해 연봉을 감액하여 지급한다. 단, 본 항을 적용하여 연봉을 감액하더라도 구단이 선수에게 지급하는 최저연봉은 3천만원으로 한다.

④ 선수가 총재의 제재 혹은 본 계약에 의거한 참가활동에 직접 기인되지 않는 자기 귀책사유로 참가활동을 정지할 경우 구단은 참가활동정지 1일당 제7조의 연봉의 300분의 1을 감액할 수 있다.

제28조 [분쟁해결 등]

① 본 계약과 관련하여 분쟁이 발생한 경우 양 당사자는 상호 협의하여 분쟁을 해결하기 위해 노력한다.

② 당사자는 본 계약과 관련하여 분쟁이 발생한 경우 규약의 분쟁 해결 절차에 따라 총재에게 재정을 신청할 수 있다.

③ 당사자가 본 계약에 관련된 소송을 제기하는 경우 [상대방 주소지를 관할하는 법원]을 제1심 관할법원으로 한다.

④ 당사자는 인권 침해, 성폭력, 성희롱 등의 문제가 발생한 경우 스포츠윤리센터에 신고할 수 있다.

제29조 [본 계약의 효력]

① 본 계약의 효력은 규약에 따라 총재가 본 계약을 승인하고 그 선수가 구단의 소속선수임을 공시한 날로부터 발생한다.

② 본 계약은 그 내용과 관련하여 협의, 논의, 합의, 회의록, 비망록, 메모, 이메일, 양해각서 기타 그 명칭 여하를 불문하고 과거로부터 본 계약 체결일까지 당사자 간의 일체의 구두 또는 서면의 합의나 의사에 우선한다.

③ 당사자는 본 계약의 내용을 보충하거나 본 계약에서 정하지 아니한 사항을 규정하기 위하여 양 당사자의 합의에 따라 [특약 기재란]과 같이 서면으로 된 부속 합의서를 작성할 수 있으며, 서명 날인된 부속 합의서를 본 계약서의 말미에 첨부하여야 한다.

④ 천재지변, 전쟁, 코로나바이러스감염증-19 등 감염병, 법령의 규정, 법원의 판결, 정부 기관 또는 지방자치단체의 명령 등과 같은 불가항력적인 사유가 리그의 정상적인 운영 또는 선수의 참가 활동에 직접적 또는 간접적으로 영향을 미칠 경우, 총재는 본 계약의 전부 또는 일부의 효력을 중단시킬 수 있다.

제30조 [기타] 본 계약에 명시되지 않은 사항과 본 계약의 해석에 관한 사항은 양 당사자가 성의를 갖고 상호 협의로 결정하되, 관련 법규, 대한민국 프로스포츠계의 통상적인 관례, 일반적인 상관례에 따른다.

본 계약의 성립 및 내용을 증명하기 위하여 계약서 2부를 작성하고, 선수와 구단이 서명날인 후 각 1부씩 보관한다.

특약 기재란

구분	내용	비고
해당 연도		
지급 항목		
최대 지급액		
기타		

계 약 체 결 일 자 20   년   월   일

계 약 체 결 장 소

선 수 주 소

서 명 날 인

출 생 년 월 일   년   월   일

구 단 주 소

대표자 서명 날인

본 선수는 미성년자이므로 하기 자가 법정대리인으로서 본 계약을 체결하는데 동의함.

친권자혹은후견인

등 법정대리인주소 _____

서 명 날 인 _____

동 상 주 소 _____

서 명 날 인 _____

일자	20 년 월 일
번호	No.
승인	한국야구위원회 총 재

선수상담

선수생활

선수재활

13

선수생활과
자산관리를
체계적으로
지원하자

CHAPTER 01 선수 상담을 생활화하자

1. 선수 상담과 심리 치료를 이해하자

스포츠 에이전트 M이 평상시에 매우 중요하게 생각하는 부분이 **선수 상담**이다. 선수에게 무슨 일이 닥치면 가장 먼저 찾는 사람이 에이전트가 돼야 한다고 믿고 있다. 가족, 은사, 동료 등 주변사람들에게 하지 못할 얘기도 에이전트에게는 허심탄회하게 대화를 풀어나갈 수 있어야 한다. 일례로 골프 스타 타이거 우즈Tiger Woods가 불륜관계로 의심돼 왔던 여성과 함께 타고 있는 차량이 사고가 났을 때 파파라치들이 달려들었다. 그때 가장 먼저 떠올린 사람이 자신의 에이전트였다고 회상했다.

위와 같은 특수한 상황을 배제하더라도 선수가 가장 의지하는 사람은 고용계약 관계인 에이전트인 것이다. 이를 위해선 무엇보다 **신뢰**가 쌓여야 한다. 특히 에이전트가 '**선수 우선주의**'라는 원칙에 변함없는 모습을 보여야 한다. M은 자신이 관리하는 선수들의 면면을 다시 한 번 살펴보고 있다. 그동안 열심히 했다고 생각했던 상담이 건성으로 해 왔던 것은 아닌가라는 생각이 문득 들어서다.

평소에 말이 없다가 한 번 말을 시작하면 많은 말을 쏟아냈던 선수 A가 자꾸 마음에 걸렸다. 성실한 선수로서 이미 좋은 평가를 받던 선수가 부쩍 말수도 줄어들고, 묻는 질문엔 짧게 대답하기가 일쑤다. M에게 다 털어놓지 못하는 속사정이 있다는 느낌을 받았다.

선수 D는 계약연장을 하거나 국내외 구단을 타진해야 하는 마지막 승부수를 숙고하는 시기이다. 이런 사실을 잘 알고 있는 M은 몇 차례 상담으로 선수 D에게 심리적 안정이 필요하다는 사실을 알았다. 평소 말을 다소 과장해서 설명하는 타입이라 웃고 지나갈 수도 있지만, 상담을 거쳐 선수 D가 고민하는 사안 중에서 반복되는 공통분모가 있었다.

M은 항상 팬 층과 가까이 하는 선수 E를 최근 유심히 살펴보고 있다. 수려한 외모와 언변으로 대중적인 선수 E는 평소 의구심이 많은 편이다. 본인이 이해가 가지 않

는 부분에 대해선 저돌적으로 묻거나 고개를 심하게 흔드는 등의 표현을 하곤 한다. 혹여 잘못된 인상을 줄 수 있는 이미지에 대해 상담을 하면서 자연스럽게 개선할 점을 전달하려고 한다.

선수 F는 대학졸업을 앞두고 M에게 전적으로 의지하는 상황이다. 중국 프로리그를 진지하게 탐색하고, 중국 현지법인과의 협업을 추진하는 과정을 통해 자신의 진로를 허심탄회하게 얘기하는 편이다. 나이도 많은 편이고 대학리그의 실적도 내세울 만한 성적이 아니라 고민이 많다. M은 자존감이 낮아진 선수 F를 위해 앞으로 성장할 가능성이 큰 중국시장이 기회가 될 수 있다고 자주 설명하고 있다. 또한 선수 스스로 촬영한 콘텐츠를 반드시 활용할 것이라며 자신감을 불어넣는 과정을 자주 갖도록 노력하고 있다.

일상적인 생활에서 겪는 선수의 일반적인 고충을 에이전트는 **경청**傾聽해야 한다. 흔히 상담자와 피상담자 간에는 **라포 형성**Rapport Building이 매우 중요하다고 한다. 즉, 의사소통에서 상대방과 형성되는 **친밀감**을 쌓는 관계이다. 이를 통해 서로 간의 신뢰가 구축된다.

또한 오랜 슬럼프로 선수생활의 기로에 서 있을 만큼 힘들어 하거나 전문적인 심리 상담 혹은 **치료**를 선수가 요청할 때도 있다. 이런 경우엔 에이전트가 전문가의사, 심리 상담사 등와 선수를 연결해 줄 수 있어야 한다.

상담

몸 관리

2. 선수 상담을 위한 수행순서를 이해하자

선수와의 상담을 하기 위한 수행 순서는 다음과 같다.

첫째, **선수 상담 환경**을 조성해야 한다. 사적인 얘기를 꺼내야 하기 때문에 별도로 마련된 **상담실**이 필요하다. 상담 내용이 외부에 전달되지 않는다는 사실에 대해 신뢰가 쌓여야 한다.

선수 입장을 충분히 듣고 이해하기 쉽게 설명해야 한다. 전문용어보다는 **쉽게 풀이된 용어**로 내용을 전달해야 한다. 지키지 못할 약속을 하거나 약속을 번복하는 일을 피한다. 반드시 정해진 시간과 공간에서만 상담이 이뤄진다는 인상을 주기보다는 언제든지 내용을 공유하고 있다는 환경을 만드는 것이 좋다. 모든 상담내용은 **기록**하는 것이 필요하다. 기록을 통해 시간상 충분히 이루어지지 못한 내용, 다시 한 번 확인해야 할 내용 등을 다음 상담 때 활용할 수 있다.

둘째, 선수 상담을 **적시**適時, Just-in-time에 실시해야 한다. 에이전트는 상담에 대해 **생활화**해야 한다. 특정 선수에게만 편중해서도 안 되고, 바쁘다는 이유로 미뤄서도 안 된다. 선수별 상담 패턴을 숙지하도록 노력해야 한다.

신입인 야구 선수 A는 평소 말이 없어서 마음을 헤아리기 어려운 타입이다. 하지만 한 번 마음을 열고 말을 하기 시작하면 같은 말을 되풀이하는 경향이 있을 정도로 대화하는 것을 좋아한다. M은 선수 A가 불만을 평소에 잘 표출하지 않는다고 해서 일을 설렁설렁 넘어가려 하지 않기 위해 노력한다. 오히려 자아가 강한 선수이기에 일을 빈틈없이 차분하게 처리하는 것이 효과가 있다고 판단하고 있다. 또한 추진과정과 결과를 장황한 설명 없이 요약을 통해 수시로 전달하는 편이 낫다고 인식하고 있다.

대중적으로 유명한 축구 선수 B는 쉽게 흥분하고 성급한 경향이 있다. 자신의 논리가 얽히게 되면 상대에게 빈정거리는 말을 하게 돼 종종 오해를 불러일으키기도 한다. M은 선수 B의 특징 중 남의 얘기를 귀담아 들으려 하지 않으면서도 빠른 일처리를 하길 원하는 스타일인 것을 잘 알고 있다.

M은 남을 비꼰다는 것은 열등감과 허영심이 강할 수도 있는데 달리 보면 자부심이 남다르다는 점도 알고 있다. 이런 경우 선수에게 재촉하거나 수시로 조언을 하는 행동은 오히려 역효과가 날 수 있다고 판단하고 있다. 조언을 잔소리로 생각할 수 있

기 때문이다.

항상 부드러운 분위기에 정중하고 객관적 태도를 견지하며 응대해야 에이전트 입장에선 관리하기 편하다는 사실을 알고 있다. 또한 일처리가 늦어지면 사전에 그 이유와 전개될 상황을 미리 공유하려고 한다.

농구선수 C는 좋게 표현하면 전문가형 타입이다. 달리 말하면 유창하게 말을 하려하는 경향이 강하다. 자신이 실제로 훈련과 경기를 뛰는 선수이므로 모든 것을 다 안다는 표현을 자주 쓴다.

M은 선수 C의 의견에 대해선 경청傾聽 자세를 유지하고 지식과 능력에 대해 칭찬을 아끼지 않는다. 문제점이 발견되거나 좋은 방법이 있을 때는 스스로 해결하도록 유도한다. 또한 힘들 때는 언제든지 상담을 요청하라는 조언도 한다.

배구선수 D는 가끔 원칙에 어긋난 일로 판단될 만큼 무리한 요구를 한다. 또한 말을 과장하여 표현한다. M은 선수 D가 터무니없다고 해서 면박을 주거나 가르치려고 하기 보다는 선수 입장을 충분히 이해한다는 태도로 일관하고 있다.

그리고 객관적인 자료를 통해 응대하는 방법을 취하고 있다. 몇 차례 상담으로 에이전트와 선수 간에 충분한 공감을 이뤘다고 생각할 수 있지만, 선수 D는 다른 선수와 상황 등을 비교하며 흥정을 다시 요구할 수도 있다. 이런 경우가 종종 발생할 수 있다고 판단하며 선수가 말한 내용을 기록하고 상황에 맞게 설명을 하고 있다.

막내인 배드민턴 선수 E는 의구심이 많아 평소에 질문이 많은 타입이다. 또한 상대에게 많은 질문을 하고 답변을 듣는 와중에 이야기를 끊고 자신의 주장을 수시로 개입한다. M은 모든 질문에 성실히 답하거나 친절한 응대는 오히려 선수에게 악영향을 미친다고 판단하고 있다.

M은 선수 E가 다른 동료, 선·후배 선수로부터 들었던 얘기와 현재 자신의 상황이 일치가 안됐다고 생각하면 질문을 하는 타입이라고 판단하고 있다. 이럴수록 에이전트는 자신감 있는 태도로 명확하게 응대해야 한다. 대화가 다소 격해져도 소모적인 논쟁으로 이끌어가지 않고 차분하게 설득해야 한다.

선수 F는 진로의 막연함으로 자존감이 낮아진 측면이 두드러지게 나타난다. M은 선수가 겪는 어려움을 마음으로 접근하고자 한다. 다른 사람의 상황이나 기분을 같이 느낄 수 있는 능력인 공감을 최대치를 끌어올려 시작하기도 전에 포기하지 않게끔 유도할 생각이다.

셋째, **선수 상담 내용**을 파악하고 필요 시 **심리 상담** 혹은 **치료**를 주선해야 한다. 선수가 슬럼프에 빠진 이유, 무기력한 이유, 평소의 행동과 달라진 이유 등을 상담내용을 종합하고 요인을 분석한다. 몇 차례 상담을 통해 나아지지 않거나 심해진다면 심리상담과 치료를 주선해야 한다. 심리치료 의사 혹은 심리 상담사와의 협업이 필요한 시점이다.

누차 언급했지만 에이전트의 역할 중 매우 중요한 부분은 '**협업의식**'을 '**행동**'으로 옮기는 것이다. 통역사, 변호사, 의사, 심리상담가, 자산관리사 등 연봉규모에 따라 협업대상이 확대되는 직업이 에이전트이다. 혼자서 모든 일을 해결하고 관리할 수 없기 때문이다. 에이전트의 기본적인 직무가 일을 원활히 연결하고 진행할 수 있도록 노력하는 **중재자**란 사실을 잊어서는 안 된다.

경력이 쌓이다 보면 몇 가지는 직접 할 수 있을 만큼 성장하겠지만, '**선수 우선주의**'에 입각하여 협업 관계자들과의 원활한 조율과 해결과정을 능숙하게 처리하는 역할이 바로 에이전트가 가장 중요하게 생각해야 할 덕목이다.

여기서 잠깐! 〉〉 / 선수 상담의 중요성에 대한 에이전트의 관점 ★

■ **김양희 - 농구선수 출신의 여성 에이전트**

'본인 생일을 선수에게 알려주고 서로 챙겨주길 바란다. 친밀감을 바탕으로 연말에 모임도 하고, 자원봉사도 언론 등 주변에서 모르게 함께 참가하기도 한다. 에이전트는 선수의 멘토이다.'

→ 상담은 꼭 공식적인 자리에서 **선수 내심**이 드러나는 것이 아님
→ 다양한 방식의 **친밀도**를 높여 자연스럽게 선수와 솔직한 얘기를 나눌 수 있도록 해야 함
→ 추상적인 얘기보다 **구체적**으로 선수의 방향을 제시할 수 있어야 함

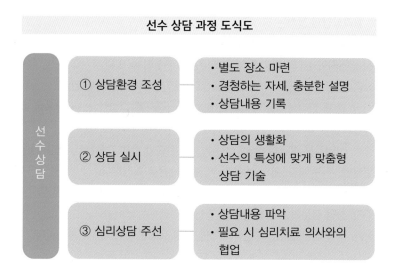

여기서 잠깐! / 스포츠 심리상담의 개요 및 절차

■ 에이전트는 **심리상담 전문가**를 잘 연결해주면 된다. 그럼에도 불구하고 어떤 절차로 상담이 이루어지는지 개괄적인 이해를 하면 도움이 될 것이다. 스포츠 심리상담을 위한 교육적 모형을 설명하면 다음과 같다. 즉, 선수(내담자, 피상담자)가 왔을 때 적용해야 할 단계이다.

① 1단계: 선수가 할 수 있는 기능이 어느 수준인지 파악해야 한다.

② 2단계: 선수의 심리상태를 알아보기 위한 심리검사 단계를 파악해야 한다.

③ 3단계: 선수에게 최선의 운동을 위한 동기부여를 해야 한다.

④ 4단계: 심리기술을 개발해야 한다.

■ **스포츠 심리의 상담윤리**는 다음과 같다. 즉, 에이전트 본인도 필요한 자세이고 전문 상담가도 당연히 준수해야 할 준칙에 대해 이해하면 좋다.

① 일반원칙: 전문성, 정직성, 책무성, 인권존중, 사회적 책임을 가져야 한다.

② 일반윤리

　- 권력남용과 위협을 방지하고, 의뢰와 위임을 통한 명확한 절차를 밟아야 한다.

　- 합리적인 상담비용을 책정하고, 별도의 물품 및 금품에 따른 보상을 방지해야 한다.

　- 부적절한 관계를 방지하고, 비밀을 보장해야 한다.

■ **스포츠 심리상담의 절차**는 크게 7가지 단계로 구분한다.

① 초기 접촉: 내담자(선수)가 상담이 가능한지 여부를 파악하는 것이 우선시 돼야 한다. 이 과정을 거쳐야 상담방법이 정해지고 내용을 구성할 수 있다.

② 접수 상담: 상담신청서를 작성하고 제출한다. 에이전트가 대리하면 된다.

③ 심리 상담: 현재 심리상태를 파악하기 위해 심리검사를 진행한다. 이 자료는 에이전트에게도 필요한 자료가 된다.

④ 상담 결정: 심리검사 결과를 상담자, 선수, 에이전트와 함께 검토한다. 상담내용, 심리기술 훈련방법, 주기, 시간, 횟수, 비용 등의 계약 내용을 확정한다.

⑤ 상담 초기: 탐색단계로서 상담시간, 장소, 횟수, 시간 등이 적정한지 파악한다.

⑥ 상담 중기: 상담 전문가는 통찰 단계를 접한다.

⑦ 상담 말기: 생활에서 변화를 확인하고, 상담이 종료되면 연장하거나 종료한다.

CHAPTER 02 선수 컨디션을 관리하자

1. 선수 자기관리에 대해 이해하자

스포츠 심리학에선 선수의 **자기관리**Self-management가 있다. 서구에선 자기관리와 비슷한 의미로서 자기강화Self-reinforce, 자기수정Self-modification, 자기조절Self-regulations 등과 같이 경기력 향상요인과 밀접하다고 하였다.

국내의 자기관리 척도의 대표적인 연구는 허정훈2001의 몸관리, 정신관리, 훈련관리, 대인관리가 있다.

(1) **몸관리**는 선수들의 컨디션 유지와 부상을 미연에 방지하기 위한 관리이다.

(2) **정신관리**는 선수가 갖는 부정적인 심리요인을 극복하는 관리이다.

(3) **훈련관리**는 체력과 기술 향상과 관련한 관리이다.

(4) **대인관리**는 원활한 인간관계와 관련한 관리이다.

이 외에도 허정훈, 김병준, 유진2001, 김병준2003 등에 따라 몇 가지 자기관리 요인이 추가됐다.

(1) **행동관리**는 훈련관리 내용에 바른 행동과 규칙적인 생활을 하기 위한 관리이다.

(2) **생활관리**는 선수의 수면과 음식을 조절하는 관리이다.

(3) **고유행동관리**는 경기와 훈련 시에 긴장을 풀기 위해 선수 개개인만의 행동을 의미하는 관리이다.

더불어 성영준, 문개성2014의 연구를 통해 **부상관리**가 추가됐다. 즉, 몸 혹은 신체관리에서 벗어나 부상예방에 초점을 맞춘 관리이다.

재활

격렬한 농구

2. 선수 컨디션 관리의 수행순서를 이해하자

성공적으로 **선수 컨디션 관리**를 위한 수행 순서는 다음과 같다.

첫째, 선수 상담을 통해 **신체적 문제**를 파악해야 한다. 에이전트는 신체구성에 관한 기본적인 지식을 습득할 필요가 있다. 상체와 하체 부위의 문제가 있다는 사실을 인지하고 재활 전문가 **섭외여부**를 판단해야 한다.

둘째, **재활 전문가**를 섭외하고 세부적 문제점을 파악해야 한다. 섭외된 전문가를 통해 몇 가지의 신체부위별 문제를 파악한다.

① **근육 문제 파악**상체 근육, 하체 근육

② **관절 문제 파악**상체 관절, 하체 관절

③ **골격 문제 파악**상체 골격, 하체 골격

④ **신경 문제 파악**상체 신경, 하체 신경

⑤ **심리 문제 파악**

⑥ **영양 문제 파악**

셋째, 재활 전문가를 통해 재활을 실시하고 **컨디션 관리 결과**를 평가해야 한다. 선수마다 다른 형태로의 신체 혹은 심리적 문제의 반복이 일어날 수 있으므로 컨디션 관리 결과를 반드시 **문서화**해야 한다. 이 결과를 토대로 개선방향을 도출한다. 선수생활 전반에 걸쳐 지속적인 컨디션 관리를 할 수 있도록 지원한다.

여기서 잠깐! ━▷ / 선수 재활 및 컨디션 회복의 중요성에 대한 에이전트의 관점 ★

■ **김동욱 - 제리 맥과이어 영화와 마크 맥코맥 책을 통해 진로를 결정한 에이전트**

'메이저리그에서 활약하는 오승환 선수가 팔꿈치 이상으로 구단(텍사스 레인저스)과 계
약을 연장하지 않기로 했다. 향후 부상 위험성이 있다며 구단에서는 수정제안을 제시했
다. 사실 염증이 있는 것은 맞지만 계약 당시 문제가 없는 것으로 확인됐는데도 불구하
고, 팔꿈치 이상이란 사실 자체도 구단의 공식적인 언급이 아닌 **루머**로 인한 것으로 판
단해 우리 쪽에서 계약할 의사가 없다고 했다. 우리 측에선 선수의 몸값에 대해 사전에
떠 보는 것이라 판단했다.'

→ 구단은 부상과 재발의 리스크를 활용해 협상에서 유리한 쪽으로 가고자 함
→ 에이전트는 최종적인 선수 의향을 존중해야 하지만 **구단의 의도**를 면밀히 파악할 수 있
  어야 함

■ **티스 블리마이스터 - EPL에서 뛰는 손흥민 축구선수의 前에이전트**

'데뷔 시즌 활약 이후 부상을 겪으면서 부진이 겹쳤지만 잘 이겨냈다. 진정으로 성장하
는 선수는 데뷔 2년 혹은 3년차에 다시 궤도에 오른다. 위기를 잘 극복하는 선수가 돼
야 한다.'

→ **낯선 환경**에서 의욕을 갖고 활약하다가 부상으로 좌절을 겪을 수 있음
→ 초반의 어려움을 잘 극복함으로써 위기에 강한 선수가 될 수 있도록 해야 함

■ **스콧 보라스 - 세계의 영향력 1위를 차지한 에이전트(2015년 경제지 포브스)**

'류현진 선수가 어깨 부상이 있을 때 항상 **긍정적인 면**을 강조했다. 어깨에는 중요한 근
육이 있다. 클린 업 수술이라 투구를 하는데 불편했던 부분을 부드럽게 만들기 위한 것
이다. 완벽하게 회복할 것이라 확신한다.'

→ 에이전트는 구단과의 신뢰를 바탕으로 의료진도 신뢰하며 선수에게 **강한 의지**를 불어
  넣어야 함
→ 긍정적인 언론보도를 함으로써 다방면으로 선수에게도 **재활 의지**를 불어넣어야 함

선수 컨디션 관리과정 도식도

선수 컨디션 관리	① 신체적 문제 파악	• 선수상담을 통한 1차 신체적 문제 발견 • 재활 전문가 섭외 여부 판단
	② 세부적 문제점 파악	• 재활 전문가 섭외, 필요 시 심리 전문가 섭외 • 세부적 2차 신체적 문제 파악 및 치료방향 결정
	③ 재활실시 및 컨디션 관리 결과 평가	• 재활실시 • 컨디션 관리 결과 평가 및 반영

선수의 자산관리를 지원하자

1. 선수 자산투자 및 관리를 이해하자

이 부분을 선수의 법률문제 지원4부에 지정한 이유는 선수를 법률적으로 보호하는 범주에 속하기 때문이다. 스포츠 종목과 관련한 환경 안에 해당되지는 않지만 선수 자산투자 및 관리라는 명목 하에 잘못된 정보를 제공하거나 그릇된 판단을 했을 시 막대한 피해를 줄 수 있다. 선수는 **경기력 향상**에 전념할 수 있도록 세심한 지원을 해야 한다.

남미의 축구 스타 네이마르Neymar da Silva Santos Júnior는 가족이 운영하는 에이전시 소속으로 알려져 있고, 특정한 리그에 국한되지 않고 이적 횟수를 늘림으로써 이적에 따른 막대한 수익을 올리는 것으로도 알려져 있다. 국내선수도 일반적으로 가족이 자산을 관리하는 경우가 많다. 물론 아무리 가족이라도 서로 관여하지 않는 문화에 익숙한 미국 프로야구 리그MLB 내 많은 선수들은 자산을 효율적으로 관리하기 위해 영역별 전문가에게 의뢰하고 있다. 미국은 주마다 세금체계가 달라 일반화해서 얘기할 수 없지만, 개인 소득세Income Tax가 없는 텍사스주를 예로 든다면, 보도 자료를 인용한 선수 총 연봉에서 실제적으로 선수가 가져가는 몫은 40% 정도라고 알려져 있다. 그만큼 주에 세금은 내지 않더라도 에이전트, 회계사, 자산관리 전문가 등 다양한 분야의 수수료가 발생하고 있음을 알 수 있다.

프로축구 리그만 하더라도 영국을 기반으로 하는 프리미어리그EPL, 스페인의 프리메라리가La Liga, 이탈리아의 세리에ASeria A, 독일의 분데스리가BUNDESLIGA, 프랑스의 리그앙League 1 등 소득세 납부율 등 체계가 같을 수 없다. 동일한 종목으로 묶여 있더라도 나라마다 다른 것이다. 즉, 선수가 벌어들이는 수입을 높이는 것 못지않게 자산을 관리하는 것도 매우 중요한 영역인 것이다. 에이전트는 선수 개인으로부터 직접 자신의 자산관리 의뢰를 받을 수 있고, 선수의 가족으로부터 의견을 듣게 될 수도 있다. 에이전트는 **중간자 역할**로서 분야별로 검증된 전문가를 연결할 수 있어야 한다.

선수자산   여성선수

2. 선수 자산관리의 수행순서를 이해하자

성공적으로 **선수 자산관리**를 위한 수행순서는 다음과 같다.

선수 자산관리의 방향은 두 가지다.
(1) **소득에 대한 세무 업무**
(2) **불로소득 창출을 위한 자산투자 및 관리계획**
위의 업무 프로세스는 세 단계로 이해할 수 있다.

첫째, **선수 소득**에 따른 세무의 개괄적인 이해를 해야 한다. 선수의 월간·연간 소득을 파악하고, 종합소득세 신고 대상자에서 다른 부분에 속하는지 파악해야 한다. 관련법은 '**소득세법**'이다.

우리나라는 법에 대해 생활밀착형 시스템을 잘 갖추고 있다. **법제처**http://www.moleg.go.kr에서 키워드를 검색하면 자세히 살펴볼 수 있다. 3단 비교법, 시행령, 시행규칙을 한 눈에 볼 수 있고, 저장 및 인쇄·부분인쇄 등이 가능하다.

둘째, **선수의 소득자산 투자와 관리**에 대한 개괄적인 이해를 해야 한다. 이 부분은 선수와 가족이 직접 수행하기도 하고, 전문가를 연결하는 대리 역할을 에이전트에 위임하기도 한다. 투자방법주식, 채권, 펀드, 부동산에 따른 수익성과 위험성을 선수에게 이해시킨다.

셋째, 관련 분야 **전문가**를 섭외하고 업무 처리를 상의해야 한다. 에이전트는 모든 과정을 이해하기 쉽게 선수에게 설명해야 한다.

① 선수 소득과 관련한 세무업무는 세무관련 전문가^{세무사}와 협업한다.

② 투자 관련 전문가^{투자자산운용사}와의 상담으로 자산투자계획을 수립한다.

③ 자산관리 전문가^{자산관리사}와의 상담으로 선수 은퇴 후 자산관리계획 수립을 병행하게 한다.

여기서 잠깐! ▷▷ / 은퇴선수와의 관계에 대한 에이전트의 관점 ★

■ 이예랑 - 박병호, 강정호, 김현수 미국행을 담당한 에이전트

'롯데출신 조성환 선수는 은퇴 후 사무실에 찾아와서 파워포인트, 영어를 배우고 싶다고 해서 가르쳤고, 방송사 해설위원 계약으로도 연결시켰다.'

→ 선수와 에이전트는 **평생 동반자**가 될 수 있음

→ 은퇴 선수가 스포츠로의 **재사회화 과정**을 경험하게 도움을 줄 수 있는 관계로 발전해야 함

자산

남성선수

선수자산관리 과정 도식도

선수자산관리		
	① 선수소득 관련 세무 이해	• 월간, 연간 소득 파악 • 종합소득세 신고 대상자 파악 • 소득세법 이해
	② 선수소득자산 투자 이해	• 자산관리투자 및 관리 이해 • 투자방법에 대해 선수에게 설명
	③ 전문가 섭외 및 업무 처리	• 선수소득세법(세무사) • 자산투자계획(투자자산운용사) • 자산관리계획(자산관리사)

도움을 받은 참고문헌

우선 본 저서의 기반인 「NCS(국가직무능력)/스포츠마케팅/스포츠에이전트」에 참여하셨던 수많은 연구·개발·검토위원님들께 이 자리를 빌려서 감사의 말씀을 드립니다. 또한 아래에 제시한 선행자료 외에도 직·간접적으로 정보와 영감을 얻게 한 수많은 자료를 생산하신 분들에게 고마운 마음을 전합니다.

- 강호정, 이준엽(2012). 현대 스포츠 경영학(제2판). 학현사.
- 김동국(2014). 에이전트 비즈니스를 말하다. 일리.
- 김병준(2003). 운동선수 자기관리행동의 측정. 체육과학연구, 14(4), 125-140.
- 대한축구협회(2023.1.18.). FIFA Agent 규정 및 시험 관련 안내. 대회운영팀.
- 문개성(2024). K-MOOC와 함께 하는 스포츠 마케팅: 온라인 공개 무료강좌(개정2판, 2021). 박영사.
- 문개성(2023). 스포츠 경영: 21세기 비즈니스 미래전략(개정2판, 2019). 박영사.
- 문개성(2022). 스포츠마케팅 4.0: 4차 산업혁명 미래비전(개정2판, 2018). 박영사.
- 문화체육관광부(2022). 2021 스포츠산업백서. 연례보고서.
- 문화체육관광부(2022). 2021 체육백서. 연례보고서.
- 문화체육관광부(2019). 제3차 스포츠산업 중장기 발전계획(2019~2023). 정책보고자료.
- 문화체육관광부(2018). 2017 체육백서. 연례보고서.
- 문화체육관광부(2018). 2017 스포츠산업백서. 연례보고서.
- 박성배(2017). 스포츠 에이전트, 천사인가 악마인가. 인물과 사상사.
- 박준우(2015). 퍼블리시티권의 이해. 커뮤니케이션북스.
- 법제처(n.d.). 스포츠산업진흥법. http://www.moleg.go.kr
- 성영준, 문개성(2014). 경정선수 자기관리 척도 개발. 한국체육학회지, 53(4), 211-223.
- 장신초(2020). 중국과 한국, 미국의 스포츠 에이전트 제도 비교. 미간행 석사학위논문. 상명대학교 대학원.

- 장재옥(2006). 스포츠 에이전트 법제 도입에 관한 연구. 한국법제연구원.
- 조성호(2015). 반독점법과 선수노조의 단체교섭: 미국사례를 중심으로(스포츠산업 이슈페이퍼). 한국스포츠개발원.
- 윤거일(2013). 축구에 관한 모든 것 5(에이전트). 사람들.
- 한국고용정보원(2017). 한국직업전망 2017.
- 한국농구연맹(n.d.). KBL 정관.
- 한국배구연맹(n.d.). KOVO 규약.
- 한국야구위원회(2023). 2023 KBO 규약.
- 한국야구위원회(2023). 2023 KBO 리그 규정.
- 한국여자농구연맹(n.d.). WKBL 규약.
- 한국산업인력공단(2016). 국가직무능력표준 NCS 스포츠에이전트.
- 한국스포츠에이전트협회(2015). FIFA 중개인 규정(한글 번역).
- 한국스포츠정책과학원(구 한국스포츠개발원, 2016.11.30.). 한국형 스포츠 에이전트 법제화의 발전 과제(장달영), 스포츠산업 이슈 페이퍼, 제2016-10호(통권 20호).
- 한국스포츠정책과학원(구 한국스포츠개발원, 2016). 스포츠 에이전트 제도 도입방안(김대희 외). 연구보고서.
- 한국스포츠정책과학원(2022.5.31.). 국내 스포츠 에이전트산업의 고찰과 미래(전종환), 스포츠산업 이슈 페이퍼, 제2022-5월호.
- 한국프로축구연맹(2023). K League 선수 규정(2023.3.8.개정).
- 한국프로축구연맹(2023). K League 클럽 라이선싱 규정.
- 허정훈(2001). 운동선수 자기관리가 측정도구의 구조적 타당화 인과모형 검증. 미간행 박사 학위논문. 중앙대학교 대학원.
- 허정훈, 김병준, 유진(2001). 대학 운동선수들의 자기관리 전략: 평소연습과 시합상황의 비교. 한국체육학회지, 40(1), 187-198.
- 최신섭(2014). 스포츠 에이전트 계약의 쟁점: 보수청구와 선수보호를 중심으로. 민사법의 이론과 실무, 17(3), 125-154.
- Aaker, D. A. (1991). Managing Brand Equity, NY.
- Dyson, A., & Turco, D.(1998). The state of celebrity endorsement in

sport. *The Cyber Journal of Sport Marketing*, 2(1), [Online] Available: http://pandora.nla.gov.au/nph-wb/19980311130000/ http://www.cad.gu.edu.au/cjsm/dyson.htm

- Fullerton, S.(2009). *Sports marketing*(2th ed.). HS MEDIA 번역팀 옮김 (2011). 스포츠 마케팅. HS MEDIA.

- Kotler, P., Kartajaya, H., & Setiawan, I. (2017). Marketing 4.0: Moving From Traditional to Digital. 이진원 옮김(2017). 『필립 코틀러의 마켓 4.0』. 더퀘스트.

- Mullin, B. J., Hardy, S., & Sutton, W. A.(1993). *Sport marketing. Champaign*, IL: Human Kinetics Publishers.

- Ohanian, R.(1990). Construction and validation of a scale to measure celebrity endorses' perceived expertise, trustworthiness, and attractiveness. *Journal of Advertising Research, 31*(1), 46~53.

- Shropshire, K., Davis, T., & Duru, J. (2016). The Business of Sports Agents(3rd Edition). 백승연 옮김(2019). 스포츠 에이전트 비즈니스(3판). 월스포츠주식회사.

저자소개

문개성

(현) 원광대학교 스포츠과학부 교수

(전) 한국능률협회/한국연구재단 평가위원

(전) 서울특별시 체육회 집필위원

(전) 한국스포츠산업경영학회 이사

(전) 한국스포츠산업협회 개발위원(NCS 스포츠마케팅-스포츠에이전트)

(전) 한국체육학회/한국스포츠정책과학원 영문저널 편집위원

(전) 미국 플로리다대학교 Research Scholar/교환교수(스포츠 매니지먼트)

(전) 문화체육관광부 국민체육진흥공단 Tour de Korea 조직위원회 스포츠마케팅 팀장

(전) 경희대학교 테크노경영대학원 외래교수

저서

스포츠 사회와 윤리: 21세기 과제와 비전. 박영사. 2024.

K-MOOC와 함께하는 스포츠 마케팅: 온라인 공개 무료강좌(개정2판, 2021).
　박영사. 2024.

스포츠 경영: 21세기 비즈니스 미래전략(개정2판, 2019). 박영사. 2023.

현대사회와 스포츠: 미래에도 무한한 인류 공통의 언어(개정2판, 2020). 박영사. 2023.

스포츠마케팅 4.0: 4차 산업혁명 미래비전(개정2판, 2018). 박영사. 2022.

체육·스포츠 행정의 이론과 실제. 박영사(공저). 2022.

스포마니타스: 사피엔스가 걸어온 몸의 길. 박영사. 2021.

나를 성장시킨 노자 도덕경. 부크크. 2021.

스포츠 창업 해설서: 스타트업 4.0 미래시장. 박영사. 2020.

보이콧 올림픽: 지독히 나쁜 사례를 통한 스포츠 마케팅 이해하기. 부크크. 2020.

스포츠 갬블링. 커뮤니케이션북스. 2017.

스포츠 마케팅. 커뮤니케이션북스. 2016.

스포츠 매니지먼트. 커뮤니케이션북스. 2016.

스포츠 인문과 사회. 커뮤니케이션북스. 2015.

수험서

M 스포츠경영관리사 필기·실기 한권 완전정복. 박영사.
M 건강운동관리사 필기 한권 완전정복. 박영사(편저)
M 스포츠지도사 필기 한권 완전정복. 박영사(공저) 외

* 블로그: 스포마니타스(SPOMANITAS)
* K-MOOC(http://www.kmooc.kr): 스포츠 마케팅

제3판

스포츠 에이전트 직무해설서: 선수 대리인의 비즈니스 관점

초판발행	2018년 3월 1일
제3판발행	2024년 3월 1일
지은이	문개성
펴낸이	안종만·안상준
편 집	탁종민
기획/마케팅	최동인
표지디자인	권아린
제 작	고철민·조영환
펴낸곳	(주) **박영시**
	서울특별시 금천구 가산디지털2로 53, 210호(가산동, 한라시그마밸리)
	등록 1959.3.11. 제300-1959-1호(倫)
전 화	02)733-6771
f a x	02)736-4818
e-mail	pys@pybook.co.kr
homepage	www.pybook.co.kr
ISBN	979-11-303-1894-3 93690

copyright©문개성, 2024, Printed in Korea

정 가   20,000원